FÉNELON GIBON

Employées et Ouvrières

CONDITIONS D'ADMISSION ET D'APPRENTI[illegible]
EMPLOIS, TRAITEMENTS, SALAIRES, [illegible]

AVEC UNE PRÉFACE DE
M. le Comte d'HAUSS[illegible]
de l'Académie Française

LIBRAIRIE EMMANUEL [illegible]
LYON | [illegible]
3, place Bellecour, 3 | [illegible]
1906

EMPLOYÉES ET OUVRIÈRES

FÉNELON GIBON

Employées et Ouvrières

CONDITIONS D'ADMISSION ET D'APPRENTISSAGE
EMPLOIS, TRAITEMENTS, SALAIRES, ETC.

AVEC UNE PRÉFACE DE

M. le Comte d'HAUSSONVILLE

De l'Académie Française

LIBRAIRIE EMMANUEL VITTE

LYON
3, place Bellecour, 3

PARIS
14, rue de l'Abbaye, 14

1906

PRÉFACE

Les femmes auraient mauvaise grâce à se plaindre qu'on ne s'occupe pas assez d'elles. Oh, ce n'est pas nos législateurs que je veux dire. Impossible de témoigner un plus grand dédain qu'ils ne le font des questions intéressant la femme, ou du moins la femme du peuple, car, il y a quelques années, il a suffi que la sœur d'un député ait témoigné le désir de devenir *avocate* pour que, d'urgence, Chambre des députés et Sénat aient voté un projet de loi destiné à lui ouvrir l'accès du barreau que la Cour de Paris lui avait fermé. Elles sont deux jusqu'à présent qui ont suivi cette nouvelle carrière. Mais, par contre, certain projet assurant à la femme mariée un droit sur son salaire personnel dort depuis neuf ans, si je ne me trompe, dans les cartons de la commission sénatoriale à l'examen de laquelle a été renvoyé le projet voté par la Chambre, et je ne vois pas qu'il soit question de le mettre à l'ordre du jour. Je ne connais pas de preuve plus frappante du peu de souci qu'inspire à nos parlementaires la condition de la femme du peuple. Il est vrai qu'elle n'est pas électeur, mais qu'en revanche, elle est quelque peu soupçonnée de cléricalisme.

Heureusement, l'initiative privée est moins insouciante. Depuis quelques années, elle se manifeste avec beaucoup d'activité à propos de toutes les questions qui intéressent la femme. Voici que cette année 1906 nous apporte encore un livre excellent inspiré par la même préoccupation. M. Fénelon Gibon a eu l'heureuse pensée d'établir une sorte d'*Index* des professions féminines, depuis celles dont l'accès suppose une certaine culture intellectuelle jusqu'à celles où il ne s'agit que de faire œuvre de ses dix doigts; mais il ne s'est pas borné à une sèche nomenclature. Sur chaque profession, sur les avantages ou sur les inconvénients qu'elle comporte, il entre dans des détails précis, minutieux, qui font de ce livre une publication de la plus grande utilité, soit pour les intéressées elles-mêmes, soit pour ceux qui peuvent être appelés à leur donner des conseils. L'idée était simple, mais encore fallait-il l'avoir et surtout apporter à la réaliser la conscience, la patience et l'exactitude qu'y a mises M. Gibon.

Modeste en apparence, sans prétention théorique, l'œuvre de M. Gibon n'en peut pas moins compter comme un des plus réels services rendus dans ces dernières années à la cause des femmes, et aussi bien les femmes elles-mêmes que ceux qui s'intéressent à elles lui doivent en être reconnaissants.

Le livre de M. Gibon a pour titre : *Employées et ouvrières*, et, comme le titre l'indique, il se divise en deux parties. Celle relative aux employées est la neuve et la plus développée. M. Gibon n'a certainement pas eu tort d'indiquer aux jeunes filles, quelles sont les administrations publiques ou privées qui emploient des femmes et quelles sont les formalités à accomplir, les épreuves à franchir pour en forcer l'entrée. Ces administrations sont de plus en plus nombreuses. Aucune de celles qui ont admis des femmes au nombre de leurs employés n'a eu à le regretter. L'expérience a même montré que dans certains services, entre autres dans ceux qui exigent de la précision, de la minutie, de l'agilité des doigts, elles sont supérieures aux hommes. On ne peut que se réjouir de voir s'ouvrir devant les femmes cette nouvelle carrière qui a les avantages de les préserver des horreurs du chômage et qui les relève à leurs propres yeux. L'employée se considère comme très supérieure à l'ouvrière. C'est au point que, dans certaines maisons de famille affectées spécialement aux ouvrières on se refuse à recevoir des employées, parce que ces dernières, faisant sentir à leurs camarades la distance qui les sépare, y introduisent la zizanie.

L'employée n'a pas tort. Elle a généralement plus de

**

tenue que l'ouvrière; elle met à se bien conduire une sorte d'honneur professionnel. Le milieu où elle vit n'est pas aussi indulgent à la faute que les milieux populaires. La régularité de son travail la préserve du flânage, des journées perdues et des tentations de la rue. Or, « la rue, ce n'est pas sain pour les jeunes filles », me disait un jour une femme du peuple qui en savait quelque chose. Aussi comprend-on bien que ceux qui s'intéressent moralement à la jeune fille se réjouissent de voir s'ouvrir devant elle, depuis quelques années, cette nouvelle carrière. Mais combien l'accès en est encombré !

M. Gibon donne des chiffres qui sont effrayants, et il a raison de les donner, car il faut, avant tout, mettre celles auxquelles on s'intéresse en présence de la réalité. Or, la réalité, c'est qu'il est très difficile pour une jeune fille du peuple qui n'a point de recommandation particulière, qui n'est ni fille ni sœur d'employé, de devenir elle-même employée d'une administration publique ou même privée ; c'est qu'aux examens il y a beaucoup d'appelées, mais peu d'élues ; que celles-là mêmes qui réussissent, au moins dans les grandes sociétés financières, ne sont, les premières années, employées qu'à l'époque de l'échéance des coupons, c'est-à-dire quatre fois par an, et qu'il leur faut vivre dans l'intervalle ; c'est qu'enfin, même devenues titulaires, la vie qui s'ouvre devant elles ne laisse pas d'être assez difficile.

Le salaire est peu élevé : 3 francs par jour au début ; 25 centimes d'augmentation par période généralement de trois ans, jusqu'à 4 francs. Ce chiffre n'est dépassé que dans des cas très rares, par des employées qui arrivent à des grades supérieurs, et ces grades n'existent pas dans toutes les administrations. Il est vrai qu'on est à l'abri du chômage et des renvois, à moins de manquements graves dans le service. Mais la besogne est fastidieuse et monotone : toujours compter des coupons ou vérifier des additions en silence, dans une salle où il ne faut pas élever la voix pour ne pas déranger les autres. Pas de bavardages, pas de cris, pas de chansons, rien de ce qui égaye les ateliers d'ouvrières. On en a pour trente-cinq ou quarante ans devant soi, avant d'avoir droit à une petite retraite. Aussi ai-je connu des employées qui finissaient par prendre cette besogne en mal de nerfs et qu'il fallait empêcher de faire un coup de tête. Il y a encore la difficulté de trouver à se marier, la vie d'employée n'étant guère compatible avec la vie de ménage, comme l'a très bien montré M. Charles de Rouvre dans un joli roman : *A deux*, car l'employé lui-même préfère chercher une femme qui puisse garder la maison et ne pas être toute la journée dehors comme lui. Aussi un grand nombre d'employées finissent-elles vieilles filles, et « cela est triste », me disait naguère l'une d'elles, les larmes aux yeux.

En résumé, la vie d'employée ne convient guère qu'à

celles qui sont issues elles-mêmes d'une famille d'employés ou encore aux vierges sages, auxquelles une certaine délicatesse de nature rend particulièrement pénibles les rudes contacts de l'atelier, qui n'ont point d'imagination, point d'ambition et qui s'accommodent sans regret d'une existence monotone. Pour les autres, les vraies filles du peuple, si elles sont actives, bien portantes, adroites de leurs doigts, mieux vaut encore adopter la modeste profession d'ouvrière, pour laquelle elles sont naturellement faites, quelles qu'en soient les difficultés que M. Gibon n'essaye pas de leur dissimuler.

*
* *

La seconde partie de l'ouvrage de M. Gibon est donc consacrée aux ouvrières. Il s'est attaché surtout à la condition des ouvrières de l'aiguille qui, d'après des statistiques un peu incertaines, il est vrai, seraient au nombre de 400.000. A Paris seulement, on en compterait de 65.000 à 100.000. M. Gibon s'est efforcé d'établir, avec précision, quels salaires elles touchent, et il faut lui savoir gré de l'avoir fait sans exagération ni déclamation. A Dieu ne plaise que je veuille rien atténuer ni retirer de ce que j'ai pu écrire moi-même ailleurs, pour émouvoir la compassion publique en faveur de ces obscures artistes de l'élégance parisienne auxquelles nos yeux doivent tant de joies. Mais il ne faut cependant pas répandre l'idée que le salaire normal de la femme, dans l'industrie du vêtement, ne suffise pas à ses besoins, et que les salaires, trop justement appelés salaires de famine, soient la règle.

M. Gibon constate que, dans beaucoup d'industries tenant du vêtement, le salaire ordinaire varie de trois à cinq francs par jour, ce qui ferait pour les moins payées un salaire annuel de 1.100, et pour les mieux payées un salaire de 1.800 francs, égal ou supérieur à celui de certains employés même du sexe masculin. Mais, comme tous les jours ne sont pas, il s'en faut, des jours ouvrables, il y a lieu de déduire non seulement les dimanches et fêtes, ce qui réduit déjà les jours ouvrables à 300, mais encore les périodes de chômage. Evaluer la durée de ces périodes est très difficile. D'après les calculs d'un homme très compétent en ces matières, M. du Maroussem, il y aurait lieu de distinguer entre ce qu'il appelle les ouvrières du *noyau*, c'est-à-dire celles qui, en raison de leur habileté exceptionnelle, sont employées toute l'année, car aucune grande maison de couture ne liquide complètement son personnel pendant la morte saison, et les ouvrières employées habituellement, mais qui, faute de commande, sont tous les ans envoyées en *vacances* (tristes vacances) pendant un temps plus ou moins long. Du salaire de ces dernières, il faut déduire non seulement les jours fériés, mais les jours de vacances, et ces déductions ramèneraient de 1.300 à 1.100 francs le salaire annuel des ouvrières, en assez petit nombre, qui gagnent cinq francs par jour, et de 780 à 840 le salaire de celles, et c'est le plus grand nombre, qui gagnent trois francs. Or, le budget le plus économiquement établi variant de 700 à 800 francs, suivant que l'ouvrière consacre plus ou moins à sa nourriture ou à sa toilette, il est certain que, sinon celles qui gagnent cinq francs ou quatre francs, du moins celles qui ne gagnent que trois francs, vivent d'une vie assez précaire où les économies sont presque impossibles et où les menus plaisirs ne doivent pas tenir grande place. C'est dur, de vingt à trente ans.

Ce ne sont point là, cependant, des salaires de famine. Où les salaires de famine commencent, c'est pour les ouvrières qui travaillent non point en ateliers, mais chez elles, et à la tâche généralement, pour le compte d'entrepreneuses, travaillant elles-mêmes pour les grands magasins. Encore faut-il distinguer. On parle souvent avec sévérité de ces pauvres entrepreneuses. On les représente comme s'engraissant des sueurs de leurs ouvrières, et prélevant sur elles des profits exorbitants. Ce n'est pas toujours juste. J'ai connu des entrepreneuses qui étaient de très braves femmes, qui traitaient avec bonté leurs ouvrières dans des ateliers très bien tenus, et qui, ne prélevant qu'un profit légitime, arrivaient juste à joindre les deux bouts. J'en ai connu même qui n'y arrivaient pas et qui ont quitté le métier avant fortune faite, précisément parce qu'il leur répugnait de prélever quelque chose à leur profit sur un salaire qu'elles jugeaient déjà insuffisant.

Toutes n'ont pas, je le reconnais, ces scrupules. Cependant, la véritable cause de l'abaissement qui, contrairement à un phénomène général, tend à se produire dans la rémunération du travail féminin ne doit pas être imputée à l'avidité des entrepreneuses. Cet abaissement tient bien plutôt à la concurrence qui s'établit entre les ouvrières parisiennes et les ouvrières de la campagne, par lesquelles les grands magasins tendent de plus en plus à faire exécuter leurs travaux. Disons tout de suite, ces questions économiques étant presque toujours à double face, que cette tendance des grands magasins a l'avantage d'améliorer la situation des femmes de la campagne auxquelles ils fournissent du travail et peut avoir pour heureuse conséquence d'arrêter leur exode vers Paris, où le mirage des gros salaires attire trop fréquemment les jeunes filles. Disons aussi que cet abaissement du coût de la main-d'œuvre a pour conséquence l'extrême bon marché des produits, que ce bon marché profite même à celles qui en sont les victimes et que le bas prix des vêtements féminins, même en apparence les plus élégants, contribue à cette tenue, à cette dignité extérieure de l'ouvrière parisienne, qui n'est pas indifférente à sa tenue et à sa dignité morale. Mais il faut reconnaître que ce progrès général s'achète, ainsi qu'il arrive trop souvent, au prix d'affreuses souffrances individuelles. Encore faut-il de nouveau distinguer. Lorsque ces salaires à la tâche de deux francs, d'un franc cinquante, parfois moins, sont touchés par une femme mariée, par une jeune fille vivant avec ses parents, ils contrebalancent, à peu de chose près, la charge personnelle que sa nourriture et son entretien représentent dans le budget de la famille. Mais, lorsqu'ils constituent l'unique gain d'une femme isolée, veuve ou orpheline, alors ce sont véritablement des salaires de famine, et il est effroyable de penser que dans ce Paris riche, brillant, élégant, des milliers de créatures en sont là.

C'est en leur faveur qu'on ne saurait trop multiplier les œuvres indirectes d'assistance, qui diminuent pour l'ouvrière isolée le coût de la vie : maisons de famille, restaurants d'ouvrières. J'y reviens, j'en rabâche, mais c'est qu'il n'y en aura jamais assez. Maisons et restaurants, je les voudrais plus simples, plus modestes, à plus bas prix que les Hôtels meublés pour dames seules créés par la Société philanthropique, qui profitent surtout à la classe, très intéressante au reste, des institutrices et des employées, ou que les deux restaurants du Marché Saint-Honoré et de la rue Richelieu, accessibles seulement par leur situation et par leurs prix aux ouvrières de nos grandes maisons de couture et de mode. Il y a bien celle créée par l'Armée du Salut, rue Fontaine-au-Roi, mais on peut mieux faire, et je rêve d'une autre qui serait installée en plein centre de Paris, dans ces quartiers qui s'étendent entre les Halles et les grands boulevards, où grouille l'ouvrière en cheveux qui travaille pour la confection, qui fabrique de la camelote, qui est payée en proportion et qui doit, pour se nourrir, vêtir et loger, faire des prodiges d'ingéniosité. Il y aurait là une expérience à tenter, et je profite de l'occasion que me fournit le livre de M. Gibon pour la signaler en passant, en même temps que je recommande la lecture de ce livre à tous ceux et à toutes celles qu'intéresse la condition de la femme. Il y a plusieurs manières d'être féministe. M. Gibon a choisi une des meilleures.

Comte D'HAUSSONVILLE,

de l'Académie française.

EMPLOYÉES ET OUVRIÈRES

AVANT-PROPOS

Les supérieures d'institutions, les directrices de cours et de patronages ont le plus grand intérêt à faire connaître aux jeunes filles, qui les consultent, la série des professions qu'elles peuvent se créer dans l'Administration, dans l'Enseignement et aussi dans les travaux spéciaux à la femme.

Nous exposons ici les lignes du plan que nous nous sommes tracé pour cette suite d'études. Elles forment un *Index de féminisme pratique*, à la fois respectueux des principes essentiels qui régissent l'éducation des femmes et tenant compte des exigences d'un siècle d'airain qui ne prend pas garde qu'en sollicitant les jeunes filles à gagner des salaires, la famille se désorganise le plus souvent, au détriment de la société tout entière.

⁂

Rappelons, à la suite de l'illustre archevêque de Cambrai, que, « réglant tout le détail des choses domestiques et décidant de tout ce qui touche de plus près à tout le genre humain, les femmes ont la principale part aux bonnes et aux mauvaises mœurs de presque tout le monde. »

Mgr Dupanloup a caractérisé l'œuvre et les moyens d'éducation avec une hauteur et une sûreté de vues auxquelles on ne saurait rendre un hommage trop mérité :

« L'éducation est une œuvre *d'autorité et de respect*, une œuvre *de développement et de progrès*, une œuvre de *fermeté et de douceur;* par dessus tout, et pour toutes ces raisons mêmes, une œuvre *de dévouement*.

« Il y a quatre moyens nécessaires d'éducation : la *religion*, l'*instruction*, la *discipline*, les *soins physiques et hygiéniques*. »

Parlant de la destinée commune des jeunes filles, le très compétent auteur des *Lettres sur l'éducation des filles* observe :

« Si elles ne doivent pas être vouées aux rudes travaux manuels, n'auront-elles pas, dans leur vocation d'épouses et de mères, à affronter des fatigues qui exigent un tempérament vigoureux ?

« Ne l'oubliez pas, mon enfant, la mère, en élevant ses filles, ne travaille pas seulement pour elles; elle fait plus : elle prépare des mères futures qui, à leur tour, perpétueront de génération en génération la bonne et forte éducation qu'elles auront reçue.

« Je le dirai, parce qu'il est nécessaire de le dire, les institutions perdent trop de vue la *vocation commune des femmes, qui est de devenir des mères et des nourrices robustes*, pour mettre au monde et élever une génération qui leur ressemble, et qui perpétue la vigueur dans les races; et c'est à l'âge précisément qu'elles se forment qu'il faut *ménager et fortifier* leur santé et leur corps, bien autrement faibles que chez l'homme. Que les maîtresses aient donc toujours devant les yeux *cet avenir* de leurs élèves; qu'elles n'oublient jamais que la femme est l'instrument divin préparé par la Providence pour donner le jour à l'homme lui-même; que sa substance doit le nourrir, et sa force devenir la sienne. »

Sur le travail à l'aiguille et les soins du ménage, le grand évêque d'Orléans relève ces faits intéressants :

« Charlemagne faisait apprendre à ses filles les travaux manuels, afin, disait-il, qu'elles évitent l'oisiveté et qu'elles aient un moyen de subvenir à leurs nécessités, si jamais elles éprouvaient une fortune adverse, puisque rien ne nous peut garantir contre les coups du sort, » — ce qui prouve que déjà du temps de Charlemagne la fortune avait de rapides tours de roue. — « Non seulement Mme de Maintenon voulait qu'on leur enseignât le travail à l'aiguille et d'autres travaux manuels; mais elle demandait encore qu'elles apprissent tous les soins du ménage et les détails de l'économie domestique. Elle voulait, en un mot, qu'on en fît de bonnes ménagères. »

L'éminent éducateur, convaincu par l'expérience combien il est nécessaire que la piété règne dans l'âme des jeunes filles et pénétré de la douceur qu'elle leur donne, dit encore ces paroles d'or : « Non pas que cette piété, même chez elles, soit toujours tendre et sensible; mais elle est vraie, franche, intime, cordiale, fidèle, et courageuse au devoir, et cela sans aucune apparence forcée, sans vaine et sèche démonstration, mais, comme le disait admirablement Fénelon à son jeune et royal élève, par l'abondance d'un cœur en qui l'amour de Dieu devient une source vive pour tous les sentiments les plus doux, les plus forts et les plus proportionnés. Nous le pouvons ajouter avec Fénelon : rien n'est si sec, si froid, si dur, si resserré que le cœur d'une enfant égoïste qui s'aime seule en toute chose ; mais rien n'est si tendre, si ouvert, si vif, si doux, si grand, si aimable, si généreux, *que le cœur d'une jeune fille chrétienne que le pur amour de Dieu possède et anime.* En elle, rien de faux, rien d'affecté, rien de simple, de noble, de délicat, de modeste et d'effectif en tout. »

Admirons ensemble ce tableau de la femme chrétienne, que nous laisse Mgr Dupanloup : « Il est certain que rien n'est plus précieux et plus aimable dans une famille qu'une femme qui connaît ses devoirs et s'y dévoue, qui dirige tout avec sagesse et maintient tout dans la paix ; dont l'esprit attentif et le cœur délicat épargnent aux siens la peine que leur causeraient des abus qu'elle seule peut prévenir ou réformer, et le spectacle irritant de désordres qui leur rendraient insupportable leur propre foyer. C'est ainsi qu'une fille s'attire le sourire et la bénédiction de son père, qu'une épouse se rend toujours aimable à son époux, qu'une mère obtient le tendre respect de ses fils, qu'une maîtresse de maison conquiert l'estime de ses serviteurs, parce que c'est alors qu'elle est dans la vérité de sa destinée, de cette belle destinée de la femme, en vertu de laquelle elle doit être pour tous l'image vivante de la Providence dans une famille (1). »

(1) Il nous paraît d'autant plus utile de rappeler ces doctrines qu'elles sont insolemment combattues par des hommes dont le cynisme n'a pour

*
* *

L'ancienne société, au sein de laquelle régnaient un ordre et une harmonie que nous ne connaissons plus, avait admirablement compris la fonction de la femme et le rôle qu'elle devait jouer dans la vie, non pas en concurrence avec l'homme, mais à côté de lui. Dans ce moyen âge, qu'il est de mode de dépeindre comme une époque de férocité et de barbarie, la femme était honorée, respectée et protégée à tous les degrés de l'échelle sociale.

La société chrétienne la respectait dans sa pudeur de jeune fille; elle la protégeait dans sa dignité d'épouse et la garantissait dans sa fonction de mère. Elle savait la femme faite pour le foyer; elle appréciait que la maternité constitue sa mission spéciale; elle rendait hommage à cette mission, si essentielle à l'avenir d'une race et aux destinées d'un pays, qu'on ne peut imaginer fonction plus haute.

Dans la société d'aujourd'hui qui se prétend égalitaire, et qui n'est qu'une oligarchie despotique où juifs, protestants et francs-maçons règnent et gouvernent, il est de bon ton de répéter que la femme doit être l'égale de l'homme; beaucoup

égal que l'impunité. Voici ce qu'écrit *La Raison* dans son numéro du 12 janvier 1902, directeur l'ex-abbé Charbonnel :

« Les femmes nous la baillent belle avec leur prétendue faiblesse et leur prétendue sujétion. Elles montrent trop d'humilité. L'inégalité des droits politiques et même des droits civils ne les empêche point de gouverner la famille. Si les femmes sont au prêtre, l'Eglise est maîtresse de tout.

« Qu'on nous propose, par « solution d'attente » (*sic*), d'abandonner *les garçons* à l'Eglise et d'élever les filles sans religion : nous accepterons peut-être. Livrés à eux-mêmes, et ne trouvant que des femmes libres penseuses, les hommes d'aujourd'hui seraient nettoyés de l'infection cléricale à vingt-cinq ans.

« Mais la femme cléricale, c'est le foyer clérical, les enfants corrompus, le mari renégat, hypocrite ou gâteux. »

s'efforcent à créer cette égalité mensongère qui ne sera jamais, d'ailleurs, pour la femme que l'oppression déguisée.

La crise économique générale, qui cause dans le monde de si profondes perturbations, a contraint la femme à se poser en concurrente de l'homme, malgré l'évidente infériorité de ses forces physiques.

Qu'en est-il résulté ? Ed. Drumont l'a très exactement et fortement écrit dans la préface de l'ouvrage si vivant de Mme Rouyer : *La femme dans l'administration*, ouvrage que nous consulterons souvent :

« Le machinisme à vapeur qui a remplacé par l'usine le vieil atelier d'autrefois, les grands magasins qui ont détrôné l'ancienne boutique où l'épouse et la fille trouvaient leur rôle à côté de l'époux et du père, toutes ces innovations et transformations bâtardeuses, que l'on s'est peut-être un peu trop pressé de baptiser du grand nom de progrès, ont détruit peu à peu la famille et ruiné le foyer, dont la femme était jadis la gardienne honorée et respectée. Il a fallu que cet être frêle, secoué par tant de nervosités, suppléât par son énergie morale à la faiblesse de ses muscles pour entrer à son tour dans cette bataille si âpre de la vie, où les sexes aujourd'hui se confondent comme les âges, et qui menace de devenir un jour semblable à quelque vaste camp de carnage. » Désormais, une femme l'a dit dans un remarquable rapport (1), « plus d'hommes ni de femmes, il n'y a que des unités de production. »

Unité de production, la femme, qu'elle soit ou ne soit pas

(1) *L'Evolution féminine*, par Mme Daniel Lesueur.

l'égale de l'homme, est donc « dans l'impérieuse nécessité de l'égalité en force, en énergie, en résistance, car l'heure terrible a sonné pour elle où elle doit vivre seule, se suffire à elle-même, gagner par son travail de quoi se loger, se vêtir et manger à son apaisement... »

Que d'angoisses, de déceptions, de larmes a entraînées la fatale manie des diplômes! « Combien y en a-t-il de ces malheureuses qui se rongent d'angoisses et de désespoir en attendant une nomination d'institutrice, une place dans un bureau ou dans un magasin, et dont l'existence de fonctionnaires sans fonction ou d'employées sans emploi est une énigme effrayante sur laquelle le penseur ose à peine se pencher! »

Mme Daniel Lesueur a cité, dans cet ordre d'idées, quelques chiffres qui font frémir.

CHEMIN DE FER MÉTROPOLITAIN : 50 places. – 3.000 candidates.

ENSEIGNEMENT PRIMAIRE DE LA SEINE : 193 postes. — 7.000 éliminations.

ADMINISTRATION DES POSTES : 200 places. — 5.000 demandes (1).

Certes, nous n'avons garde de méconnaître la nécessité imposée à bien des jeunes personnes de gagner leur existence; en gagnant leur propre vie, elles assurent du même coup celle de parents malheureux et infirmes. Nous nous inclinons devant

(1) M. d'Haussonville, dans son beau livre : *Salaires et misères de femmes* (Edition de 1900), donne de son côté, les chiffres suivants :

BANQUE DE FRANCE :	25 nominations par an. – 6.000 demandes.				
CRÉDIT LYONNAIS....	100	—	—	300 demandes par an.	
SOCIÉTÉ GÉNÉRALE...	64	—	—	250	— —
COMPTOIR D'ESCOMPTE	25	—	—	420	— —

Il évalue, pour Paris seulement, à 15 ou 20 000 les jeunes filles qui végètent dans l'attente d'un emploi quelconque, que peut-être elles n'obtiendront jamais!

ces exigences, devant ces obligations de fait irrésistibles, et ce sera le lot du plus grand nombre, il faut hélas ! le reconnaître.

On nous permettra, toutefois, l'expression d'un vœu.

Les jeunes personnes appartenant à des administrations soit publiques, soit privées, rencontreront moins d'obstacles à sa réalisation que celles qui poursuivent la carrière, essentiellement ingrate, de l'enseignement soit dans les écoles publiques ou libres, soit dans des familles.

Que ces jeunes filles passent plusieurs années dans des bureaux, le temps de constituer leur trousseau, de se former une petite dot, rien de plus légitime ; mais, ces années de leur adolescence passées, qu'elles retournent ensuite à leur place véritable, à leur « vocation », comme Mgr Dupanloup l'a dit avec sa grande autorité ; qu'elles fondent à leur tour un foyer, une famille.

C'est que la femme est faite pour être mère, épouse et fille, pour vivre dans la douce température du foyer, à côté de l'homme dont elle est le soutien, à côté de l'aïeul dont elle adoucit les derniers hivers, près de l'enfant dont elle embellit les premiers printemps. C'est vraiment dans la famille dont elle est la reine, — et là seulement — qu'elle est en sécurité.

Il est permis de déplorer que tant de jeunes filles ne restent pas dans leur famille, chez leurs parents à la campagne et qu'elles aspirent aux plaisirs de la ville, sous la couleur d'avoir un costume qui les flatte. La vie, riposte-t-on, est devenue difficile partout par suite de la dislocation de la famille. Soit. Elle l'est surtout devenue par suite des besoins artificiels que l'on s'est créés et qui ont pour conséquence d'amener la plupart des enfants à chercher fortune hors de la maison paternelle (1).

*
* *

Il nous reste à donner la division de cette étude, au cours de laquelle nous ne nous interdirons pas, selon l'occurrence, les observations d'ordre social et moral.

Nous commençons par le *Crédit Foncier*, le *Ministère des Finances* et la *Banque de France*. Nous continuons par les *Administrations de Chemins de Fer*, le *Service d'administration du contrôle commun aux sept réseaux français*, la *Caisse d'Epargne postale*, l'*Administration des Postes, Télégraphes et Téléphones*. Après ces grandes administrations publiques, nous passons en revue plusieurs sociétés financières privées comme le *Crédit Lyonnais*, la *Société Générale*, le *Comptoir d'escompte*, le *Crédit industriel et commercial*. Nous terminons la revue des emplois des femmes dans l'Administration par l'*Administration des Tabacs* et l'*Administration de l'Assistance publique*.

Nous étudions, en second lieu, la grave question des *institutrices* dans l'*enseignement primaire*, puis dans les *famil-*

(1) On qualifie du terme impropre de « dépopulation des campagnes » le mouvement qui porte sur les villes les habitants des campagnes, et qui mérite d'être plus justement appelé : la *désertion des campagnes*.

Ce n'est pas l'accroissement des naissances qui augmente les villes, notre population est quasi-stationnaire, c'est un déplacement continu ; on quitte la campagne, on va aux villes. Paris qui, au commencement du siècle dernier, avait de cinq à six cent mille habitants, en a cinq fois plus aujourd'hui et gagne chaque année actuellement environ soixante mille âmes, soit la population d'une ville comme Orléans. Par contre, les recensements accusent une diminution constante des communes rurales, au moins de presque toutes (plus de trente mille). Beaucoup, depuis un siècle, ont perdu le quart, le tiers et jusqu'à la moitié de leurs habitants.

les. Nous parlons des professeurs-femmes dans l'*enseignement secondaire*.

Nous étudions, dans une troisième partie, les professions des femmes qui travaillent dans les *imprimeries*, comme *sténo-dactylographes*, dans les *maisons de commerce*, qui vivent de leur aiguille, comme *couturières et lingères*, *modistes*, *fleuristes et plumassières*, *brodeuses et dentellières*.

Comme les employés, les institutrices, les ouvrières ont droit à notre sympathique attention.

Nous avons la confiance, enfin, que nos lectrices nous sauront gré d'appuyer sur des considérations d'un ordre plus élevé les informations techniques, auxquelles nous nous appliquons à donner toute la précision désirable.

Nous espérons que ces articles, publiés au cours des dernières années dans les *Etudes pour jeunes filles* et dans l'*Ecole Française*, réunis en volume, formeront un guide utile à consulter.

Les supérieures d'institutions, directrices de cours et de patronages ne se préoccupent pas seulement du placement des jeunes personnes que les nécessités de la vie appellent à recourir à leurs lumières, à solliciter leur direction; elles veulent, avant tout, prolonger sur les jeunes esprits qu'elles ont formés leur œuvre d'éducation.

Nous désirons bien les y aider pratiquement; nous avons été inspiré, dans tout notre travail, par le désir de leur être utile. Nous partageons la conscience de la haute mission à laquelle Dieu leur a fait l'honneur de les appeler, l'éducation de nos filles.

I

ADMINISTRATIONS

§ 1er. — Crédit Foncier.

EXAMENS

Le concours pour l'admission dans le personnel féminin du Crédit Foncier donne lieu à un programme officiel, ainsi libellé :

« Le Crédit Foncier de France recrute exclusivement son personnel par la voie du concours ; ni titres, ni diplômes n'en peuvent dispenser. Il n'admet pas de surnuméraires.

« Les aspirantes doivent être Françaises, avoir accompli leur dix-huitième année au moins et leur trentième année au plus, posséder l'aptitude physique nécessaire et n'avoir aucune infirmité. Elles doivent être nanties tout au moins du certificat d'études primaires.

« La liste des aspirantes admises à concourir est arrêtée par le Gouverneur.

« Les aspirantes reçues au concours ne sont titularisées qu'après un stage d'une année au minimum, si elles ont donné toute satisfaction. Elles sont appelées à faire ce stage à Paris, au fur et à mesure des besoins de l'Administration.

« Les concours ont lieu à Paris, à une époque déterminée par les besoins des services ; la date n'en peut donc être fixée d'avance. Les aspirantes admises à y prendre part sont convoquées par lettre individuelle.

« Le concours ne comprend que des épreuves écrites.

« Il porte sur les matières suivantes :

1° *Ecriture.* — Copie d'un texte indiqué par les examinateurs (2 heures) ;

2° *Exercices de calcul rapide* : addition, soustraction, multiplication et division. — Compte courant (1 heure) ;

3° *Dictée* dont le texte est choisi, autant que possible, dans un auteur classique (1 heure) ;

4° *Rédaction.* — Développement d'une idée ou d'un sujet simple (1) (2 heures).

« Le nombre des points des aspirantes nanties du brevet supérieur et de celles connaissant le maniement de la machine à écrire peut être augmenté d'un dixième. »

Les concours n'ont jamais d'époques déterminées : ils dépendent des vacances. On se souvient encore qu'en 1895 cent cinquante femmes, sur deux cent quarante présentées, avaient été reçues.

Nous n'étonnerons personne en disant que, dans ces concours comme dans tous les autres, les recommandations exercent une haute influence : ces influences se retrouvent dans l'avancement.

(1) On y pose des questions comme celles-ci : Quel séjour préférez-vous, Paris ou la campagne ? — Que feriez-vous si vous aviez gagné le gros lot de cent mille francs au Crédit Foncier ? Pourquoi voulez-vous y entrer ?

EMPLOIS

La plus grande partie du personnel féminin — deux cents femmes environ — est employée à l'émargement des obligations émises par le Crédit Foncier. Ces obligations sont représentées dans des volumes par le coupon qui est touché. C'est ainsi que les dix-huit cent mille obligations émises par le Crédit Foncier sont représentées dans quarante volumes, où il se trouve dix-huit cent mille feuilles de papier représentant l'obligation elle-même. Sur chaque feuille sont des carrés de la forme et de la dimension du coupon, et dans chaque carré est collé le coupon qui a été payé, avec mention de la date de paiement et de la personne qui en a touché le montant. Si un coupon est volé ou perdu, on sait tout de suite, par sa feuille, le montant de l'obligation et à qui elle appartient.

D'autres femmes, contrôleuses vérificatrices, vérifient les coupons des obligations payées par les trésoriers généraux, ainsi que les bordereaux, et font l'inscription exacte sur la feuille du livre.

Quelques-unes, employées dans le sous-sol au service des caisses, s'occupent de la vérification des coupons dont les titres pourraient être sortis au tirage, ou de ceux qui sont frappés d'opposition.

D'autres, au nombre d'une cinquantaine, sont occupées à détacher les coupons des obligations qui sont au dépôt, dans les caisses du coffre-fort du Crédit Foncier, et en font un bordereau. Ces coupons-là sont ensuite envoyés aux émargeuses.

Quatre-vingts femmes, employées au courrier, assurent le service des expéditions, dont les rédacteurs hommes ont fait les minutes. Ces lettres sont envoyées par elles dans les différents services.

Une quinzaine de machines à écrire sont à leur disposition à cette fin.

TRAITEMENT ET AVANTAGES

« Les dames stagiaires reçoivent une allocation de trois francs par journée effective de travail. Elles sont titularisées au traitement de mille francs.

« D'après les règlements en vigueur actuellement, le traitement des dames titulaires varie de mille à deux mille francs. L'avancement a lieu par cent francs.

« Une retenue de 4 % est faite sur le traitement des dames titulaires en vue de la liquidation d'une pension de retraite (1) dans les conditions déterminées par le règlement. »

Elles travaillent en groupe, sous la direction d'une surveillante, dont le traitement peut s'élever jusqu'à trois mille francs. Ce sont les chefs de service qui font les propositions pour l'avancement.

L'administration du Crédit Foncier a la réputation d'être paternelle et juste pour son personnel. Il convient, toutefois, de dire que le gouvernement de M. Labeyrie s'est plutôt signalé par un régime de sévérité. C'est ainsi que les gratifications, autrefois de quarante, quatre-vingts ou cent francs, selon l'ancienneté, qui se reproduisaient en janvier, en juillet et à chaque émission, se raréfient et tombent le plus souvent à vingt et vingt-cinq francs.

(1) Elles ont une retraite à soixante ans, qui leur assure, comme ailleurs, la moitié de leurs appointements.

* * *

Il nous reste à parler des autres avantages concédés au personnel féminin. On verra qu'ils ont leur prix. Ainsi, les heures de travail étant de neuf à cinq heures, presque toutes les dames employées apportent leur déjeuner. Elles ont un réfectoire pour elles seules, avec des réchauds à gaz. Celles qui le préfèrent déjeunent à un restaurant à bon marché qui existe au Crédit Foncier.

Les dames employées profitent des marchés passés avec l'administration pour le combustible.

En sus des avantages conférés par les autres administrations, les employées mariées peuvent rester au service du Crédit Foncier et elles obtiennent pour leurs enfants des bourses à l'Ecole commerciale, à l'Ecole des hautes études, à l'Ecole des sciences politiques.

Quant à celles qui ne sont pas mariées, si elles n'ont pas de famille à la campagne et si elles sont fatiguées du service, le Crédit Foncier les envoie se remettre dans une maison de campagne qui lui appartient à Bagnols, dans l'Orne. Elles peuvent y passer leur congé chaque année et le voyage leur est payé en deuxième classe, l'administration ayant passé avec la Compagnie des chemins de fer de l'Ouest un traité qui lui cède des places entières au prix des demi-places.

Ces avantages ont paru tels à des personnes qui avaient comparé les emplois administratifs offerts aux femmes qu'elles n'ont pas hésité à donner la préférence au Crédit Foncier. Appointements mensuels, vacances à la campagne, marchés passés entre l'administration et les marchands de combustible, faculté, si elles se marient, de rester dans l'administration, si elles ont des enfants, de leur obtenir une bourse dans une école du gouvernement, constituent, en effet, des avantages très appréciables.

C'est la raison pour laquelle nous plaçons au premier rang, dans cette revue, les emplois du Crédit Foncier.

---

§ 2. — Ministère des Finances.

C'est en 1877, il y a donc vingt-cinq ans, un quart de siècle, que le Ministère des Finances admit, pour la première fois, les femmes dans les services de l'administration centrale. Cet essai du personnel féminin a, nous allons le voir, donné lieu à quelques emplois, tant à la confection du double du Grand-Livre, à Saint-Cloud et boulevard Davoust, bastion II, et à l'Atelier général du Timbre, rue de la Banque, à Paris.

Beaucoup de candidatures sont inscrites pour ces quelques emplois, accordés en totalité à la faveur et sur recommandation.

Vingt femmes environ sont employées à la confection et à la vérification du double du Grand-Livre, qui se fait à Saint-Cloud depuis ces dernières années : travail assez peu compliqué qui nécessite une instruction fort ordinaire. Elles touchent trois francs cinquante par jour.

En général, leur nombre est très restreint. Encore sur ce nombre, la moitié est-elle employée au magasin central des impressions. Ces dix employées commissionnées ont droit à la retraite et touchent un traitement annuel de douze cents francs.

A l'administration centrale, on reçoit quelques caissières à douze cents francs, mais elles ne sont pas commissionnées. A certaines époques de l'année, quelques employées, détachées du service du Grand-Livre à Saint-Cloud, viennent à Paris, faire leur service au Ministère des Finances : elles ont alors des frais de déplacement mensuels.

A l'administration du Timbre et de l'Enregistrement, les employées, payées à la journée, n'ont pas de retraite. Il est clair que l'emploi des femmes au Ministère des Finances n'a été adopté que pour réaliser des économies par la suppression des appointements mensuels, retraites, etc.

Mme Rouyer, dans son ouvrage déjà cité, produit l'opinion d'un inspecteur au sujet du travail des femmes dans ce Ministère. Cette opinion nous a paru intéressante à relever :

« Sauf de très rares exceptions, dans les administrations privées, aussi bien que dans celles de l'Etat, les femmes employées ne paraissent pas montrer les qualités d'initiative, de raisonnement et de jugement qu'exige leur emploi. Mais, par contre, elles sont supérieures aux employés hommes dans tout ce qui nécessite la promptitude du coup d'œil, la dextérité et la minutie.

« Cela a, d'ailleurs, son importance.

« Dans les petits calculs, la vérification des tableaux, celle des comptes, la copie des documents, le classement des titres, les coupons, les mandats, etc., etc., leur habileté est certainement des plus remarquables. »

Ces observations nous paraissent avoir une portée générale.

§ 3. — Banque de France.

Il n'y a pas, à proprement parler, d'examen ni de concours pour l'admission des dames à la Banque de France.

La presque totalité des places vacantes — il y a sensiblement trois cents emplois pour dames — est réservée aux veuves, sœurs, filles d'employés, de garçons de recette ou de garçons de bureau à la Banque. Inutile de dire que ce nombre est très restreint, tandis que le nombre des candidatures est toujours considérable.

Autrefois, nous écrit un de nos amis qui appartient à cette administration, il existait bien un petit concours pour la forme. Actuellement encore, on soumet quelquefois les candidates à une épreuve insignifiante : une dictée pour juger de l'écriture et de l'orthographe, et un petit exercice de calcul, l'établissement d'un bordereau avec de très longues additions, pour juger du chiffrage et de la rapidité du calcul.

EMPLOIS, TRAITEMENT ET AVANTAGES

Tous les Parisiens connaissent cet immense temple de l'or, situé rue des Petits-Champs et de la Vrillière, dans les caves duquel sont rangés plusieurs millions de numéraire. Ce qu'ils connaissent moins, c'est la partie neuve de la Banque, qui comprend l'ancien local de la Banque hypothécaire, élevé sur l'emplacement de ce théâtre italien, rendez-vous de toutes les élégances sous le second empire. — C'est dans cette partie neuve que sont actuellement installés les bureaux des employées. Le travail de la journée est de neuf à cinq heures.

On a une heure pour déjeuner, soit à la Banque, soit dehors : un restaurant est très bien aménagé dans le sous-sol, les dames peuvent apporter leur déjeuner; aux termes du cahier des charges, on est tenu de le leur faire chauffer ou réchauffer. Les couverts doivent leur être fournis.

Quels sont leurs emplois à la plupart ?

Sauf la lingerie où sont une dizaine d'entre elles, toutes les femmes sont employées, soit à l'imprimerie des billets de banque, soit au service des dépôts des titres.

Si elles sont affectées à l'imprimerie des billets de banque, tous les billets passent par leurs mains au fur et à mesure de leur fabrication. Et ce n'est pas une petite besogne, puisque, chaque côté étant différent de l'autre, tout billet est toujours imprimé deux fois. Elles ont à vérifier si le billet sortant de la presse est parfaitement net, si rien n'est manqué ni dans l'écriture ni dans les chiffres. Elles soumettent à un contrôleur tout billet qui semble défectueux : s'il a un défaut réel, on le détruit après avoir fait un procès-verbal devant les employées qui sont chargées du contrôle de la vérification des billets de banque : ensuite on refait le billet avec le même numéro.

Si les femmes sont affectées au service des dépôts des titres et des avances sur titres, à la vérification et au classement des bordereaux, elles rangent les dossiers et sont chargées de toute la partie matérielle des dépôts et avances sur titres.

***

Elles entrent à la Banque de France, comme auxiliaires, et

gagnent, au début, 3 fr. 50 par jour, mais par journée de travail effectif.

Une fois titulaires, les femmes débutent à 5 fr. 50. Les surveillantes arrivent à gagner 7 fr. 50 par jour. Elles sont soumises à l'autorité d'un chef de service, car à la Banque de France, en raison des emplois qu'elles occupent, les femmes sont souvent en contact avec des employés hommes.

Les employées ont une retraite variant de 400 à 600 francs, et dont tous les sacrifices sont faits par la Banque de France.

On ne fait de retenue pour la retraite qu'aux employées qui sont de première classe, et encore ce n'est que de 1 0/0. Au bout de vingt ans de service elles sont retraitées à 400 fr. si elles veulent. A vingt-cinq ans de service, elles toucheraient 500 fr., et à trente ans, 600 francs.

***

Au risque de jeter une douche sur l'enthousiasme pour les emplois administratifs des femmes, nous nous permettrons deux observations qui paraissent de nature à les faire réfléchir :

1° Plusieurs personnes croient avoir établi d'une façon décisive la supériorité de ces emplois sur les fonctions dans le commerce, en exposant l'avantage de réaliser, par ce moyen, de superbes économies de toilette ; avec une robe noire, nous endossons un tablier, disent-elles, et nous voilà à l'ouvrage ! — Il est pourtant de notoriété que bon nombre d'employées ont une certaine recherche dans leur mise et que les dames employées au *Crédit Foncier*, par exemple, y font assaut d'élégance.

2° Le tableau ci-joint des aspirants fonctionnaires de la ville de Paris, extrait du *Bulletin municipal officiel* du 6 Février 1902, fait ressortir la proportion des places disponibles relativement aux postulants.

	Nombre moyen des vacances annuelles	Nombre des candidats
Assistance publique :		
Contrôleurs du droit des pauvres	2	3.700
Dames déléguées	1	1.700
Rédacteurs	15	9
Commis aux écritures	20	650
Expéditionnaires	1	20
Mont-de-Piété :		
Commis aux écritures	7	2.400
Employés à la manutention	8	2.450
Enseignement primaire :		
Concierges d'écoles	22	5.200
Instituteurs	6	1.767
Institutrices	150	2.066
Répétiteurs dans les écoles primaires supérieures	3	320
Répétitrices, *idem*	2	110
Surveillants et agents comptables, *idem*	2	60
Préfecture de la Seine et Mairies :		
Rédacteurs	20	100
Expéditionnaires	60	1.000
Gardiens de bureau, surveillants, etc	20	7.000
Service de l'architecture	1	30
— Vérificateurs. Conducteurs	1	96
Cantonniers de la voie publique	320	35.830
— des promenades et des plantations	32	3.200
— des eaux	43	2.430
— de l'assainissement	45	1.930
— des égouts	70	4.380
Débits de tabac	6	1.167

Il ressort de ce tableau que ce sont les emplois réputés les moins accessibles qui ont le plus d'amateurs.

§ 4. — Administrations des chemins de fer.

Quelques chiffres suffiront à démontrer l'intérêt de la question qui fait l'objet du présent paragraphe.

Extraits des statistiques du ministère des travaux publics, afférents aux exercices 1897, 1899 et 1900, ils présentent la situation numérique des femmes attachées, dans ces dernières années, au service des sept grands réseaux de nos chemins de fer (Administration, mouvement et trafic, traction et matériel, voie et bâtiments).

	Exercice 1897	Exercice 1899	Exercice 1900
Chemins de fer de l'Est	2.881	2.857	2.806
— — de l'Ouest	3.937	2.857	3.980
— — du Midi	2.582	6.398	2.899
— — du Nord	3.079	3.391	3.411
— — de l'Orléans	4.502	3.949	4.666
— — de Paris-Lyon-Méditerranée	6.318	4.630	6.479
— — de l'Etat	2.102	2.163	2.200
TOTAUX	25.401	26.245	26.441 (1)

De 24.000 en 1890, le personnel féminin suit donc une constante progression.

D'une manière générale, le travail des femmes dans les che-

(1) En chiffres ronds, il faut dire 27,000, faisant entrer le personnel féminin employé dans les autres petites compagnies (Ceinture, etc.).

mins de fer est de trois sortes, qui correspondent à trois catégories de personnes.

Les femmes peuvent être gardes-barrières ou gardes-sémaphores. Elles peuvent être chefs de halte. Elles peuvent, enfin, accédant aux sphères les plus hautes de ce paradis administratif, être employées comme receveuses distributrices aux billets, ou aux écritures dans les services du contrôle. Notons, pour mémoire, qu'on trouve également des femmes employées à la lampisterie, au service des imprimés ou au service de la salubrité...

M. Papin a consigné les judicieuses réflexions qui suivent, dans un journal traitant des questions des chemins de fer, à propos des modestes emplois réservés à ces femmes, que nous avons tous vues saluer le passage des trains, en indiquant que la voie est libre.

« La garde-barrière ou garde-sémaphore, est généralement une femme mariée, dont le mari, quatre-vingt-dix-neuf fois sur cent, est employé au travail de la voie comme cantonnier.

« Les femmes, la plupart du temps, ont été contraintes d'accepter les postes périlleux de garde-barrière, de garde-sémaphore, par le besoin, par l'impérieuse nécessité d'équilibrer un impossible budget. Non pas que leurs maigres traitement leur soient une grande ressource. Ce qui les séduit, ce qui les détermine, c'est le logement gratuit, le logement à proximité du travail du mari. Celui-ci, comme cantonnier, gagne généralement 3 fr. par jour. Comment joindre les deux bouts avec ces pauvres ressources ?

« La femme accepte d'être garde-barrière et gagne, de ce

fait, 15 à 25 fr. par mois. C'est la solution. On a le logement sans terme à payer, et avec les 90 fr. de la paye du mari on pourra manger des pommes de terre.

« La perspective de la retraite du mari, qui pourra atteindre de 200 à 250 fr., entre évidemment pour sa part dans la résignation de ces ménages de bons serviteurs.

« Le père sait aussi que, si par hasard, toute sa progéniture n'entre pas au service de la Compagnie, les enfants qui travailleront au dehors bénéficieront, comme fils d'employé, du parcours gratuit pour se rendre de la maison à leur chantier. Ces menus avantages lui paraissent un appoint à sa situation. Il sait combien la lutte pour le pain est dure hors des sentiers tracés. Il a, dans sa petite maison, la sensation d'une sorte de sécurité, de stabilité relative dans la misère. Et c'est de la sagesse de sa part que d'accepter ainsi, pour lui et les siens, le peu que les Compagnies lui donnent. »

***

Les six anciens réseaux et les chemins de fer de l'Etat partent d'un point de vue tout différent pour appeler aux emplois administratifs le personnel féminin.

Un sentiment de bienveillance pour le personnel, la pensée de venir en aide à leurs familles, est, certainement, le principal mobile qui détermine les Compagnies des six anciens réseaux à attribuer des emplois aux femmes. Voilà pourquoi les emplois dont elles disposent en faveur du personnel féminin sont toujours réservés aux filles, femmes ou veuves de leurs agents, qu'ils soient en service, retraités ou décédés. On conçoit que l'examen, très simple, proposé aux femmes placées dans ces conditions, ne soit guère plus qu'une formalité.

Au contraire, les emplois administratifs des femmes, dans les chemins de fer de l'Etat, sont rendus accessibles à toutes celles qui peuvent passer les examens, sans distinction de parenté éloignée ou proche avec un employé. Cette accessibilité a pour effet de rendre l'examen sensiblement plus difficile que pour les autres administrations des chemins de fer. Ainsi, la dictée, qui est quelconque pour les concours des chemins de fer en général, est un morceau capital dans le concours pour les chemins de fer de l'Etat.

Cette distinction fondamentale justifie la division de notre étude en deux parties : la première, passant en revue les six grands réseaux ou du moins la plupart d'entre eux ; la seconde, spéciale aux chemins de fer de l'Etat.

I

COMPAGNIES DES SIX ANCIENS RÉSEAUX

C'est depuis 1883 que la Compagnie des chemins de fer de *Paris à Lyon et à la Méditerranée* admet dans son personnel les filles, femmes ou veuves de ses agents en service, retraités ou décédés. Elles sont affectées soit au service central, comme employées de bureau, soit dans les gares, soit comme chefs ou sous-chefs de station, télégraphistes, téléphonistes, receveuses ou aides-receveuses.

Des employées sont, en outre, chargées, à la gare de Bercy,

de l'établissement des récépissés d'expédition au moyen de la machine à écrire, et la Compagnie P.-L.-M. s'occupe, présentement, d'étendre cette mesure à certaines autres gares importantes de son réseau.

Les postulantes doivent, pour être admissibles, être âgées de seize ans au moins et de trente-quatre au plus, et avoir subi un examen qui, en ce qui concerne le service central, comporte une dictée, une multiplication, une division et des tableaux de chiffres à transcrire et à additionner.

L'examen en vue de l'admission à des emplois dans les gares varie, suivant la nature des fonctions que les candidates doivent être appelées à remplir.

La rétribution, au service central, est de soixante francs au minimum et de soixante-quinze francs au maximum, sauf pour les employées chargées d'une direction, qui peuvent arriver au chiffre de deux cents francs. — Dans les gares, le salaire varie suivant la région.

Les augmentations sont accordées, d'une façon générale, par échelons de cinq francs par mois.

Les femmes employées ont droit, comme le personnel masculin, aux permis de circulation gratuite, aux secours médicaux, à la demi-solde en cas de maladie et à six ou douze jours de congé à solde entière, chaque année, selon qu'elles ont, ou non, la libre disposition de leurs dimanches.

Leurs emplois au service central et dans les gares sont sensiblement dans la proportion de un à deux.

Le nombre des postulantes réunissant les conditions énumérées ci-dessus est considérable, et la Compagnie des chemins de fer de Lyon ne peut donner satisfaction qu'à une très faible partie d'entre elles.

*
* *

A la Compagnie des chemins de fer d'*Orléans*, on ne prend comme employées que les femmes, filles ou sœurs d'agents. Elles peuvent y entrer dès l'âge de dix-huit ans.

Les traitements alloués sont :

Au début, pour chaque jour de travail, 3 fr. Deux ans après, 3 fr. 25. En cas de maladie, la demi-solde leur est accordée.

Après trois années, elles sont commissionnées à 1,200 fr., touchent tous les ans, au 1er janvier, deux mois en plus de leurs appointements, et la Compagnie verse à la *Caisse des dépôts et consignations* 10 0/0 du traitement annuel sans aucun prélèvement sur les appointements pour établir la retraite. Voilà une mesure dont le caractère de bienveillance mérite d'être relevé avec éloges !

Deux ans après la commission, les appointements sont élevés à 1.350 fr., puis, après un délai de cinq ans, à 1,500 fr., traitement maximum pour les employées.

Le traitement des employées principales — il y en a une par service — est fixé provisoirement à 1800 fr. au maximum.

Les dames qui entrent à la Compagnie d'Orléans, passé l'âge de trente-deux ans, ne peuvent plus être commissionnées, mais elles sont payées à raison de 3 fr. 50 par jour, dimanches, fêtes et jours de maladie compris.

Les employées non commissionnées ne profitent pas de la retraite.

Les heures de service sont de dix heures du matin à cinq heures du soir sans interruption, avec congé annuel de douze jours.

Les dames sont spécialement affectées au contrôle des billets de voyageurs, des bagages, à la statistique des marchandises transportées pour en indiquer le produit pour chaque nature, à la comptabilité et à la correspondance avec les gares du réseau de la Compagnie.

*
* *

A la Compagnie des chemins de fer de l'Ouest, il n'y a pas non plus de concours pour les emplois administratifs des femmes. Les parentes rapprochées d'agents du personnel, qui se présentent, subissent un examen très simple.

Peu de femmes sont employées au service central.

*
* *

Nous ne croyons pas devoir prolonger davantage cette revue : elle donnerait lieu à de fastidieuses répétitions. Nos lectrices sont, espérons-nous, suffisamment renseignées sur les positions offertes au personnel féminin par les administrations des chemins de fer de nos six grands réseaux.

Quelques renseignements généraux sur les bibliothèques des gares trouvent ici leur place.

Le nombre des bibliothèques exploitées sur tous les réseaux des chemins de fer français par la librairie Hachette, pour le plus grand nombre, par la librairie Flammarion, pour certains d'entre eux (Ouest, Etat), est d'environ treize à quatorze cents. — Toutes ces bibliothèques sont confiées à des femmes, veuves, femmes ou filles d'employés des Compagnies.

La rétribution des « agentes » varie de 1 fr. à 5 fr. par jour, suivant l'importance de la localité, le nombre de bibliothèques de la gare, les heures de service exigé et les charges diverses qui incombent à la bibliothécaire.

Les heures de service sont, dans certains cas, assez prolongées et obligent les agentes à se faire seconder par des aides qu'elles rétribuent.

II

CHEMINS DE FER DE L'ÉTAT

Le dernier programme des concours pour les emplois administratifs sur le réseau de l'Etat remonte au mois d'avril 1900.

Nous en transcrivons ici la plus grande partie, en raison de son caractère de concours.

Ce concours comprend une série d'épreuves écrites obligatoires ; les postulantes peuvent, en outre, demander à prendre part à des épreuves facultatives.

Epreuves obligatoires.

1° Dictée .... { Ecriture. Orthographe.

2° Arithmétique .... { Chiffrage. Problème.

3° Rédaction........................	Style. Orthographe.
4° Confection d'un tableau statistique...	Disposition du tableau. Chiffrage.
5° Géographie........................	Indication d'itinéraires les plus directs par voie ferrée. Tracé des voies ferrées sur une carte muette.

Epreuves facultatives.

1° Notions élémentaires et pratiques sur l'organisation des chemins de fer;

2° Langues vivantes (anglais, allemand, italien ou espagnol);

3° Dactylographie (manipulation d'une machine à écrire);

4° Télégraphie (manipulation et réception au moyen de l'appareil Morse);

5° Sténographie (sténographie d'un texte dicté couramment, traduction d'un texte sténographié et sténographie d'un texte *écrit* donné).

Les concours ont lieu, suivant les besoins du service, au moins une fois chaque année, dans la première quinzaine de juillet.

Les demandes d'inscription doivent être adressées au Directeur des chemins de fer de l'Etat, 42, rue de Châteaudun, et doivent contenir l'adresse de la postulante.

Pour être autorisée à prendre part au concours, toute postulante doit justifier qu'elle est française, et qu'elle a eu seize ans au moins et vingt-neuf ans au plus le 1er janvier de l'année du concours.

Elle doit produire, à l'appui de sa demande, les pièces suivantes :

1° Une expédition de son acte de naissance; 2° une expédition de son acte de mariage, s'il y a lieu de le faire ; 3° les originaux ou les copies certifiées conformes et dûment légalisées des certificats ou brevets universitaires de la postulante ; 4° une note indiquant celle des épreuves facultatives auxquelles elle désire prendre part ; 5° une note faisant connaître ses antécédents depuis l'âge de quinze ans, accompagnée, s'il y a lieu, des certificats des administrations, maisons de commerce ou banques dans lesquelles elle a été employée ; 6° un extrait de son casier judiciaire, ne remontant pas à plus de trois mois.

Les opérations du concours sont dirigées par une commission comprenant : 1° un fonctionnaire supérieur de l'administration centrale, *président ;* 2° quatre chefs ou sous-chefs du bureau de l'administration centrale, *membres ;* 3° une dame, employée principale, *secrétaire.*

Les différentes épreuves du concours ont lieu en plusieurs séances consécutives, surveillées par la *commission* et par plusieurs dames employées.

Les séances sont réglées conformément aux indications suivantes :

I

1re JOURNÉE. — *Première séance (9 à 11 h. du matin).*

Appel et installation des concurrentes. Dictée dont le texte comporte l'application des principales règles de la syntaxe et de l'orthographe. Ce texte est d'abord lu à haute voix aux élèves du concours, pour leur permettre d'en comprendre le sens général. Puis, chaque phrase en est indiquée par fragments, sans indication de la ponctuation. L'ensemble du texte est relu pour la seconde fois à haute voix, et après un délai de cinq minutes, les copies sont enlevées.

L'écriture doit être lisible, courante et nette. On compte les fautes de ponctuation.

Deuxième séance (*1 à 4 h. du soir*).

Arithmétique. — Résolution de plusieurs problèmes élémentaires sur le système métrique, l'extraction des racines carrées, les fractions, les moyennes, les proportions, les intérêts simples et composés, les règles de mélange et d'alliage, les mesures de surface et de volume simples.

On se bornera à inscrire sur la copie l'indication des opérations et les résultats auxquels elles conduisent, sans y faire figurer ces opérations elles-mêmes.

2e Journée. — *Première séance* (*9 h. du matin à midi*).

Rédaction. — Lettres sur une question industrielle, commerciale ou administrative, dont le sommaire est remis à chaque postulante.

Deuxième séance (*2 à 6 h. du soir*).

Confection d'un tableau statistique (de 2 h. à 3 h. 1/2).

Cette épreuve consiste à présenter des documents statistiques remis aux postulantes sous forme de tableau synoptique, de façon à permettre d'en saisir rapidement la corrélation et les conséquences.

Les concurrentes doivent, avant de tracer définitivement le tableau qui leur est demandé, en préparer rapidement, au crayon, le croquis sur un brouillon, afin de se rendre bien compte des dimensions à donner aux diverses colonnes, de l'ordre dans lequel il convient d'y inscrire les chiffres donnés et les renseignements demandés, enfin la façon dont doivent être disposés les différents titres, suivant leur importance relative qui détermine le genre d'écriture et la dimension des caractères à adopter.

Géographie (de 3 h. 1/2 à 6 h.).

1° Indication d'itinéraires les plus directs par voie ferrée.

Les itinéraires les plus directs par voie ferrée entre un certain nombre de points donnés doivent être indiqués d'abord par grandes étapes correspondant aux divers réseaux empruntés. Pour chacun des trajets partiels, les concurrents ont ensuite à indiquer successivement, dans l'ordre où elles seraient rencontrées depuis le point de départ, les gares desservant les principales localités, les gares d'embranchement et les gares de transit entre deux réseaux.

2° Tracé de voies ferrées sur une carte muette.

Les divers réseaux doivent être distingués les uns des autres par des traits différents, avec légende explicative en marge. Les gares principales et les points de bifurcation ou de transit doivent être inscrits avec soin et en caractères proportionnés à leur importance.

3e Journée. — *Première séance (8 h. 1/2 à 11 h. 1/2 du matin).*

Epreuves pratiques, facultatives, de dactylographie, de télégraphie et de sténographie.

L'épreuve pratique de dactylographie consiste dans l'expédition d'une lettre au moyen du type de machine à écrire le plus couramment employé dans les bureaux de l'administration centrale des chemins de fer de l'Etat (machine Remington).

L'épreuve pratique de télégraphie comprend la transmission, au moyen de l'appareil Morse, d'un texte écrit donné et la traduction d'une dépêche télégraphique reçue par le même appareil.

Pour l'épreuve pratique de sténographie, qui consiste en une dictée, en la traduction de la prise de cette dictée et en un thème, il sera fait exclusivement usage de la méthode Prévost-Delaunay, adoptée par les sténographes de la Chambre des députés.

Deuxième séance.

Epreuve facultative de rédaction sur une question concernant les chemins de fer (1 h. 1/2 à 3 h. 1/2).

Epreuve pratique de langues vivantes (3 h. 1/2 à 5 h. du soir).

Et éventuellement (5 h. à 6 h. 1/2 du soir) pour la postulante qui aurait demandé à être examinée sur une seconde langue.

Les concurrentes inscrites pour prendre part à l'épreuve facultative de rédaction auront à exposer, dans une note d'un style aussi simple et aussi précis que possible, les notions qu'elles possèdent sur un sujet donné se rapportant à une ou plusieurs des questions ci-après : Organisation de l'administration centrale. Comptabilité. Service commercial. Tarifs. Contrôle des recettes. Statistique. Description sommaire et usage des principaux organes de la voie, des principales parties d'un train. Renseignements succincts sur le service des gares et des trains.

Les épreuves spéciales concernant les langues vivantes comprennent, pour chaque langue, une version et un thème à traduire par écrit, sans dictionnaire, pendant un délai maximum d'une heure et demie.

Dispositions générales.

Il est attribué à chaque concurrente, pour chacune des épreuves auxquelles elle prend part, une note de mérite variant de 0 à 20, d'après l'échelle ci-après :

20 — parfaitement ; 19, 18 — très bien ; 17, 16, 15 — bien ; 14, 13, 12 — assez bien ; 11, 10, 9 — passable ; 8, 7, 6 — médiocre ; 5, 4, 3 — mal ; 2, 1 — très mal ; 0 néant.

Le chiffre obtenu pour chaque épreuve partielle est multiplié par le coefficient d'importance de cette épreuve, et les produits sont ensuite totalisés pour le calcul du nombre de points de chaque concurrente.

Toutefois, les concurrentes qui prennent part à des épreuves facultatives ne bénéficient de points supplémentaires qu'à la condition d'obtenir une note égale ou supérieure à 15. La note de mérite correspondant à chaque épreuve de langue vivante est la moyenne des notes obtenues pour le thème et pour la version : les notes obtenues pour plusieurs langues vivantes se cumulent.

Les concurrentes pourvues de titres universitaires ou de brevets spéciaux bénéficient des nombres de points indiqués ci-après :

1° Baccalauréats complets	20
2° Diplôme de fin d'études (enseignement secondaire); brevet supérieur de l'enseignement primaire ; première partie de l'un des baccalauréats	15
3° Certificat d'études primaires supérieures (3ᵉ année) ; certificat d'études secondaires (fin de 3ᵉ année) ; brevet primaire élémentaire	10
4° Certificat d'aptitude à l'enseignement de la comptabilité dans les écoles normales et les écoles primaires supérieures	5

Les points alloués pour ces différents diplômes, certificats ou brevets, ne peuvent être cumulés. Toutefois, et par exception, les points supplémentaires prévus pour le certificat, désigné au paragraphe 4 ci-dessus, peuvent être cumulés avec ceux alloués pour un des autres diplômes, certificats ou brevets.

Les postulantes pourvues d'un diplôme de licence en droit, ès lettres ou ès sciences, sont inscrites, sans examen préalable, en tête de la liste d'admission, pour un emploi de deuxième classe.

La déclaration d'admissibilité ne confère aucun droit absolu aux postulantes; elles les met seulement en position de pouvoir être appelées, d'après leur rang de classement, pour occuper les emplois réservés au personnel féminin dans les bureaux de l'administration, soit en cas de vacance des emplois existants, soit en cas de création d'emplois nouveaux.

La commission dresse dans l'ordre de mérite deux listes d'admissibilité distinctes : la première, comprenant les parentes d'agents, femme, fille ou sœur d'agents du réseau, habitant avec eux ou étant à leur charge, ainsi que les parentes au même degré d'agents décédés, retraités ou réformés pour infirmités contractées en service ; la seconde liste, comprenant toutes autres postulantes.

Les emplois vacants sont alternativement attribués aux postulantes inscrites sur chacune des listes, en commençant par la première de ces listes.

Les postulantes appelées sont occupées, au début, en qualité d'employées, à titre d'essai.

Toute postulante ainsi désignée doit produire, avant son entrée en fonctions, un certificat délivré par un médecin du réseau de l'Etat, dans le mois précédant l'admission, et constatant qu'elle n'est atteinte d'aucune maladie ou infirmité qui la rende impropre au service. En outre, si elle n'a ni père, ni mère, ni tuteur habitant la localité dans laquelle elle est elle-même, elle est tenue de justifier qu'elle habite chez des parents rapprochés où dans une famille agréée par ses père et mère, ou tuteur, et dont l'honorabilité soit notoire.

ECHELLE DES TRAITEMENTS

I. Personnel commissionné.	Employées principales	Employées et receveuses aux billets
7e classe	1.500 fr.	1.000 fr.
6e —	1.800	1.200
5e —	2.100	1.350
4e —	2.400	1.500
3e —	2.700	1.650
2e —	3.000	1.800
1re —	3.300	2.000
1er chevron	3.600	2.200
2e —	3.900	2.400

PERSONNEL CLASSÉ

Dames à l'essai. — Le salaire mensuel est égal au douzième du traitement annuel que recevront les dames lors de leur commissionnement, diminué de 5 °/₀ et arrondi au franc inférieur.

Quant aux autres employées du réseau de l'Etat, qu'elles soient préposées aux billets, préposées aux halles, préposées à la salubrité, gardes-barrières ou distributrices, elles reçoivent une indemnité mensuelle qui varie selon l'importance de leur service.

Généralement, les traitements du personnel féminin sont supérieurs sur le réseau de l'Etat, et ce n'est que justice, le programme d'admission étant sensiblement plus difficile.

---

§ 5.

Service d'administration du contrôle commun aux sept grands réseaux français.

Le service d'administration du contrôle commun est aussi malaisé à trouver qu'il est peu connu.

Il est charitable à nous, qui avons eu grand'peine à en découvrir les bureaux, de faire connaître à nos lectrices le moyen d'y accéder, et de leur éviter ainsi beaucoup de pas inutiles. Aux Parisiennes, nous donnerons comme point de repère principal la gare Saint-Lazare, cette gare si heureusement placée au centre de la capitale. Nous leur dirons : C'est bien loin, bien loin, après la rue de Rome, le collège Rollin, le boulevard des Batignolles ; vous prenez le boulevard Péreire, qu'animent quelques charrettes anglaises conduisant au bois des gens de loisir, des autos et des bicyclettes cornant à qui mieux mieux. Vous traversez le pont du chemin de fer, puis vous continuerez tout droit jusqu'au boulevard Berthier.

Ce quartier présente l'aspect désolé et miséreux des rues qui avoisinent les fortifs. Pas une maison.

A gauche de la rue qui n'en finit pas, des masures aux carreaux crevés, aux toits effondrés comme si l'ennemi avait passé par là. De ci, de là, entre les masures, des terrains vagues, des ébauches d'usines.

A droite, d'immenses bâtisses pour le matériel des chemins de fer, bâtisses en briques sombres et en pans de fer, peu réjouissantes pour la vue ; d'autres constructions très vastes, garde-meubles des différents théâtres.

Enfin, vous vous trouvez en présence d'un bâtiment énorme à quatre étages bien aérés et éclairés, qui paraît neuf et porte le numéro 162 de la rue Saussure.

Ce bâtiment, en briques rosées, auquel donnent accès deux grandes portes cochères peintes en vert clair qui n'ont rien de commun avec les établissements administratifs d'aspect habituellement lugubre, est orné d'un beau perron précédé de six marches.

Vous êtes au *Contrôle commun*.

Vous montez. Vous entrez dans une sorte de cabinet éclairé

par une immense baie vitrée d'où vous découvrez, curieux coin de banlieue parisienne, dans une tranchée, le chemin de fer de ceinture, et plus loin les fortifs, avec la porte d'Asnières (1).

*
* *

EXAMENS

Les femmes sont employées au service du *Contrôle commun*, depuis 1894. C'est M. Ithier, l'obligeant chef de cet important service, qui a réalisé cette innovation, voilà tantôt douze ans.

Elle eut pour point de départ une inspiration de bienveillance pour la grande famille administrative des chemins de fer. C'était effectivement un moyen bien simple de suppléer à l'insuffisance du traitement que les Compagnies de chemins de fer donnent à leurs employés.

N'était-il pas tout indiqué de permettre aux femmes, filles, sœurs et parentes de ces employés, de gagner leur vie dans l'administration ?

De là à donner ces emplois aux plus proches parentes des employés de chemins de fer, de préférence à leurs orphelines, il n'y avait qu'un pas. Et c'était bien justice, les familles d'employés de la voie se chiffrant presque toujours par trois ou quatre enfants au minimum.

L'examen est extrêmement simple. On demande une dictée,

(1) Vous trouvez maintenant à la porte d'Asnières des tramways qui facilitent désormais toutes les communications.

une copie de bordereau et les quatre règles. On tient à une bonne écriture.

Il faut être Française, avoir dix-huit ans ou pas plus de trente, et faire parvenir sa demande d'admission par l'intermédiaire d'un des sept grands réseaux. La meilleure apostille est certainement le degré de parenté avec un employé.

Un trait, publié par Mme Rouyer, à l'ouvrage de qui nous faisons plus d'un emprunt, fait mieux ressortir que bien des considérations, le caractère paternel de l'Administration du Contrôle commun. L'auteur de l'ouvrage : *La femme dans l'administration* met ces paroles dans la bouche du chef de service, M. Ithier :

« Il y a quelque temps, un concours a eu lieu. Une jeune fille orpheline, ayant une note insuffisante, se désespérait, pleurant à chaudes larmes, demandant ce qu'elle allait devenir. Un des sous-chefs s'en aperçut et monta me conter le fait. Immédiatement je la fis venir, je l'interrogeai, et elle m'apprit qu'elle était seule au monde et sans ressources. Son père était mort au service de la traction.

« Devant une pareille détresse, je n'hésitai pas, et je la reçus, malgré ses mauvaises notes d'examen. C'est aujourd'hui une de nos meilleures employées (1). »

EMPLOIS

Institué le 1er janvier 1894, le *Contrôle commun aux sept*

(1) Nous transcrivons également ce fait, auquel nous sommes heureux d'applaudir :

« A côté de cela, nous avons été sollicités, harcelés même, maintes fois, pour admettre des étrangères chez nous, même une fille de député socialiste ! Nous avons toujours refusé. »

grands réseaux français fonctionne sous la direction d'un Conseil d'administration composé des directeurs des sept grands réseaux.

Il centralise la comptabilité de tous les transports de trafic direct, c'est-à-dire empruntant plus d'une Compagnie, et en répartit les produits entre les Chemins intéressés, en appliquant les conventions et les arrangements intervenus entre les réseaux, concernant les comptes communs pour le partage du trafic, les péages, les redressements des taxes de transports détournés de l'itinéraire auquel ils doivent être attribués, etc.

On se fera une idée de la multiplicité du travail de contrôle, en se représentant le nombre des colis postaux expédiés par an : il s'élève actuellement à près de SOIXANTE MILLIONS. Or, les colis postaux sur lesquels portent les dites vérifications empruntent souvent plusieurs réseaux !

Le Contrôle commun occupe 184 employés et 650 employées.

Les bureaux des employées femmes sont installés dans un hall immense, dans lequel de larges baies vitrées, rapprochées les unes des autres, distribuent la lumière à flots.

A gauche est un petit bureau vitré, où se tient le sous-chef.

Penchées sur des tables à pupitres, les femmes écrivent avec des tas de paperasses autour d'elles, elles sont séparées les unes des autres par un espace d'au moins cinquante à soixante centimètres. Presque toutes sont jeunes, de tenue modeste, mais non dénuée d'élégance ; elles portent un tablier de couleur ou noir. Leur plume va, va, va sur le papier ; chacune semble s'être donné une tâche à finir.

Le silence n'est pas absolu ; mais elles ne se parlent entre elles que pour les besoins de leur travail.

Sur une de ces tables, devant une jeune femme, est un minuscule petit vase avec une plante verte.

Le hall est séparé dans sa longueur, par des étagères contenant d'énormes registres : ces registres ne sont soulevés que par des employés hommes, pour éviter des accidents.

Les femmes employées ont sept heures de travail par jour : de 8 h. 45 du matin à 11 h. 30, et de 1 h. 30 à 5 h. 45 du soir.

***

On voit, d'après le chiffre des personnes employées, hommes et femmes, que ces dernières y représentent les 3/4 du personnel.

Un dialogue de M. Ithier, le chef de cet important service, avec Mme Rouyer, nous donne une très intéressante appréciation du travail des femmes qui y sont occupées.

« Nous n'avons qu'à nous louer de leur travail ; aussi nous augmenterons incessamment le nombre des admissions féminines. Le même travail fait par des hommes est inférieur au leur. C'est même intéressant d'observer combien, dans ce monde d'employés, les hommes sont inférieurs aux femmes. On ne conservera les hommes que pour les travaux difficiles.

— Croyez-vous que les femmes ne seraient pas assez intelligentes pour ces travaux-là !

— Ce n'est pas ma pensée. Je trouverais des femmes assez intelligentes pour ces travaux difficiles ; mais le nombre des employées est restreint, et sur la quantité j'en trouverais relativement peu. Pour les hommes, le champ où l'on glane les employés est plus vaste ; je trouverai donc beaucoup plus d'intelligences à appliquer à ces travaux. »

TRAITEMENT ET AVANTAGES

Les femmes employées au service du Contrôle commun sont payées à raison de 3 fr. et 3 fr. 25 par jour, dès leur début.

Après une période de deux ans, si elles témoignent d'aptitudes suffisantes — et le contraire est bien rare — elles sont nommées au mois à 85 fr. et arrivent, par avancements successifs, à 125 fr., quand elles restent employées ordinaires, et à 160 fr., quand elles deviennent employées principales.

Les employées ont le droit de demander la liquidation de leur retraite, lorsqu'elles atteignent cinquante ans d'âge ; mais elles n'usent pas de cette faculté. Elles restent à leur poste, tant qu'elles sont valides, et peuvent ainsi arriver à une pension oscillant de 6 à 700 francs.

Mme Rouyer dit dans son livre sur *La femme dans l'administration*, qu'il n'y a pas de surveillantes femmes parmi les employées, et elle donne, pour cette allégation, d'ailleurs inexacte, une raison qui serait peu à l'honneur du sexe aimable : « Il y avait des scènes tout le temps ! Les employées reconnaissaient plus volontiers l'autorité des hommes. » La vérité est qu'il y a des surveillantes femmes qui ont le titre d'employées principales, et que les cadres du personnel féminin en comportent dix.

A l'exception des débutantes, et ainsi que nous l'avons déjà fait observer, les femmes sont payées au mois comme les hommes.

Le règlement est, d'ailleurs, le même pour tout le personnel, hommes et femmes. On ne demande, ni aux uns ni aux autres, de produire un travail défini dans un laps de temps déterminé.

L'administration distribue à chacun, d'après les données de l'expérience, le lot de travail qu'il doit assurer.

L'auteur déjà cité apporte encore sur le salaire du personnel féminin des assertions qui appelleraient plusieurs rectifications. Ainsi, pour ne réfuter qu'une des assertions de Mme Rouyer, elle fait dire à une jeune fille qui est partie du Contrôle commun sur cette question des salaires, que le travail supplémentaire est payé au personnel féminin à raison de vingt-cinq centimes de l'heure. La vérité est que les travaux supplémentaires, qui ne sont qu'accidentels et sont distribués dans les bureaux qu'ils concernent, quand il s'en présente, sont payés à raison de soixante-quinze centimes l'heure aux hommes, et de cinquante centimes aux femmes. Aux hommes sont confiés des travaux difficiles, qui exigent des connaissances techniques qu'ils ont acquises dans le service actif des gares. Aux femmes sont donnés les travaux faciles et purement mécaniques, n'exigeant pas de connaissances spéciales, tels que le rapprochement des expéditions et des arrivages, le comptage et le classement des bulletins postaux. Il est donc naturel et justifié que les premiers soient mieux rétribués que les secondes.

« Les femmes doivent assurer leur travail, allègue encore Mme Rouyer, c'est-à-dire promettre, sur papier timbré et signé, de faire tel, et tel travail en vingt jours, par exemple. Qu'elles soient malades ou non, le travail doit être prêt en temps voulu. »

Renseignements pris auprès de l'Administration sur une prétention qui nous paraissait excessive, nous nous sommes assuré que bien au contraire il n'a jamais été demandé aux employées, ni sur papier timbré, ni sur papier libre, ni même verbalement, de produire un travail déterminé dans une période de temps fixée. On distribue le travail entre les employées comme il est dit ci-dessus, c'est-à-dire d'après les données de l'expérience qui a démontré ce dont chacune est capable.

Les femmes employées ont droit, comme les hommes, aux secours médicaux, soins et médicaments; mais le médecin ne leur doit ses soins que lorsqu'elles habitent dans un rayon de quatre kilomètres autour du Contrôle commun : il y a là une sorte d'infirmerie où le docteur peut les soigner ou leur indiquer les soins qu'elles ont à prendre.

Si elles sont malades pendant le mois, elles touchent la moitié de leur traitement. Celles qui sont en couches reçoivent la solde entière pendant trois semaines.

Parmi les avantages, il faut encore citer :

Un congé annuel de quinze jours;

Le permis de circulation sur différents réseaux;

La jouissance d'un réfectoire, grand et très éclairé. Une rangée de réchauds à gaz, que l'Administration fournit gratuitement, attend les déjeuners apportés de la maison, le plus souvent les restes du dîner de la veille. Mais le plus grand nombre des employées mangent chez elles, et la chose leur est d'autant plus facile que le chemin de fer de ceinture passe à deux pas de leurs bureaux.

A la fin de chaque année, le chef du Contrôle commun peut proposer des gratifications en faveur des agents féminins.

Il est accordé aux femmes mariées, dont le traitement ne dépasse pas 2.100 francs et qui ont à leur charge plus de trois enfants âgés de moins de treize ans, un secours de famille de

48 francs par an. Ce secours est augmenté de 24 francs par an pour chaque enfant en sus du quatrième.

Le Contrôle commun verse à la caisse de la vieillesse, à titre de don volontaire, insaisissable, 5 % des traitements en salaires, à partir de la sixième année de service de l'employée jusqu'à la dixième inclusivement, et 6 % au delà de la dixième année.

Ces versements sont inscrits au nom de l'employée pour lui constituer, à partir de l'âge de cinquante ans, une pension alimentaire viagère.

De même que le Contrôle commun donne ses emplois par préférence aux orphelines, de même il fait des avantages aux enfants des femmes veuves, ses employées. Il a pour eux des bourses et il leur fait plusieurs avantages, selon les besoins de la situation.

***

Il nous reste, pour conclure, à décrire un autre avantage, celui-ci d'ordre moral, bien à considérer pour le personnel féminin employé au Contrôle commun.

Les 3 francs que les femmes y gagnent en débutant leur font plus de profit que les 3 francs gagnés à l'atelier.

Elles sont bien loin aussi d'y avoir les mêmes tentations. Là, jamais d'ennuis ni de scandales. Si, par hasard, une jeune fille ou une jeune femme donnait prise à des soupçons sur sa conduite, elle se trouve si gênée parmi les autres, qui la tiennent un peu à l'écart, qu'elle s'en va. Elles s'éliminent ainsi d'elles-mêmes. Les femmes s'y tiennent donc très bien.

Elles sont très surveillées et aucune ne se plaint d'une surveillance qui a pour effet de protéger chacune d'elles.

Les précautions d'isolement sont prises pour le travail — nous l'avons dit — et aussi pour les sorties.

Ainsi, les hommes sortent par la porte A, dix minutes avant les femmes, afin d'éviter les rencontres dans la rue.

Nous avons été les témoins de la sortie pour le déjeuner, et nous allons dire ce que nous avons observé, ajoutons-le, avec une véritable satisfaction.

Les employés hommes s'en allaient à 11 heures 20. Nous laissions passer le flot qui s'écoulait ainsi des bureaux du personnel masculin.

Puis, quand il n'y eut plus d'hommes dans la rue, nous sortîmes à notre tour, dix minutes après, et nous nous trouvâmes aussitôt au milieu des employées femmes, qui s'en allaient déjeuner.

La rue, si noire, était devenue gaie, presque ensoleillée par leur présence. Elles marchaient à pas pressés, par petits groupes, sans tapage, sans l'air écervelé et hardi qui distingue les petites ouvrières des ateliers parisiens.

Le plus grand nombre se rendaient au boulevard Péreire, à la station de Courcelles, d'où elles pouvaient se rendre soit dans la direction de la gare Saint-Lazare, soit à d'autres stations du chemin de fer de ceinture. Elles montaient toutes ensemble très posément dans des voitures désignées pour elles, et où les hommes ne montent pas.

Nous terminons cette étude par une note optimiste, qui ne nous est pas familière, nos lectrices le reconnaîtront.

En raison de la tendance de l'Administration du Contrôle commun à accroître les admissions féminines, il peut y avoir un débouché de ce côté pour un certain nombre de jeunes femmes et surtout de jeunes personnes, parentes d'agents de nos chemins de fer.

---

§ 6.

Administration des Postes, Télégraphes et Téléphones.

Il serait banal de rappeler les services que cette Administration, si considérable, rend au public, au point de vue des transactions épistolaires, télégraphiques et téléphoniques.

A. — Beaucoup de nos lectrices contempleront, avec quelque saisissement, les chiffres, aussi approximatifs que possible, des lettres, et cartes postales expédiées en une seule année :

700 millions de lettres;

50 millions de cartes postales (1) :

Nos lectrices sont loin d'être aussi fixées sur le rôle de la

(1) C'est l'Administration *autrichienne* qui, la première, adopta l'idée des cartes postales, en 1869. Elles ont été introduites en France, en 1872; leur circulation dans notre pays est relativement restreinte.

La carte postale illustrée inondait depuis longtemps l'Allemagne, alors qu'elle était encore inconnue chez nous. L'Allemagne produit, chaque année, 84 millions de cartes postales illustrées ; la Suisse en produit 18 millions. La France vient presque au dernier rang et ne dépasse pas 4 millions ; ses éditeurs ne gagnent que 120.000 francs par an, tandis que l'Etat touche, de ce chef, 800.000 francs.

La France, qui n'occupe déjà, pour les lettres, que le sixième rang (après l'Angleterre, les Etats-Unis, la Suisse, le Danemark et l'Allemagne), se trouve pour les cartes postales au seizième rang, après l'Allemagne, l'Angleterre, la Suisse, les Pays-Bas, la Belgique, les Etats-Unis, l'Autriche, le Japon, le Luxembourg, l'Italie et le Danemark.

Il faut hâter de tous nos vœux la réforme postale qui réduira à 10 centimes la taxe des lettres simples et à cinq centimes celle des cartes postales. Cette réforme nous relèvera rapidement d'un état d'infériorité que n'explique pas le rôle social et économique de notre pays.

poste dans le mouvement général des échanges. Nous allons résumer ce rôle en quelques lignes.

De nos jours, la Banque met à la disposition du commerce et de l'industrie divers moyens excellents pour faciliter les transactions. Mais, si son organisation actuelle répond aux besoins dans les centres importants, c'est difficilement et d'une façon toujours coûteuse que la Banque prête son intermédiaire dans la plupart des petites localités. La poste comble cette lacune.

Grâce aux 8.000 bureaux répartis sur la surface de notre territoire, au grand nombre de ses facteurs — plus de vingt mille — elle se diffuse chaque jour sur tous les points du territoire, et, sans faire concurrence aux banquiers, elle se charge, en principe, des opérations que ces derniers ne peuvent effectuer : le paiement et le recouvrement à distance de sommes relativement faibles, surtout dans les localités dépourvues d'établissements de crédit.

Dans le mouvement général des échanges, le rôle de la poste apparaît cependant très modeste. Le montant global des mandats et des bons de poste était, il y a quelques années, d'environ **800 millions**; à la suite de la réduction du droit de commission, effectuée par la loi du 4 avril 1898, le chiffre de **1.200 millions** a été dépassé. Mais cette somme est bien peu de chose en regard des résultats obtenus par les banques, qui règlent annuellement pour plus de **800 millions** en espèces métalliques, pour **28 milliards** en lettres de change, et pour un chiffre vraiment colossal en chèques, chiffres qu'on ne peut déterminer exactement, mais dont on peut se faire une idée en apprenant que les mandats de virement de la

Banque de France seule, qui sont des espèces de chèques, atteignent parfois le total de **45 milliards** !

La poste, dans une sphère modeste, rend donc de réels services dans le mouvement général des échanges (1), puisqu'elle intervient principalement, quand un autre intermédiaire fait défaut.

* * *

I. SERVICES ORDINAIRES DES POSTES

EXAMENS

Les dames qui participent au service des postes et des télégraphes à l'Administration centrale, à la Direction de la Caisse nationale d'épargne, dans les directions départementales, dans les bureaux de poste, les bureaux mixtes, les bureaux télégraphiques ou téléphoniques, sont dénommées « Dames employées ».

(1) La poste offre au public divers moyens d'effectuer ses échanges : 1° le *mandat nominatif*, comportant la justification de l'identité du bénéficiaire ; — 2° le *mandat-carte*, qui se transmet gratuitement de bureau en bureau, payable à domicile, objet de deux présentations successives en cas d'absence du bénéficiaire. Avec la faculté de joindre au mandat quelques mots de correspondance sur un coupon adhérent à la formule, détaché et remis au destinataire au moment du paiement, ce mode de remise des fonds constitue un réel avantage, particulièrement apprécié par les habitants des communes rurales, auxquels il évite de longs déplacements, et pour la transmission de petites sommes dont l'envoi peut être expliqué par une communication très courte, les libraires, les magasins de nouveautés, par exemple ; — 3° le *bon de poste*, titre payable au porteur, sans responsabilité pour l'Administration. Il est émis, en France, un bon de poste pour huit mandats, tandis qu'en Angleterre la proportion est précisément inverse.

L'Administration des postes étudie présentement la création d'un nouveau système de mandats au porteur, qui se dénommeraient *chèques postaux*.

Les dames employées se recrutent par voie de concours. Les concours ont lieu par circonscriptions.

Pour être admises à concourir, les postulantes doivent :

1° Etre agréées par le Sous-Secrétaire d'Etat ;

2° Posséder l'aptitude physique nécessaire et n'avoir aucune infirmité ;

3° Avoir la taille de I m. 50 au moins ;

4° Etre âgées de dix-huit au moins et de vingt-cinq ans au plus, le 1er janvier de l'année où a lieu le concours.

Toutefois, les aides ayant au moins deux années de service en cette qualité sont admises au concours jusqu'à vingt-huit ans.

Sont appelées, en première ligne, à concourir :

1° Les postulantes qui sont femmes, filles ou sœurs d'agents ou de sous-agents de l'Administration des postes et des télégraphes en activité et comptant au moins dix ans de services, et les parentes au même degré d'agents ou de sous-agents décédés, retraités ou qui, comptant au moins dix ans de services, ont été reconnus hors d'état de continuer leurs fonctions ;

2° Les élèves des maisons d'éducation de la Légion d'honneur ;

3° Les aides ayant exercé effectivement l'emploi d'aide pendant deux ans au moins.

Les postulantes de ces trois catégories concourent entre elles.

Si le concours spécial aux postulantes de ces catégories ne fournit pas la totalité du contingent nécessaire, il est ouvert, pour le surplus, un concours complémentaire auquel sont appelées toutes les postulantes.

Les postulantes des catégories visées ci-dessus et qui seraient autorisées à prendre part à ces concours complémentaires n'y jouissent d'aucune prérogative spéciale.

Le dossier de candidature comprend les pièces suivantes :

1° Une demande d'admission au concours, établie par la postulante sur papier timbré ;

2° Une expédition de son acte de naissance ;

3° Un certificat d'aptitude physique délivré par un médecin assermenté et constatant qu'elle a été vaccinée ou revaccinée depuis moins de dix ans et qu'elle n'a pas d'infirmité ;

4° Un certificat du maire de sa commune constatant qu'elle est de bonne vie et mœurs et de nationalité française.

En outre, les femmes mariées doivent fournir une expédition en forme de leur acte de mariage et un certificat attestant que leur mari est de nationalité française ; les veuves, une copie de l'acte de décès de leur mari, et les femmes divorcées, un extrait de l'acte de divorce.

Toutes ces pièces doivent être sur papier timbré et dûment légalisées.

Les postulantes qui invoquent des titres spéciaux doivent en produire le relevé authentique.

Les demandes sont adressées aux directeurs départementaux chargés d'examiner et de faire compléter, s'il y a lieu, les dossiers individuels des postulantes.

Les postulantes admises à concourir sont convoquées par les soins des directeurs départementaux. Elles doivent se présenter au lieu qui leur est indiqué, au jour et à l'heure fixés.

Elles doivent, sous peine d'annulation de leurs compositions et même d'exclusion du concours, se conformer rigoureusement aux prescriptions réglementaires sur la tenue des concours, prescriptions dont il leur est donné lecture à l'ouverture de la première séance.

Les épreuves, cotées de 0 à 20, portent sur les matières suivantes. Le nombre de points à attribuer à chaque épreuve s'obtient en multipliant la cote et le coefficient placé en regard :

1° Dictée sur papier non réglé servant d'épreuve d'écriture et d'orthographe : orthographe, 3 ; écriture, 3.

2° Copie d'un état ou tableau, 1.

3° Rédaction, 3.

4° Arithmétique (les quatre premières règles sur les nombres entiers et décimaux et le système métrique). Problèmes sur ces matières, avec le raisonnement et le détail des opérations, 2.

5° Géographie de la France et notions générales sur les cinq parties du monde, 2.

6° Matières facultatives. — Langues anglaise, allemande, italienne et espagnole (thème et version sans lexique ou dictionnaire) : anglais et allemand, 2 ; italien et espagnol, 1.

La copie de l'état ou tableau et les compositions de rédaction, d'arithmétique et de géographie ne sont pas éliminatoires.

Est éliminée d'office toute postulante qui n'a pas obtenu au minimum 10 comme cote élémentaire pour l'orthographe et l'écriture.

Pour les langues étrangères, il n'est tenu compte que des notes supérieures à 10. Le surplus seul est compté et multiplié par le coefficient correspondant pour la détermination du nombre de points à attribuer à la composition.

Dans les concours spéciaux aux postulantes appelées à concourir en première ligne, aucune postulante ne peut être admise, si elle n'a obtenu au minimum 170 points pour l'ensemble des matières.

Dans ces concours, les épreuves comprennent, en outre, pour les aides, des questions sur le service postal et sur le service télégraphique, ainsi que des exercices de manipulation et de lecture de bandes *Morse*.

Le coefficient est de 1 à 1/2 pour chacun des deux services postal et télégraphique. Il est tenu compte de ces points pour le classement. En outre, il est attribué aux aides un nombre de points proportionnel à la durée de leurs services en plus des deux années réglementaires, savoir : de trois à quatre ans de services, 5 points ; de quatre à cinq, 6 points ; de cinq à six, 7 points ; de six à sept, 8 points ; de sept à huit, 9 points ; huit ans de services et au-dessus, 10 points.

Les nominations à l'emploi de dame employée sont faites au fur et à mesure des vacances.

Celles qui désirent être appelées au service télégraphique et téléphonique doivent accomplir un stage dans les conditions suivantes :

Les postulantes classées, autres que les aides, sont appelées à l'activité, en qualité de stagiaires, dans l'ordre du classement.

Avant le commencement du stage, elles peuvent faire connaître le service auquel elles désirent être attachées.

Il est fait droit à ces demandes, selon les vacances et dans la mesure du possible. A défaut d'option, elles sont versées par l'administration à l'un ou à l'autre de ces services.

La durée du stage est de trois mois environ.

Le stage peut être fait dans la localité choisie par la postulante.

Les stagiaires télégraphistes sont convoquées par groupe. Elles suivent des cours d'instruction professionnelle qui tiennent lieu de stage, et à la suite desquels elles subissent un examen qui sert de base à un classement définitif.

Les stagiaires téléphonistes sont appelés individuellement à faire un stage, lorsque les besoins du service l'exigent.

Les postulantes qui, au cours de leur stage, ont manqué d'assiduité ou n'ont pas acquis les connaissances professionnelles nécessaires peuvent être renvoyées. Toutefois, elles peuvent être autorisées à faire un nouveau stage, à la suite duquel il est définitivement prononcé sur leur admission.

Les stagiaires télégraphistes et téléphonistes reçoivent une indemnité de 2 francs par jour en province, et de 2 fr. 50 à Paris.

EMPLOIS

Nous avons dit qu'il y avait, au total, huit mille bureaux de poste sur notre territoire.

Or, nous comptons environ cinq mille receveuses de bureau simple.

On doit évaluer à six mille cinq cents les dames employées dans les différents services de cette administration parmi lesquels le roulement s'effectue, dans le personnel féminin comme dans le personnel masculin. Le nombre des dames employées n'est pas susceptible de s'accroître sensiblement : il y a plutôt tendance à le diminuer.

Il y en a plusieurs raisons. La première nous paraît être que les Postes et Télégraphes, qui fournissaient un important débouché il y a dix ans, ont désormais leurs cadres remplis.

Une seconde raison, c'est que l'administration est souvent hostile à l'emploi des femmes à cause de leur tendance trop générale à solliciter des congés de maladie. — Les fréquentes absences auxquelles elles s'exposent la contraignent, dit-elle, à les remplacer momentanément par des employés supplémentaires : il en résulte alors un surcroît de dépenses, quand elle espérait, au contraire, réaliser des économies.

Nous trouvons, dans le rapport de M. Marcel Sembat sur le *Budget des Postes, Télégraphes et Téléphones pour 1902*, les renseignements suivants :

« Deux cent quarante-six dames sont employées à l'administration centrale, la plupart au service des mandats-poste.

« Dans les bureaux ou services, où le personnel féminin est assez considérable, des dames employées sont désignées pour participer à la surveillance et à la direction du service. Elles prennent le titre de *surveillantes* ou de *surveillantes principales*.

« Les dames *surveillantes* et *surveillantes principales* reçoivent, en sus de leur traitement, une allocation spéciale ou haute paye dont le taux, de 200 francs au début, peut être porté à 400 francs après cinq ans d'exercice des fonctions de *surveillante*. Cette allocation spéciale peut même, pour les *surveillantes principales*, s'élever jusqu'à 600 francs, après dix ans d'exercice comme *surveillantes*. »

Nous avons peu de chose à dire sur le service des dames

employées. Il fonctionne sous nos yeux dans les bureaux de postes et les bureaux télégraphiques.

Il n'y a lieu de nous arrêter que sur le service des dames employées au téléphone, auxquelles il était interdit jadis de s'asseoir. Ce service est, en général, pénible pour les femmes nerveuses; mais Mme Rouyer, dans son ouvrage déjà cité, en a fait un tableau dont elle a bien chargé les couleurs; il pouvait être exact au début, mais il y a de cela plus de vingt ans :

« Elles ont sur la tête, dit-elle, une sorte d'appareil, qui maintient les deux récepteurs aux deux oreilles. Au moment où l'abonné sonne, il se produit dans l'oreille une décharge électrique qui souvent les fait crier, et on a vu souvent les oreilles saigner. Il y a même des jeunes filles qui ont eu le tympan très malade de cela. Si toutefois on parvenait, comme on dit, à supprimer les téléphonistes, il y en a plus d'une qui regretterait cet emploi, où l'on peut avoir 1.200 francs d'appointements, 200 francs d'indemnité de logement et 300 francs de nourriture, destinés à compenser la suppression des repas que l'on donnait au début. »

Le service des dames employées est habituellement de sept heures par jour. Jusqu'ici, elles étaient censées jouir, en général, du repos hebdomadaire.

Les paroles de l'*Officiel* ne sont pas toujours paroles d'Evangile. L'*Officiel* du 8 mars 1902 déclarait qu'à partir du 1er mai les bureaux simples des Postes et Télégraphes seraient fermés à midi, les dimanches et fêtes.

La *Fronde*, journal particulièrement vigilant pour les intérêts féministes, ne voyait rien venir. Elle reçut de l'administration la réponse suivante :

« On s'en occupe activement, vous pouvez l'affirmer... Mais, songez qu'il y a des conventions passées entre les municipalités et l'administration ! Les municipalités qui payent pour être servies veulent l'être aussi le dimanche... Et ceci n'est qu'une difficulté entre bien d'autres. Il y a dans l'étude du projet une quantité de difficultés qui ont ainsi surgi. Elles ne sont pas tout à fait tranchées, mais elles le seront assurément pour le 1er juin. »

La *Fronde* (7 mai) fait remarquer que ces difficultés auraient pu être prévues, et elle ajoute judicieusement : « Le public est souvent injuste, exigeant, dans les campagnes. Les Conseils municipaux ont presque tous voté contre le repos de l'après-midi du dimanche. Ces braves paysans, durs aux autres, qui ne manqueraient pas de se récrier, de se fâcher tout rouge, si le dimanche, au milieu de leur partie de cartes, on venait leur demander des légumes, veulent bien le repos pour eux, mais non pour les autres. C'est l'égoïsme humain qu'il faut combattre par esprit de justice, de raison, d'humanité. »

D'autre part, les membres du *Congrès des Postiers*, qui se tenait à la Bourse du Travail à la fin de mai 1902, ont discuté la question du repos hebdomadaire. Il a été constaté que, malgré les efforts de l'Administration, un grand nombre de bureaux de province n'accordaient que des repos irréguliers et trop espacés. Aussi, le vœu présenté et soutenu par le délégué de Grenoble a-t-il été accepté d'enthousiasme.

Nous faisons, au surplus, nos lectrices juges du libéralisme du rapporteur, déjà nommé, du *Budget des Postes, Télégraphes et Téléphones*, M. Sembat, député socialiste.

Cet amas confus de chiffres et de documents de toutes sortes, dans un chapitre intitulé : *Repos et libertés*, contient la perle « maçonnique » suivante :

« Les heures d'ouverture et de fermeture des bureaux municipaux, les dimanches et jours de fête, sont un défi au bon sens. Ils restent ouverts jusqu'à dix heures, ferment de dix heures à midi et rouvrent de midi à trois heures. On n'aperçoit qu'un motif plausible à cette bizarrerie, c'est que l'intervalle de dix heures à midi est l'heure de la grand'messe, et c'est sans doute pour inciter le titulaire à y assister qu'a été établi cet horaire. »

N'en déplaise à M. le rapporteur, ce n'est pas pour l'y inciter, c'est pour le lui permettre, ce qui est bien différent. Libre à M. Marcel Sembat de qualifier de « bizarrerie », de « défi au bon sens » ce respect de la liberté de conscience ! Il ne parviendra pas à donner le change : il a beau protester que « ses convictions anti-religieuses ne l'empêchent pas de réclamer le repos du dimanche » ; il met en œuvre toutes ses haines de sectaire pour empêcher les titulaires de ces bureaux — et nous savons qu'il y a cinq mille receveuses — d'aller à la messe, en décidant que les bureaux seront ouverts jusqu'à midi sans arrêt. — S'il eut voulu sincèrement améliorer leur sort, il eût demandé la fermeture définitive des bureaux le dimanche à dix heures du matin. Voilà qui eût été un acheminement à la fermeture définitive, dont il se déclare bruyamment le partisan !

***

TRAITEMENT ET AVANTAGES

Après être entrée dans les Postes par la voie des concours,

la dame employée touche 1.000 francs d'appointements, et, par la suite, une augmentation de 100 francs, de deux ans en deux ans. Elle va ainsi jusqu'à 1.800 francs.

Les dames surveillantes peuvent atteindre jusqu'à 2.000 et 2.400 francs.

A Paris et dans quelques grandes villes, le personnel féminin a droit à une indemnité de séjour qui oscille de 100 à 250 francs.

Le traitement des receveuses est de 1.200, 1.400 et 1.600 francs. C'est à titre tout exceptionnel qu'il atteint 1.800 et 2.000 francs.

Une série d'indemnités peut leur être allouée pour travaux extraordinaires.

Les receveuses sont logées.

Toutes les dames employées bénéficient de l'avantage de la demi-place en chemin de fer. Malades, elles sont payées, quand leur maladie ne dépasse pas trois mois ; au bout de ce temps, elles ne touchent que la moitié de leurs mensualités.

Enfin, après trente ans de service, elles ont droit à la pension de retraite qui leur donne, comme à tout fonctionnaire, la moitié de ce qu'elles touchaient en activité : exactement la moitié du traitement moyen des six dernières années.

Les dames employées au téléphone ont une indemnité de 1 franc par jour de plus que celles employées au télégraphe, et cette différence de traitement est bien justifiée par les exigences d'un service très assujétissant.

Il n'est pas nécessaire de passer par le service téléphonique avant d'entrer dans les postes ; mais, entre deux candidates aux postes, l'administration prendra de préférence celle qui a déjà été au téléphone.

D'autre part, le service du téléphone étant beaucoup plus fatigant que celui des postes, au bout d'un an ou deux l'Administration enlève au bureau téléphonique les femmes qui sont fatiguées et les met au service des postes.

II. CAISSE D'ÉPARGNE POSTALE

Nous traitons à part la *Caisse d'épargne postale*, parce qu'elle est située dans un local distinct, parce que ses emplois sont très recherchés et que l'opinion publique la classe, en quelque sorte, à part. Mais, pour épargner toute équivoque à nos lectrices, nous tenons à préciser que ce service de l'Administration des Postes n'impose pas de nouveaux examens, que l'on n'y accède que lorsqu'on a été déjà employée dans l'Administration des Postes : le même traitement est continué à la dame employée, déversée d'un autre service dans celui-ci ; mais le traitement peut s'élever, dans ce service, jusqu'à 2.400 francs.

Toutes les Parisiennes ne connaissent pas la rue Saint-Romain, cette vieille rue de province, dans laquelle est érigé un grand bâtiment précédé d'un haut perron à allures administratives, avec entrée spéciale au nº 8, longue et large galerie dont le plafond, en forme de voûte, est vitré de verres de couleur, vaste escalier montant aux bureaux des employées, grande porte-fenêtre ouvrant sur un jardin sablé, où les employées indisposées sont autorisées à descendre prendre l'air.

L'accès aux services de la Caisse d'épargne postale est difficile. Cela s'explique d'autant mieux que l'avancement, qui a lieu tous les deux ans, est sûr.

Le personnel féminin y travaille de neuf à cinq heures : il est divisé en deux parties pour les déjeuners : la première série déjeune à onze heures et demie, dans un restaurant qui lui est consacré, et va au jardin pendant que la seconde série déjeune à son tour.

Voici l'effectif du personnel féminin employé, de 1895 à 1902, à la Caisse nationale d'épargne de Paris.

Année	1895	435
—	1896	405
—	1897	387
—	1898	376
—	1899	363
—	1900	334
—	1901	324
—	1902	347

Les opérations de la Seine suivant une progression croissante, il est permis de penser que l'on reviendra à l'effectif d'autrefois.

Des succursales de la Caisse d'épargne, qui fonctionnent dans plusieurs départements en France et en Algérie, se sont décidées, de leur côté, à employer des femmes. Cette décision a arrêté l'invasion des jeunes filles de province qui venaient faire concurrence aux Parisiennes, pensant que les trois francs par jour que donnent les administrations seraient pour elles le commencement de la fortune ! Hélas! combien avaient trouvé la misère noire, en raison de leur isolement, malgré leurs trois francs! L'hiver surtout, c'était lamentable ! Les unes, découragées, s'en retournaient en province dans leur famille; les autres s'obstinaient, grelottaient, végétaient, se perdaient la santé. Souvent elles se mettaient à deux pour louer une chambre, et réalisaient ainsi un peu moins de misères. Celles qui souffraient trop étaient aidées par celles qui gagnaient un peu plus, car la serviabilité est une qualité innée chez la plupart des femmes appartenant aux classes populaires (1).

Mme Rouyer, dans son ouvrage *La Femme dans l'Administration*, fait parler ainsi une de ces jeunes victimes des emplois de l'Administration. Voici comment elle établit la supériorité des postes administratifs sur les métiers de l'aiguille.

« Nous craignons, par dessus toute chose, l'horreur du chômage : nous sommes épouvantées à l'idée qu'il faudra traverser, pendant trois mois de l'année, cette époque stérile qu'on appelle la morte-saison.

« Et puis, dites-moi un peu dans quelle branche de la couture j'aurais pu arriver à me faire de six à huit cents francs de rente pour mes vieux jours ! Ici, je les ai, ils sont assurés, et

(1) Mme Rouyer raconte deux traits touchants de cette serviabilité. Nous les résumons.

— Une employée des Postes qui, avec ses trois francs, avait la charge d'une grand'mère impotente, a pu subvenir à tout, avec l'aide de ses compagnes.

— A l'époque où j'étais au téléphone, raconte une autre employée, nous avions avec nous une toute jeune veuve avec deux enfants. L'Administration du Téléphone nourrissait alors ses employées. La jeune veuve faisait venir ses deux bébés (deux et trois ans) pour partager avec eux sa modeste pitance. C'était défendu en principe, mais on fermait les yeux. Eh bien ! toutes, nous nous privions de quelque chose pour ces petits, qui finissaient par manger à leur appétit. Nous les gâtions à plaisir ; quand la surveillante les amenait au réfectoire, elle disait : « Mesdemoiselles, voici vos enfants ! »

j'y arriverai sans effort, sans privation. Certes, le travail des chiffres n'a rien d'attrayant, et j'aimerais mieux chiffonner un ruban, disposer des fleurs sur un chapeau, ou coudre dans de la soie. Mais c'est si bon de travailler en sécurité, que nous préférons presque toutes entrer dans une administration.

« Et puis, et puis nous obéissons aussi à une ambition secrète, bien légitime du reste, l'ambition de nous marier. Souvent, en effet, des mariages ont lieu entre employées et employés d'une même administration ; cet espoir, je vous assure, contribue à nous faire trouver les additions moins pénibles. »

Nous n'apprécions pas. Nous nous contentons, pour cette fois, de transcrire fidèlement. Nous aurons l'occasion de revenir plus complètement sur cette délicate question, dans la suite de la présente étude.

***

Au risque de jeter encore une douche sur l'enthousiasme de beaucoup de jeunes filles pour les emplois dans l'Administration des Postes, il faut bien que nous mettions sous leurs yeux ces informations très précises, consignées dans le *Manuel des candidats*, bulletin très intéressant que nous nous faisons un plaisir de signaler (1) en remerciant son directeur, M. Barles, qui s'est mis très obligeamment à notre disposition :

1o Région de Paris.

« A la suite du concours des 6 et 7 décembre 1900 pour l'admission à l'emploi de dame téléphoniste, 560 postulantes

(1) 6 francs par an, 3, rue de la Gaîté, XIVe arrondissement.

des deux catégories ont été reçues. Sur ce nombre, 220 seulement sont actuellement nommées.

« Dans peu de temps, de 40 à 50 nominations pourront avoir lieu, grâce aux créations d'emplois prévues dans le budget de 1902. Mais, après cette fournée, l'épuisement de la liste sera lent, si les conditions actuelles demeurent sans changement ; car les vacances ne sont pas nombreuses. Au 1er janvier prochain, il restera encore au moins 250 jeunes filles de l'examen de 1900 à placer dans la région de Paris.

« En raison de cet encombrement, causé par le grand nombre des admissions à la suite du dernier concours, il est certain qu'aucun examen n'aura lieu, pour aucune des deux catégories, dans le cours de la présente année. Bien plus, si le nombre des créations d'emplois pour 1903 n'est pas très élevé, ce qui pourrait bien être, vu la modicité des crédits nouveaux qui seront accordés à notre Administration, l'année prochaine pourrait elle-même s'écouler sans nouveau concours.

« Bien que ces renseignements soient peu encourageants, nous préférons les donner en toute sincérité à nos abonnées, plutôt que de les laisser s'énerver et s'impatienter dans l'attente d'un examen toujours espéré, mais ajourné sans cesse...

2° Autres régions.

« Dans les diverses autres régions, il n'y a pas eu non plus d'examen depuis la fin de 1900. Mais les listes d'admission, moins longues, seront plus rapidement épuisées. Dans plusieurs d'entre elles, notamment dans le Nord-Ouest et le Sud-Est, il reste peu de postulantes à appeler.

« Il se pourrait donc que, dans quelques-unes de ces régions, un concours ait lieu dans le courant de 1902. »

Candidates, ne l'oubliez pas, vous êtes *deux mille* pour *deux cents* emplois ! Vous êtes trop bonnes calculatrices pour n'être pas effrayées de la proportion.

La situation des ouvriers à notre époque occupe beaucoup d'esprits. Celle de leurs femmes ou de leurs filles n'est pas moins digne d'intérêt, et pourtant l'on semble les délaisser ! Cependant, secourir les unes, c'est aussi venir en aide aux autres.

Autrefois, la femme trouvait du travail proportionné à ses forces et à ses aptitudes ; les travaux de lingerie, de couture, l'état de fleuriste pouvaient lui procurer de l'occupation à domicile. Mais depuis nombre d'années la concurrence, la désertion des campagnes qui se fait sentir chaque jour davantage, ont amené un effroyable avilissement des salaires féminins.

Aujourd'hui, le travail de la femme est, en général, trop peu rétribué. Souvent elle ne gagne, en travaillant toute la journée pour les grands magasins, que vingt à trente sous par jour. Une malheureuse lingère, qui travaille douze heures par jour, ne parvient souvent à gagner que de 0 fr. 75 à 1 fr. 25. Et pourtant, il faut souvent que la malheureuse se nourrisse, qu'elle paie un loyer, si modeste qu'il soit, toujours trop onéreux pour elle. Il ne lui reste, le plus souvent, comme suprême ressource, que d'aller porter ses quelques hardes au Mont-de-Piété pour en retirer une somme des plus minimes...

Dans de telles conditions, qu'y a-t-il d'étonnant de voir

les femmes qui veulent vivre honnêtement rechercher, en dehors de chez elles, et souvent dans des bureaux, un gagne-pain qu'elles s'imaginent plus assuré, plus rémunérateur et plus régulier ?

Nous avons passé en revue les emplois des femmes dans les bureaux du *Crédit Foncier*, du *Ministère des Finances*, de la *Banque de France*. Nous avons dit alors les motifs pour lesquels nous plaçons au premier rang les emplois du Crédit Foncier (1).

Les emplois de femmes dans beaucoup d'autres administrations sont loin d'offrir autant d'avantages.

Nos lectrices, pour lesquelles nous rapprochons les services de quatre administrations financières, prises parmi les plus considérables de la capitale, le *Crédit Lyonnais*, la *Société Générale*, le *Comptoir d'escompte*, le *Crédit industriel et commercial*, s'en rendront aisément compte. Puisse l'enquête que nous nous efforçons de conduire avec précision, faire comprendre aux personnes le plus directement intéressées, aux postulantes de ces emplois administratifs, combien ils entraînent de leurres et de déceptions !

Et cela, depuis le *Crédit Lyonnais*, qui emploie par an huit cents femmes et qui a une grande tendance à ne plus titulariser le personnel féminin, jusqu'au *Crédit industriel* qui eut, il y a plus de vingt ans, l'initiative d'employer des femmes et n'en emploie pas plus de soixante-dix, auxiliaires comprises.

(1) Voyez pages 19 et 20.

§ 7.

Crédit Lyonnais.

Bien des Français connaissent cette administration, créée en 1863, organisée en société anonyme au capital de 250 millions, qui compte plus de quarante années d'existence. Le *Crédit Lyonnais* a son siège social au Palais du commerce, à Lyon ; il a sur le boulevard des Italiens, à Paris, un immeuble qui constitue un véritable ministère, avec ses deux ailes sur les rues de Grammont et de Choiseul, et des caves immenses qui abritent des centaines de coffres-forts loués à sa clientèle.

EXAMENS

Après avoir fait une demande apostillée pour être admise, la candidate, qui peut se représenter dans la même année — il y a deux concours par an, un en mai et un en novembre — subit un examen comprenant deux pages d'écriture et de chiffres, d'une très grande importance. On demande aussi une dictée, des opérations d'arithmétique sur les règles d'intérêts et sur les choses usuelles : par exemple, comment un rentier doit faire pour toucher ses coupons, ce que lui rapporte son argent. En un mot, on demande à la candidate des problèmes en rapport avec les travaux qu'elle aura à faire dans l'administration.

La limite d'âge est de seize à trente ans.

A mérite égal bien entendu, on fait passer d'abord les filles et les femmes d'employées à titre temporaire.

Il y a, nécessairement, toujours plus d'appelées que d'élues. Mais, quel est-il, l'avenir de ces élues ?

En fait, le plus grand nombre ne trouvent pas une profession, au sens précis du terme, dans cette administration. On les prend, le plus habituellement, vers le 20 décembre, pour l'échéance de janvier, pour les garder jusqu'au 31 janvier. Celles qui ont eu les meilleures notes journalières, car, lorsqu'elles sont employées à titre temporaire, elles ont chaque jour une fiche avec des notes, passent les premières : on les rappelle à l'échéance d'avril. Les autres ne sont pas rappelées avant l'échéance de juillet. On le voit donc, les meilleures, parmi celles qui ne sont pas titularisées, travaillent un mois sur trois, soit quatre mois par an, en attendant qu'il y ait des vacances et qu'elles deviennent titulaires.

EMPLOIS

Les dames employées travaillent à la correspondance, à la machine à écrire, à la comptabilité et aux titres. Elles établissent les bordereaux de Paris, de la province et de l'étranger.

Le travail du classement des coupons est considérable, dans une administration aussi importante, et les employées les débrouillent avec une dextérité surprenante — en cela elles sont supérieures aux hommes — et ce sont elles qui font les bordereaux.

Un chef de service dirige leur travail. La rue de Choiseul a une entrée qui leur est réservée. Elles ne sont pas en contact direct avec le public. Certaines d'entre elles sont dans des salles séparées qui leur sont spécialement affectées. Elles ne sont mêlées aux employés hommes que dans les endroits où le public a accès et se trouve en rapport avec les employés.

TRAITEMENT ET AVANTAGES

Les femmes admises au concours sont, d'abord, prises comme employées temporaires aux échéances trimestrielles, ainsi que nous l'avons dit. Elles reçoivent, en cette qualité, 3 fr. par jour. Elles peuvent atteindre jusques 4 fr., mais il y faut du temps.

Les meilleurs emplois sont ceux de caissières de la conservation des titres. Ces privilégiées peuvent gagner jusqu'à 4.000 et 5.000 francs par an.

Des gratifications de 50, 60, 100 et même 150 fr., prétend-on, sont perçues en décembre.

La *Caisse nationale des retraites* offre quelques avantages, peu sensibles d'ailleurs, aux employées. Leur retraite est minime, proportionnée à la retenue qu'elles ont acceptée. L'administration fait, au compte des employés, des versements de 50 °/ₒ, lorsque l'employé a vingt ans de présence ; et de 100 fr. pour un employé qui a cinquante ans de présence.

En ce qui concerne les dames employées, ces versements ne compromettent guère la caisse de l'administration. Il arrive le plus souvent, en effet, que les jeunes filles qui entrent à seize ans au Crédit Lyonnais, s'en vont, de vingt à vingt-cinq ans, pour se marier, à moins qu'elles n'épousent un employé de la maison (1).

(1) Ces renseignements, pour la plupart contrôlés à bonne source, nous sont fournis, en grande partie, par l'ouvrage de Mme Rouyer, déjà cité.

Tous ces renseignements établissent que le Crédit Lyonnais ne donne pas aux femmes des emplois bien brillants ! Cela vient de ce que l'administration, très large au début, s'est aperçue que le travail des femmes lui revenait plus cher que celui des hommes, et qu'elle se montre aujourd'hui sévère pour leur titularisation.

---

§ 8.

Société générale pour favoriser le développement du commerce et de l'industrie.

Cette Société, fondée en plein essor de la prospérité financière sous l'Empire, en 1864, organisée en Société anonyme au capital de 160 millions, a son siège social, 54 et 56, rue de Provence.

CONDITIONS D'ADMISSION ET STAGE

La limite d'âge est de dix-huit à trente ans. Une demande, apostillée par quelque personnage influent, donne des chances d'être reçue assez rapidement.

On demande la connaissance de l'orthographe et la pratique du calcul rapide, justifiées par un examen fort élémentaire.

Le nombre des postulantes à un emploi dans les bureaux de la Société générale représente une moyenne annuelle de 350 à 400 demandes nouvelles ou renouvelées.

Le nombre des demandes suivies d'admission est, en moyenne, de 65 par an. On voit qu'ici encore il y a peu d'élues !

EMPLOIS

Les postulantes admises sont, d'abord, employées temporairement pendant des périodes de l'année qui appellent un renforcement du personnel, et notamment lors des principales échéances de coupons : janvier, avril, juillet, octobre. Le nombre des femmes employées périodiquement ainsi est de 170 environ.

Les employées auxiliaires sont admises dans le personnel fixe des services de coupons, portefeuille et conservation des titres, au fur et à mesure des vacances qui se produisent, suivant l'ancienneté et le mérite de leurs services.

On peut évaluer de deux ans à deux ans et demi environ la durée du stage à la suite duquel une auxiliaire, dont le travail a été satisfaisant, est pourvue d'un emploi permanent.

Une quarantaine d'employées passent ainsi annuellement, du cadre des auxiliaires temporaires, dans celui du personnel fixe.

L'effectif de ce personnel fixe est d'environ 260 employées.

L'effectif total employé, tant à titre permanent qu'à titre temporaire, varie donc, suivant les époques, de 260 à 430. — Ce chiffre n'a pas sensiblement varié depuis quelques années.

La durée du travail des dames employées est, en moyenne, de 9 heures du matin à 5 heures 1/2, avec une interruption d'une heure pour le déjeuner qui est pris dans un réfectoire organisé à cet effet, avec faculté de s'approvisionner au buffet ou de consommer les aliments apportés du dehors.

TRAITEMENT ET AVANTAGES

Le salaire du début est de 3 fr. par journée de travail effectif. Il est augmenté de 0 fr. 25, tous les deux ans en moyenne, lorsque le travail est satisfaisant, jusqu'à ce qu'il atteigne 5 fr., son taux maximum et très exceptionnel.

Les employées à titre permanent sont, en outre, admises à bénéficier des avantages de la *Caisse de prévoyance*, comportant, moyennant une retenue de 5 %, un ensemble d'allocations qui, à l'heure actuelle, a accru de 77, 80 % l'avoir provenant des retenues.

A ces retenues viennent s'ajouter des gratifications variant de 75 à 125 fr., suivant l'importance du traitement, et qui sont données par la Société générale en fin d'année.

Un congé d'une semaine avec solde entière est accordée à toutes les employées du cadre permanent.

Tous ces renseignements nous ont été fournis avec une obligeance à laquelle nous sommes heureux de rendre hommage, par l'administration centrale de la Société générale. La même mention reconnaissante doit être adressée au personnel supérieur des deux Sociétés financières, dont il nous reste à entretenir nos lectrices.

---

§ 9.

Comptoir national d'Escompte de Paris.

Le Comptoir d'Escompte, constitué, en 1889, en Société anonyme au capital de 150 millions, a son siége social rue

Bergère, 14, dans cet immeuble dont la façade monumentale forme le fond de la rue Rougemont.

L'admission de l'élément féminin au Comptoir d'Escompte date de juin 1893.

Comme pour toutes les administrations, les postulantes subissent un examen. Cet examen, très simple, comprend : 1° une dictée ; 2° une page d'écriture ; 3° les règles de l'arithmétique ; 4° la confection d'un bordereau de coupons.

La limite d'âge est de seize à trente-cinq ans.

Le Comptoir d'Escompte comprend actuellement près de 200 dames employées ; les deux tiers environ sont titulaires, l'autre tiers est composé d'auxiliaires à titre temporaire.

On le voit, il ne donne pas un très grand nombre d'emplois au personnel féminin, et l'on va voir que ces emplois sont assez modestement rétribués.

Ces emplois sont *exclusivement réservés* aux filles, femmes et sœurs d'employés du Comptoir d'Escompte : disposition essentiellement patronale et dont on ne peut que louer cette grande administration.

Le travail des dames employées consiste dans la manipulation et le classement des coupons, la confection de bordereaux et de coupons, de bordereaux d'entrée et de sortie des effets de commerce, et enfin dans la copie de renseignements commerciaux.

La salle où elles travaillent, toutes réunies, est entourée d'une verrière en verres dépolis, afin qu'elles ne soient ni vues, ni distraites par personne.

Occupées de neuf heures et demie du matin à six heures moins un quart, elles rentrent encore assez tôt pour préparer le repas du soir.

Quant au déjeuner, elles l'emportent avec elles le matin, ou bien elles le trouvent dans un restaurant disposé pour elles dans l'intérieur du Comptoir d'Escompte.

Elles débutent, comme auxiliaires, avec un salaire de 3 fr. par journée de travail effectif et sont titularisées, selon les vacances, au même taux. On les augmente régulièrement de 0 fr. 25 par jour tous les deux ans jusqu'au maximum de 5 francs pour les employées.

Les surveillantes et les adjointes ont une augmentation de 0 fr. 50 pendant la même période, jusqu'au maximum de 6 fr.

Les auxiliaires gagnent aussi 3 francs par jour.

Le personnel féminin n'a pas de caisse de retraite. Il est admis au bénéfice de la caisse de secours qui, moyennant versement de 1 fr. par mois, lui donne droit au médecin et aux médicaments.

Le Comptoir d'Escompte donne 100 francs aux femmes employées lorsqu'elles donnent le jour à un enfant.

Toutes ont droit, chaque année, à un congé de douze ou quinze jours avec traitement.

---

§ 10.

Société Générale de crédit industriel et commercial.

La Société de crédit industriel et commercial est une Société anonyme créée, en 1859, au capital de 80 millions. Elle a son siège social à Paris, rue de la Victoire, 66.

L'une des plus anciennes et des plus honorables de nos grandes Sociétés de crédit, c'est elle qui, la première, installa des femmes dans ses services. Voilà plus de vingt ans qu'elle en occupe.

Le Crédit industriel et commercial demande aux postulantes à ses emplois de bureaux une bonne instruction primaire, des exercices sur la comptabilité, l'établissement d'un bordereau de coupons ; en somme, il leur fait subir un examen très sommaire, et il donne la préférence aux femmes, filles ou sœurs d'employés de son administration.

La moyenne approximative du personnel féminin est la suivante : 50, à poste fixe ; 20, à titre auxiliaire.

Les dames employées débutent comme auxiliaires temporaires et, comme à la Société Générale, sont habituellement appelées pour assurer le travail d'une échéance. Elles sont distribuées, par la suite, entre les services des Coupons, des Titres, du Portefeuille et de la Comptabilité.

Leurs salaires varient de 3 à 4 francs par journée de travail effectif. Le maximum de leurs traitements oscille de 1.500 à 1.600 francs.

***

Nous nous répéterions en nous étendant plus longuement sur les emplois du personnel féminin au Crédit industriel et commercial. Il applique les principes qu'il a été le premier à poser.

Les autres Sociétés financières, les Compagnies d'assurances qui font appel au travail des femmes appliquent des dispositions analogues. Dans l'ensemble, ces dispositions ne sont pas très satisfaisantes, nous ne saurions trop le redire pour mettre en garde nos lectrices contre ces sortes d'emplois administratifs.

*
* *

On nous permettra de conclure cet article par quelques réflexions sur le travail de la femme, qui occupe, d'ailleurs, une place importante parmi les questions qui se posent dans le monde économique.

Les ouvrières ont reçu pendant un trop long temps un salaire insuffisant, et voici que maintenant et par voie de conséquence elles cherchent à prendre la place des hommes dans les ateliers d'imprimerie, par exemple, et dans les bureaux de certaines Sociétés financières. Il en est résulté que beaucoup d'hommes ou d'employés se sont trouvés sans travail ; le jeu non réglementé de l'impitoyable loi de l'offre et de la demande a amené une baisse dans le taux du salaire pour ceux qui conservaient leurs places. De là, un mécontentement général, à notre sens, fort exagéré, car on n'attribue pas aux femmes, en fin de compte, un si grand nombre d'emplois que l'opinion puisse s'en sérieusement émouvoir.

Dans les milieux socialistes, on a prétendu interdire aux femmes le travail d'atelier et de bureaux. Les employés et ouvriers qui avaient perdu ou se croyaient menacés de perdre leur gagne-pain ont protesté, avec une sombre énergie, contre la concurrence féminine. Ils se sont rappelés que la place de la femme était à son foyer, dans son intérieur, et ils ont demandé que les bureaux et les ateliers leur fussent désormais impitoyablement fermés pour les emplois et les travaux industriels qui, jusqu'alors, avaient été réservés aux hommes. L'égoïsme masculin ne doit pas, pourtant, condamner les femmes à mourir de faim !

Nous nous empressons de le reconnaître, ces réclamations sont fondées en une certaine mesure. Nous avons dit souvent et nous répétons encore — la femme doit rester au foyer. C'est là que Dieu a fixé sa place, et pour le bien de la femme comme pour celui de la famille et de la société, il est nécessaire qu'elle ne l'abandonne pas.

Mais, si l'idéal dans une société bien organisée est de laisser la femme dans son intérieur, il faut, pour que ce soit toujours possible, que plusieurs conditions soient remplies : il faut qu'en restant à son foyer la femme ne soit pas exposée à y mourir de faim. Si, non mariée, elle n'a plus de parents capables de gagner le pain de tous; si, mariée, le mari chôme, ou est malade ; si le salaire de l'homme est insuffisant pour élever la famille; si, veuve, c'est elle qui doit subvenir à son entretien et à celui de ses enfants, il faut bien que la femme cherche du travail.

Le remède ne résiderait-il pas en une législation sage et libératrice, organisant le travail des femmes dans une sérieuse réglementation professionnelle protégeant les faibles contre toute exploitation ?

Eh oui ! sans doute, et ce serait bien de la « liberté laïque », pour emprunter le jargon des hommes du jour ! Mais les femmes ne sont pas électeurs et d'autres « appétits » excitent nos maîtres.

---

§ 11.

Manufactures de l'Etat : Tabacs et Allumettes.

Le personnel des ouvrières des manufactures de l'Etat : « Tabacs et allumettes », placé sous l'autorité supérieure du ministre des finances, est soumis à un régime spécial. Les deux services réunis n'occupent pas moins de **18.000** femmes.

C'est un véritable corps d'armée dont nous étudierons les forces en deux sections distinctes, le sujet ainsi délimité étant encore vaste et complexe. Disons de suite que les cigarières et les allumettières sont les ouvrières dont l'organisation syndicale est la plus avancée.

La situation du personnel des manufactures de l'Etat était, jusqu'ici, assez mal connue.

Nous avons puisé la plus grande part de nos informations dans un ouvrage très documenté, qui paraît bien à point : *De la condition des ouvriers dans les manufactures de l'Etat : Tabacs, — Allumettes*, écrit par un homme bien préparé à cette étude par la nature de ses fonctions, M. Ch. Mannheim, docteur en droit, ingénieur des manufactures de l'Etat (1).

Il existe, sur la surface de notre territoire, vingt manufactures de tabac, un atelier de construction (2), et trente-quatre magasins, dont cinq de transit, entre lesquels est réparti le personnel ouvrier.

(1) Paris, librairie Girard et Brière, 16, rue Soufflot. Gr. in-4°.
(2) On fabrique à Limoges une partie de l'outillage nécessaire aux manufactures de tabac et d'allumettes.

MANUFACTURES	FEMMES EMPLOYÉES	
	1885	1900
Bordeaux	1.149	954
Châteauroux	1.469	1.345
Dieppe	968	893
Dijon	360	417
Le Hâvre	496	366
Le Mans	610	485
Lille	956	785
Lyon	608	479
Marseille	1.292	994
Morlaix	1.307	987
Nancy	880	745
Nantes	1.572	1.123
Nice	1.145	776
Orléans	106	284
Pantin	795	699
Paris (Gros-Caillou)	1.631	1.084
Reuilly	1.211	802
Riom	575	548
Tonneins	1.079	821
Toulouse	1.474	1.118
TOTAUX	19.951	15.705

Les magasins de transit sont situés dans les ports : à Bordeaux, Dieppe, le Havre, Dunkerque et Marseille.

C'est là que sont débarquées et entreposées les feuilles exotiques. Les magasins proprement dits sont établis au milieu des régions de culture de tabac. Les feuilles y sont apportées par les planteurs, expertisées, emballées, emmagasinées jusqu'à leur expédition aux manufactures.

Le travail y est très irrégulier, dépendant des arrivages des tabacs exotiques et de la récolte des tabacs indigènes.

L'emplacement des manufactures de tabac, très disséminées, a une grande importance, au double point de vue des salaires et de l'esprit qui anime le personnel ouvrier.

Ainsi, dans les manufactures du département de la Seine (Pantin, Reuilly, Gros-Caillou) ou de grandes villes comme Lyon, Bordeaux, Marseille, les conditions économiques sont évidemment tout autres que celles situées dans des localités comme Riom, Tonneins et Morlaix.

Ainsi, pour l'esprit et les mœurs, la population de Nancy, d'Orléans, de Dijon ne ressemble en rien à celle de Toulouse, pas plus que la population maritime de Dieppe et du Havre à celle à demi-italienne de Nice. Le personnel de la manufacture de Lille subira immanquablement des influences auxquelles échappe celui des manufactures du Mans, de Nantes ou de Châteauroux.

Les manufactures sont désormais réparties en quatre classes, suivant le coût de la vie dans les centres où elles sont situées (1). Nous verrons ultérieurement que c'est cette division qui sert de base pour la fixation du taux des salaires.

1re Section. — MANUFACTURES DES TABACS

EXAMENS ET EMPLOIS

Les limites d'âge réglementaires sont très larges : douze à vingt-huit ans. Les errements diffèrent suivant les manufac-

(1) Hors classe : Reuilly, Pantin, Gros-Caillou ;
1re classe : Bordeaux, Dieppe, le Havre, Lille, Lyon, Marseille, Nice ;
2me classe : Dijon, le Mans, Nancy, Nantes, Orléans, Toulouse, Limoges ;
3me classe : Châteauroux, Morlaix, Riom, Tonneins.

tures. Certains directeurs n'admettent que des jeunes filles de douze à dix-huit ans; à cet âge, l'apprentissage est lent, mais il est subi à un moment où l'ouvrière n'a pas de charges. De plus, une admission précoce est avantageuse, au point de vue de la retraite. D'autres directeurs, au contraire, fixent dix-huit ou même vingt ans comme limite inférieure, parce qu'il est plus facile de juger les aptitudes à cet âge.

L'admission du personnel féminin dans les manufactures est extrêmement recherchée. L'Administration a trouvé là un moyen de récompenser les ouvriers les plus anciens et les plus méritants, en admettant leurs filles de préférence.

Les examens qui sont demandés ne dépassent pas la force du certificat d'étude. Cela n'empêche pas les directeurs des manufactures d'employer jusqu'à des institutrices brevetées, qui se fatiguent d'attendre une nomination problématique. Pauvres institutrices! elles gagneront là un salaire supérieur à celui que leur vaudraient leurs diplômes.

En fait, comme l'effectif des femmes est considérable et qu'un léger accroissement n'a pour effet que d'augmenter la production dans des proportions insignifiantes, il est toujours possible de leur assurer un travail régulier; aussi sont-elles immatriculées définitivement à l'expiration du stage réglementaire, du moment où leur travail et leur conduite n'ont pas donné lieu à des reproches.

Les ouvriers et ouvrières sont répartis par ateliers comprenant des effectifs extrêmement divers. Chaque atelier est placé sous la surveillance d'un préposé, homme ou femme, dont la fonction est indépendante du grade; ils ont le titre de surveillants, contremaîtres ou contremaîtres principaux.

Autrefois, on n'employait que des préposés hommes ; depuis plusieurs années on tend à leur substituer des femmes dans tous les ateliers composés exclusivement de femmes. Ces préposées toujours recrutées parmi les ouvrières, procèdent aux distributions des matières, reçoivent les produits confectionnés et sont chargées de tenir les différentes comptabilités de l'atelier. Elles doivent maintenir l'ordre et la discipline, et il leur faut du tact et du sang-froid pour assurer l'observation des règlements par les femmes avec lesquelles elles sont en contact permanent.

*
* *

Nous allons exposer à nos lectrices la fabrication des tabacs ; ce fonctionnement est de nature à les intéresser, sinon pour leur usage personnel, du moins pour l'usage de leurs pères, de leurs maris, de leurs frères ou cousins.

Les ateliers se rapportant à une même fabrication forment une *section*.

Le service général et le service d'entretien emploient cent femmes. — Cinq sections se partagent le travail.

La première section seule n'est pas spécialisée ; on y exécute les *opérations préparatoires* communes à toutes les fabrications : manutentions de matières premières, de produits fabriqués, de fournitures, tant à leur réception qu'à leur expédition (1.200 femmes).

La *poudre à priser* est fabriquée par la deuxième section. Les *rôles* et *carottes*, par la troisième (150 femmes). Le *scaferlati*, ou tabac à fumer, ainsi que les *cigarettes enveloppées de papier*, pour la quatrième (2.380 femmes). Enfin, les *cigares* de toutes espèces, ainsi que les *cigarettes enveloppées* de tabac, par la cinquième section (11.700 femmes).

*
* *

EFFECTIF DU PERSONNEL DES OUVRIÈRES

Au 1er janvier 1875, l'ensemble des manufactures existant à cette date comprenait 17.668 ouvriers des deux sexes, dont 16.325 femmes et 1.343 hommes.

Cet effectif a subi, depuis cette époque, de notables variations que nous ne relèverons plus qu'en ce qui concerne les femmes : il s'est accru d'une manière constante jusqu'en 1885.

Il atteignit alors jusqu'au chiffre de 20.038 femmes. Pendant cette période, quatre manufactures nouvelles furent construites, à Dijon, au Mans, à Pantin et à Orléans. Le recrutement des femmes ayant été suspendu par l'administration pour toutes les manufactures à partir de 1885, l'effectif diminua d'une façon progressive : il était tombé en 1893 à 14.899 femmes (1).

Le recrutement, partiellement repris en 1893, cessa dès 1894, et l'effectif était réduit, en 1895, à 14.145 femmes.

Au 1er janvier 1898, il n'était que de 13.580 femmes, lorsqu'il fut repris et poursuivi jusqu'en 1901. Depuis lors, il est de nouveau suspendu, par mesure générale, pour une période indéterminée. L'effectif du personnel féminin était de 15.692

(1) Le nombre des ouvrières était tombé, à cette époque, à un chiffre extrêmement faible, dans certaines manufactures. Au 1er janvier 1896, la manufacture de Lyon ne comptait plus que quatre cent deux femmes, et celle du Havre trois cent dix-neuf.

femmes au 1er janvier 1901. Il est donc sensiblement le même qu'il y a vingt-cinq ans.

Or, pendant la même période, la production totale des manufactures a augmenté de près d'un tiers, ayant passé de **30 millions 300.000 kilogrammes** à **38 millions 700.000 kilogrammes** par an. Cette surproduction tient à une double cause : d'une part, le développement de l'outillage mécanique et, d'autre part, la diminution de la vente des cigares.

Le tableau suivant présente les variations de la vente des divers produits (1) :

	Poudre à priser	Rôles et carottes	Scaferlatis	Cigarettes	Cigares
1875	6.858.818	1.028.505	18.606.893	524.818	3 262.988
1890	5.731.985	1.212.906	24.962.182	885.252	3.334.212
1900	4.918.093	1.135.552	27.736.361	1.801.066	2.834.106

Nos lectrices observeront que la fabrication de la poudre (2) a légèrement diminué, celle des rôles et carottes a peu varié, tandis que la confection des cigares a très sensiblement fléchi. Par contre, la confection des scaferlatis a considérablement augmenté, et la fabrication des cigarettes a plus que triplé.

(1) Dans ce tableau, les kilogrammes de poudre, rôles et carottes, sont des kilogrammes poids réel. Les kilogrammes de cigarettes désignent la quantité de mille cigarettes, et les kilogrammes de cigares la quantité de deux cent cinquante cigares.

(2) De tous temps, des distributions de tabac à priser ont été faites dans les manufactures où l'on fabrique de la poudre, et de tabac à mâcher là où l'on confectionne des rôles.

Actuellement, tout ouvrier et ouvrière a droit à quatre grammes par jour de poudre, destinée à être consommée dans l'intérieur des établissements. — Les douze mille kilogrammes de poudre, ainsi distribués par an, constituent une dépense d'environ quatorze mille francs.

Dans l'un et l'autre cas, l'action prépondérante des machines a permis d'accroître la production sans augmenter notablement la main-d'œuvre. Plusieurs machines à cigarettes nouvelles, récemment expérimentées dans quelques manufactures, ont un rendement tel qu'il paraît dès à présent certain qu'elles suffiront aux besoins, tout en permettant de diminuer encore le nombre des ouvrières. En revanche, les essais faits jusqu'ici en vue de la fabrication industrielle des cigares au moyen de machines sont restés infructueux. La confection, étant tout entière manuelle, ne dépend, dans son ensemble, que du nombre des cigarières.

Ces considérations amènent l'auteur, dont nous reproduisons, en le condensant, l'intéressant exposé, à la conclusion suivante : « Dans l'état actuel de l'industrie des tabacs, l'effectif des hommes peut rester constant, alors même que la production totale des manufactures varie dans d'assez larges limites; tandis que l'effectif des femmes doit être sensiblement proportionnel à l'importance que l'on veut donner à la seule fabrication des cigares. »

*
* *

CATÉGORIES D'OUVRIÈRES ET DESCRIPTION DES MAINS-D'ŒUVRE

La situation des ouvrières est bien différente, suivant qu'elles ne connaissent aucun métier ou qu'elles ont subi un apprentissage. Ainsi, une cigarière perd complètement le bénéfice de son apprentissage et subit ainsi, par le fait du renvoi, un préjudice bien plus considérable qu'une ouvrière qui n'a pas à subir d'apprentissage.

Les différentes manufactures de tabacs occupent :

8.800 cigarières,
1.200 paqueteuses de scaferlati,
1.000 cigaretteuses,

dont l'apprentissage dure en moyenne respectivement 2 ans, 6 mois et 2 mois.

1.000 robeuses et paqueteuses de cigares.

Les 3.500 autres ouvrières n'ont aucun apprentissage à subir.

Les cigarières forment la moitié du personnel des manufactures de tabacs.

*
* *

Avant de mentionner les qualités dont l'ouvrière doit faire preuve dans l'accomplissement de ses diverses tâches, la fatigue physique ou morale qu'elles lui imposent, nous allons résumer les principales mains-d'œuvre que les tabacs doivent subir avant toute confection (1).

(1) Le tabac est livré aux manufactures séché et fortement comprimé dans des *balles* et *boucauts*, sorte de grands tonneaux affectés à cet usage spécial. Les feuilles sont réunies par groupes ou bouquets, appelés *manoques*. Un lien sépare le feuillage de la *caboche*. Des hommes formant la brigade du service général décousent les enveloppes et déshabillent les boucauts à la hache.

La première opération de toute fabrication est la *composition*. Elle est faite par des femmes, et consiste à réunir des poids déterminés des diverses espèces de tabacs, dont le mélange constitue la matière première spéciale à chaque produit.

Les *époulardeuses* détachent ensuite les feuilles de chaque manoque les unes des autres, et mélangent avec soin toutes les espèces entrant dans chaque composition. Lorsque les tabacs doivent être ensuite hachés, elles les *capsent*, c'est-à-dire les étendent régulièrement et les réunissent, au moyen de sangles, en *ballotins* pesant une dizaine de kilos. L'époulardage est précédé, pour certaines espèces, d'un léger arrosage destiné à faciliter cette opération (*mouillade préparatoire*), et pour d'autres, de l'*écabochage*, c'est-à-dire de la section de la caboche, qui est exécutée aussi par des femmes, au moyen d'un fort couteau animé mécaniquement d'un mouvement alternatif.

FABRICATION DE LA POUDRE A PRISER. — Après mouillade, les tabacs entrant dans cette fabrication sont découpés en lanières au moyen d'un appareil mécanique appelé *hachoir de gros*, puis réunis en masses, c'est-à-dire amoncelés régulièrement. Après une *fermentation méthodique* qui dure environ cinq mois, le tabac est soumis au *râpage*. Cette opération, qui se fait d'une manière complètement automatique, opère la transformation des tabacs en poudre ayant un grain de la finesse voulue, et qui prend le nom de *râpé sec*. Après une mise en dépôt d'un mois, on imbibe le râpé sec d'une dissolution titrée de sel en lui faisant traverser un appareil mouilleur. Il est alors versé dans d'immenses *cases*, véritables chambres, pouvant contenir de 25 à 35.000 kilos, où il subit une nouvelle fermentation méthodique, régularisée par des *transvasements* successifs dans plusieurs séries de cases identiques.

On obtient ainsi le *râpé parfait* qui, après un *tamisage mécanique*, est versé dans des tonneaux où il est pilonné, puis emmagasiné (1).

Pendant l'époulardage, les ouvrières travaillent, assises par groupes, autour de grands paniers.

La manipulation de quelques tabacs à l'état sec provoque une poussière désagréable, mais non malsaine.

La composition demande un peu d'attention, l'écabochage quelque prudence, le serrage des ballotins un certain effort, mais aucun de ces travaux n'exige d'apprentissage.

Les feuilles subissent ensuite une *mouillade* destinée à rendre aux tissus leur souplesse ; c'est tantôt une aspersion, tantôt un trempage dans de l'eau pure ou dans une dissolution titrée de sel : parfois on emploie un mouilleur mécanique.

La mouillade est exécutée presque partout par des hommes, mais récemment encore les femmes en étaient chargées dans plusieurs manufactures. Elle n'exige ni apprentissage, ni attention, ni effort.

Un *lavage méthodique*, puis un *essorage* permettent de débarrasser d'un excès de nicotine certains tabacs employés pour les cigares : double opération qui doit être conduite avec soin.

(1) Ces opérations, qui durent environ dix-sept mois, portent toujours sur des quantités énormes de matières premières (À Châteauroux, 2 mil-

Les transvasements dont nous venons de parler constituent une manipulation excessivement pénible, car ils obligent les ouvriers à séjourner dans les cases, c'est-à-dire en somme dans de formidables tabatières, et à y travailler la poudre à priser au pic, à la pioche et à la pelle. Cette main-d'œuvre, qui n'exige pas d'apprentissage, nécessite, par contre, une accoutumance à laquelle certaines constitutions peuvent rester complètement rebelles (1).

SCAFERLATI. — Les feuilles de tabac, capsées (puis écotées, s'il s'agit de scaferlati supérieur) et mises en ballotins, sont transportées, après mouillage, au hachage. Les hachoirs sont des appareils réglés par des ouvriers, dans lesquels le tabac est comprimé entre de fortes toiles sans fin, et entraîné à l'état de masse compacte sous un couteau, animé d'un mouvement alternatif, qui en abat des tranches successives.

Une fois haché, le tabac est introduit dans un *torréfacteur* où il est brassé et chauffé de manière à mélanger les arômes des diverses espèces et à ramener l'humidité au taux voulu,

lions et demi de kilos sont simultanément en cours de fabrication), mais cette fabrication a atteint un si remarquable perfectionnement qu'elle peut être réalisée par un groupe peu nombreux d'hommes (20 à 25 à Châteauroux) qui exécutent indistinctement toutes les mains-d'œuvre.

(1) RÔLES ET CAROTTES. — Nous dirons seulement quelques mots de cette fabrication peu importante, et qui n'exige, de la part de l'ouvrier, ni habileté ni préparation. Les opérations particulières à la fabrication de ces produits sont le *filage* et le *rôlage*. Le filage a pour effet de tordre les feuilles de tabac, écotées et assouplies par une mouillade, de manière à obtenir une corde plus ou moins grosse, suivant qu'il s'agit de *rôles ordinaires* ou de *menu filé*. Il est exécuté actuellement par des femmes au moyen de rouets mécaniques dont l'usage n'est ni difficile ni fatigant. Le rôlage consiste à enrouler le filé autour de mandrins. Les hommes chargés de ce travail procèdent ensuite au *trempage* des rôles dans du jus de tabac et enfin à leur *compression* à la presse hydraulique.

Pour transformer du filé en *carotte*, on lui fait subir une fermentation d'un mois, précédée et suivie d'une série de manipulations : *aplatissage*, *pression en moule*, *mise sous lisière* (consistant à enrouler une bande de toile autour de la carotte).

puis il est refroidi dans un *sécheur mécanique* et enfin *mis en masses*. Ces opérations n'exigent, en fait de main-d'œuvre, que des transports.

Le scaferlati est *paqueté* à l'aide d'un *appareil hydraulique* par des équipes de trois femmes. La *vignetteuse* forme des sacs en pliant des feuilles de papier sur des douilles à entonnoirs en tôle, et elle y colle la vignette. La *peseuse* prépare les pesées de 40, 50, 100 ou 500 grammes, en se servant d'une balance spéciale. La *paqueteuse* verse les pesées de tabac dans les entonnoirs, les enfonce à la main dans les douilles, et les comprime au moyen de la presse hydraulique.

Le métier de vignetteuse demande une certaine dextérité de main, celui de peseuse une attention très soutenue. Le métier de paqueteuse, enfin, est très pénible ; l'ouvrière, constamment debout, doit tasser le tabac à force et jongler, pour ainsi dire, avec l'entonnoir à douille qui est assez pesant. Une huitaine de jours suffisent pour apprendre chacun de ces trois métiers, mais ce n'est qu'après un entraînement de deux à trois mois que les ouvrières acquièrent la précision, la rapidité et l'endurance dont dépend leur productivité normale.

Les opérations, exécutées par l'équipe, étant étroitement solidaires, il est indispensable aussi qu'il s'établisse entre tous les mouvements un accord rigoureux ; et, de fait, certaines équipes parviennent à fonctionner avec une rapidité prodigieuse... Comme les nécessités du service obligent cependant à des mutations, il est utile que chaque ouvrière sache les trois métiers. L'apprentissage total peut, dans ces conditions, être évalué à six mois.

Quoique le système de paquetage hydraulique constitue déjà

un grand progrès, il va lui-même disparaître à bref délai. Déjà plusieurs manufactures emploient des *paqueteuses mécaniques* qui confectionnent les sacs et y compriment le tabac automatiquement. La machine est servie par trois ouvrières, *deux peseuses*, qui exécutent le même travail qu'au paquetage hydraulique, et une *paqueteuse*, qui peut rester assise, et n'a en quelque sorte qu'à cueillir les paquets terminés. Elle doit aussi surveiller avec attention et prudence les rouages très compliqués de la machine, mais n'est astreinte à aucune fatigue physique.

Le poids d'une fraction plus ou moins grande de paquets est vérifié au moyen d'une *balance mécanique*, puis des hommes emballent le scaferlati dans des tonneaux.

***

Nous voici arrivés aux fabrications les plus intéressantes, celles des cigarettes et des cigares.

Cigarettes. — Les cigarettes ordinaires (élégantes et françaises) sont confectionnées à la machine. Les cigarettes dites à la main s'obtiennent au moyen d'une *rouleuse*, permettant de rouler quatre cigarettes simultanément. Les cigarettes dites de luxe (1) sont faites à la main en s'aidant d'un petit moule spécial.

Le rôle de la cigaretteuse à la machine, en face de laquelle elle travaille, se borne à entretenir, sur une toile sans fin en mouvement, une couche de tabac bien égale et bien homogène

(1) Cette dernière fabrication n'existait qu'au Gros-Caillou, dans cette manufacture devant laquelle passaient et repassaient, avec un bruit sourd de tonnerre, les amusantes silhouettes du trottoir roulant de l'Exposition. Cette manufacture vient d'être transférée à Issy.

et à surveiller le fonctionnement de sa machine. L'apprentissage de ces ouvrières ne dure pas un mois.

Les cigaretteuses travaillant à la rouleuse ont à placer un boudin de tabac dans le pli formé par une toile sans fin fixée à l'appareil. Un simple mouvement de levier permet de disposer ensuite quatre feuilles de papier près du pli contenant le tabac. En agissant enfin sur un petit rouleau engagé dans la toile sans fin, le boudin de tabac se trouve roulé sur lui-même et enveloppé dans le papier. De la quantité de tabac employé dépend la dureté des cigarettes ; de la manière dont le roulage est effectué, dépend leur régularité. Le tour de main s'acquiert assez vite, mais ce n'est qu'au bout de deux ou trois mois qu'une ouvrière moyenne atteint son rendement normal (1).

Les cigarettes sont mises en *portefeuilles* ou en *bondons* par des ouvrières chargées en même temps de les examiner et de rejeter les défectueuses : main-d'œuvre très facile, mais exigeant un certain entraînement. Les ouvrières y acquièrent une très grande dextérité ; elles arrivent à saisir les cigarettes par poignées de vingt, en les comptant pour ainsi dire au toucher.

CIGARES. — Nos lectrices, — et bon nombre de fumeurs aussi, probablement, — ne savent peut-être pas qu'un cigare se compose de trois parties : les *tripes* ou *intérieurs*, formés de feuilles simplement écotées ou de rognures ; les *sous-capes* ou *enveloppes*, consistant en parties de feuilles grossièrement

(1) Les ninas sont confectionnées de la même manière ; le papier est remplacé par une robe découpée dans une feuille de tabac ; les ouvrières ont un travail semblable à celui des cigarettieuses et se servent d'un appareil analogue, mais ne permettant de confectionner qu'une seule nina à la fois.

étalées et dans lesquelles on entoure les tripes ; on obtient ainsi la *poupée* qui, habillée d'une *cape* ou *robe* découpée dans une feuille de tabac de belle qualité, devient le cigare.

Outre les opérations préalables dont nous avons parlé : composition, époulardage, mouillade, et pour certaines espèces, lavage méthodique, essorage et torréfaction, la fabrication comporte donc deux catégories de main-d'œuvre : d'une part, l'*écotage des tripes*, l'*étalage des sous-capes*, l'*étalage* et parfois le *découpage des feuilles pour robes* et, d'autre part, la *confection* proprement dite des cigares (1).

Le travail des cigarières varie, ainsi que nous l'avons dit, suivant le degré de division du travail ; la confection même du cigare donne lieu à deux méthodes : la confection *à la main* et la confection *au moule*.

La cigarière travaillant à la main place sur sa table une sous-cape dans laquelle elle enveloppe des tripes, puis elle

(1) Suivant les manufactures, la fabrication du cigare est confiée à une ou plusieurs mains. Dans quelques-unes, les cigarières exécutent toutes les préparations : c'est la *méthode havanaise*. Dans d'autres, le travail se fait entre *écoteuses*, *étaleuses* ou *robeuses* : en ce dernier cas, la main-d'œuvre de la cigarière est réduite à la confection proprement dite du cigare ; généralement, elle comprend aussi la taille des robes qui s'effectue alors au moyen d'un couteau circulaire.

L'écotage est un travail d'une facilité extrême n'exigeant aucun apprentissage, aucune habileté et n'occasionnant aucune fatigue. Il convient aux femmes vieillies, fatiguées, convalescentes ou infirmes. L'étalage n'est guère plus difficile, mais demande une certaine légèreté de main, car il faut éviter de déchirer les feuilles dont le tissu est souvent délicat : certaines espèces employées pour robes, le sumatra, par exemple, coûte douze francs et plus par kilogramme ! Les ouvrières étendent les feuilles sur une jambe en maintenant les extrémités, d'une part, entre leurs deux genoux, et d'autre part, entre le genou et une table.

Le robage comprend l'étalage et la taille des robes qui est faite, soit au moyen d'un couteau circulaire, soit à l'emporte-pièce. L'habileté de l'ouvrière consiste à tirer bon parti du tabac, c'est-à-dire à extraire le plus grand nombre possible de robes satisfaisantes. Généralement, au bout d'une quinzaine de jours, les robeuses connaissent leur métier, mais il faut un mois à six semaines pour terminer leur apprentissage.

enroule en spirale la robe autour de la *poupée*, et donne au cigare la forme voulue, en façonnant la tête dont elle fixe l'extrémité au moyen d'une colle de farine teinte avec du jus de tabac.

Pour le travail au moule, la cigarière prépare de la même manière les poupées, mais ensuite elle les introduit, soit dans des moules spéciaux maintenus fermés par une sorte de pince, soit dans des alvéoles femelles, creusées dans une forte planche en bois qu'elle recouvre au moyen d'une seconde planche portant les parties mâles des alvéoles. L'ensemble de ces deux parties constitue un *bloc*. Des hommes réunissent ces blocs par groupes, les *compriment* au moyen d'une presse et recommencent la même opération, après que la cigarière a retourné toutes les poupées sur elles-mêmes dans leurs alvéoles. Au bout de vingt-quatre heures, les cigarières retirent les poupées des moules et placent les robes. Le maniement des blocs cause aux ouvrières une certaine fatigue, mais leur emploi permet d'obtenir des cigares plus réguliers et un travail plus rapide.

En résumé, le métier de cigarière est le plus difficile (1) que présente l'industrie des tabacs. Ce n'est qu'au bout de trois mois qu'une ouvrière moyenne arrive, d'une manière à peu

(1) Ce qui marque combien le travail des cigarières est délicat, c'est qu'elles doivent subir un apprentissage chaque fois qu'elles changent d'atelier, non pas seulement quand elles doivent modifier leur méthode de travail, mais simplement lorsqu'elles doivent confectionner une sorte différente de cigares. Une ouvrière de la confection des cigares à 0 fr. 10 doit subir un apprentissage de trois mois environ avant de pouvoir confectionner des cigares à 0 fr. 15 avec une habileté équivalente. Or, ces deux cigares se font exactement de la même manière ; ils ne diffèrent que par la force donnée par le moule et par le tissu des feuilles employées comme robes.

près régulière, à faire des cigares satisfaisants. En une année, elle n'atteint que les deux tiers de sa productivité normale, et l'on peut considérer que l'apprentissage ne dure pas moins de deux ans.

Voici le coup d'œil que présentait l'atelier des cigarières du Gros-Caillou :

Sur deux rangées, le long d'une immense salle voûtée, des femmes assises sur des tabourets très hauts, placés devant une machine, manipulent tabac et cigares.

Elles sont assises devant une table, que le suc des feuilles de tabac a rendue poisseuse et noire. Leurs mains, de couleur ocre, prennent habilement la quantité de tabac nécessaire, et la roulent dans une feuille plus lisse et plus maniée que le tabac qu'elle renferme.

Le métier de cigarière nécessite de la part des ouvrières des qualités multiples ; suivant la conformation de leurs mains, la souplesse et la précision de leurs mouvements, la finesse de leur toucher et le degré d'attention qu'elles peuvent soutenir, la productivité de ces ouvrières varie du simple au double. Quelques-unes arrivent à posséder une habileté prodigieuse, et d'autres restent absolument réfractaires.

On n'a pas encore réussi à fabriquer mécaniquement les cigares d'une manière industrielle (1).

Les cigares sont examinés un à un par des *vérificatrices*, certaines espèces passent dans des séchoirs spéciaux, puis ils sont paquetés. Une minuscule guillotine coupe le cigare à

(1) Il existe des machines employées à la fabrication des cigares, dont les tripes sont formées de feuilles hachées ; d'autres, destinées à fabriquer des poupées, sont à l'essai.

chaque bout. Les ouvrières du *paquetage* les placent dans des sacs qu'elles confectionnent ou dans des coffrets qu'elles garnissent. Leur travail, qui porte sur les diverses sortes de paquetages, est méticuleux, mais pas fatigant ni difficile. Les cigares paquetés sont rangés dans des caisses qui sont fermées, clouées et plombées par des emballeurs.

*
* *

Indépendamment des manufactures neuves qui peuvent être considérées comme des établissements industriels modèles, et exception faite pour quelques établissements qui seront reconstruits à brève échéance, les ateliers des manufactures de tabacs offrent au personnel ouvrier des conditions de sécurité et d'hygiène comparables à celles des meilleures installations de l'industrie privée.

La durée normale effective du travail journalier est de dix heures pleines, déduction faite du temps consacré aux repas, aux entrées et aux sorties. Un repos d'une heure et demie est accordé pour le déjeuner : un réfectoire, comportant un système pour réchauffer les provisions, est mis à la disposition des ouvrières.

Les modifications apportées à la durée journalière du travail sont extrêmement rares. Le nombre annuel des journées de travail n'est pas moins régulier ; les établissements sont, tous, ouverts six jours par semaine. En dehors des fêtes légales et locales, les périodes d'inventaires — trois à quatre jours en décembre et huit à dix jours en juin — constituent les seuls chômages des manufactures de tabacs. En résumé, ces ateliers sont régulièrement ouverts trois cent cinq jours par an.

Les ouvrières de ces manufactures jouissent d'une sécurité très rare dans l'industrie privée ; leur travail est régulier, elles n'ont à craindre ni le chômage ni le congédiement sans compensation ; de nombreuses institutions d'assistance et de retraites leur sont offertes.

C'est en raison de cette situation privilégiée, bien connue et très appréciée par les classes ouvrières des villes, sièges de manufactures, que l'admission dans une manufacture de tabacs constitue une faveur si enviée qu'il n'est pas rare de voir agir à cet effet des influences de représentants de tous les corps élus, parfois même le patronage de ministres, ainsi qu'en fait foi le compte rendu de la séance de la Chambre des députés du 18 décembre 1900. Les demandes d'admission sont hors de proportion avec les emplois offerts.

TRAITEMENT ET AVANTAGES

La division du travail est pratiquée dans une large mesure, et le salaire à la tâche est de règle (1). Il en résulte que l'entrainement a une grande influence sur la productivité du personnel ouvrier et que de cette productivité dépend le salaire.

Ainsi, le travail individuel est de règle pour les cigarières, les cigaretteuses, les fileuses, écoteuses, robeuses et dégarnisseuses, emboîteuses.

Exceptionnellement, le paquetage du scaferlati est la principale application du travail combiné. L'époulardage et la plupart des manutentions sont exécutés en commun.

(1) Les sommes payées à la journée n'atteignent pas 10 °/₀ du montant total des salaires. Sur quinze mille femmes, six cent cinquante sont normalement occupées à la journée.

Les opérations relatives aux diverses fabrications de tabacs s'enchaînent, mais ne se commandent pas immédiatement.

En effet, il existe toujours pour chacune des mains-d'œuvre un stock de la matière première correspondante. C'est ainsi que les masses de scaferlati représentent la matière hachée pendant un mois et que les cases de poudre contiennent la production de plusieurs mois de râpage. Ces stocks, qui évitent les à-coups, laissent une latitude suffisante dans l'organisation du travail pour permettre d'accorder aux ouvrières une assez grande liberté.

Les femmes, au moment de leur admission, sont le plus souvent affectées à un atelier de cigares ordinaires ou à un atelier de paquetage de scaferlatis, de manière à apprendre l'un des deux métiers spéciaux à l'industrie des tabacs, qui nécessitent un apprentissage sérieux.

Les apprenties sont rétribuées exactement de la même manière que les ouvrières formées ; comme les salaires sont payés à la tâche, leurs gains sont très faibles au début. Ils ne progressent qu'assez lentement, le métier de cigarière étant difficile.

Elles sont dirigées et surveillées par des maîtresses cigarières pendant plusieurs mois. Généralement, les jeunes ouvrières sont appelées de préférence aux autres dans les divers ateliers,

Ces mutations provisoires ne leur donnent droit à aucune indemnité durant leur immatriculation conditionnelle.

Même lorsqu'elles sont immatriculées définitivement, les ouvrières ne peuvent pas compter sur un poste fixe ; toutes les mains-d'œuvre doivent, en effet, être constamment maintenues en harmonie avec les confections. Mais les ouvrières, très attachées à leurs habitudes, se prêtent rarement aux mutations.

*
* *

Le *salaire à la journée* a l'avantage de permettre d'exiger une main-d'œuvre très soignée. Sont ainsi payées les maîtresses, les receveuses, les vérificatrices, chargées, les unes, d'examiner les cigares et de rejeter ceux qui présentent des défectuosités, les autres, de contrôler le poids des paquets de scaferlati.

Le *salaire à l'entreprise* offre de grands avantages, et il est particulièrement équitable (1), puisqu'il proportionne exactement le salaire à la peine, facilite la surveillance et, développant la productivité, favorise ainsi les laborieux. Etendu à la rémunération de la presque totalité des mains-d'œuvre, ce système est appliqué aux divers modes de travail, qu'il soit individuel, combiné ou collectif. Ce mode spécial de rémunération, que l'on pourrait appeler *le salaire à l'association*, a pris une extension appelée à croître encore. La réception, les primes aux cigarières, la vérification combattent spécialement les malfaçons. Les primes d'économie, le rende-

(1) Le travail à la tâche donne lieu à des inégalités de salaires choquantes : le salaire moyen de la totalité du personnel des manufactures de tabacs étant de 3 fr. 49, une moitié de ce personnel obtient un gain ressortant à 4 fr. 04, et l'autre moitié n'obtient que 2 fr. 92 : les ouvrières habiles gagnent donc très largement leur vie, mais c'est la catégorie du personnel dont la productivité est moindre, qui est la plus intéressante.

L'auteur de l'ouvrage que nous consultons conclut que « ce travail est destiné à disparaître partiellement, bien qu'il soit équitable, car l'équité seule ne satisfait plus l'esprit. Il ne suffit pas d'être juste, il faut être humain ».

ment s'opposent au gaspillage, et la taxation empêche surtout le surmenage.

En résumé, l'administration mesure le taux des salaires d'après les salaires moyens. Elle proportionne les salaires moyens des divers établissements à la cherté de la vie dans les villes où ils sont situés (1). Elle attribue aux ouvriers travaillant à l'entreprise une rémunération plus forte qu'à ceux travaillant à la journée, et accorde aux hommes un gain supérieur à celui des femmes (2).

Actuellement, les salaires des ouvrières sont les suivants :

	Salaire à la journée.	Salaire à l'entreprise.
	—	—
Hors classe..............	3.65	4.11
1re —	2.65	3.30
2e —	2.50	3.12
3e —	2.40	2.92

Le taux de ces salaires n'a pas cessé de croître rapidement. Les salaires moyens sont, aujourd'hui, et depuis plusieurs années déjà, supérieurs ou au moins égaux à ce que gagnent par jour les ouvrières de l'industrie privée.

Le tableau suivant fait bien ressortir la comparaison des gains moyens et des salaires moyens des femmes employées dans les manufactures de tabacs.

(1) Voyez le tableau des manufactures par classe 1re section, p. 85.

(2) C'est précisément par raison d'économie que les femmes sont employées, à l'exclusion des hommes, chaque fois que cela est possible. La différence de traitement des ouvriers des deux sexes se justifie par la raison que, les hommes et les femmes étant chargés de besognes très différentes, et tous les travaux pénibles étant réservés aux hommes, il est naturel que la rémunération de ceux-ci soit supérieure à celle des femmes.

ANNÉES	NOMBRE d'ouvrières.	TEMPS de présence effective.	SOMMES PAYÉES en salaires.
1885	20.038	5.032.7130	12.626.616.60
1890	16.749	4.083.1624	11.541.833.34
1895	14.154	3.511.1623	11.359.339.48
1900	15.705	3.882.6878	13.412.956.07

* * *

Nous avons dit que les institutions d'assistance, de prévoyance et de protection contribuaient, au même degré que la régularité et la quotité des salaires, à faire rechercher les emplois d'ouvrières des manufactures de tabacs.

Nous ne pouvons que résumer, dans un tableau comparatif, les principales institutions destinées à améliorer la situation du personnel ouvrier de ces manufactures. Nous l'accompagnons de quelques notes que nous nous attachons à condenser, pour ne pas abuser de l'attention de nos lectrices.

Des pensions au profit des veuves d'ouvriers ont été instituées en 1892.

Pour avoir droit à une pension de veuve, il faut que la femme soit française, que le mari n'ait pas été rayé par mesure disciplinaire, que le mariage ait été contracté six ans au moins avant la cessation du travail par le mari et que, jusqu'au décès du mari, les liens du mariage n'aient été rompus ni par le divorce, ni par une séparation de corps prononcée contre la femme. Le montant de cette pension est égal au tiers de la pension de retraite du mari, sans pouvoir, dans aucun cas, être inférieur à 200 fr. par an.

PRINCIPALES INSTITUTIONS de prévoyance, d'assistance et de protection.	ANNÉES 1891	1895	1900
Assistance des malades......	7.414 »	148.217 87	222.647 29
Service médical : Médecin...	25.680 59	25.856 06	27.334 07
Médicaments et bandages....	10.314 19	10.215 88	12.139 65
Boissons hygiéniques.......	10.169 21	11.414 13	13.484 22
Indemnités d'accouchements (1)...	25.460 »	18.500 »	27.110 »
Secours exceptionnels.......	16.520 »	22.303 »	84.453 60
Bains....................	210 80	827 81	2.178 54
Bibliothèque des ouvriers....	326 84	726 »	801 20
Bureaux d'épargne (2).......	1.037 11	990 32	1.047 77
Crèches (3)...............	8.787 42	13.847 94	24.402 02
Ecoles maternelles..........	2.902 42	4.911 49	9.187 82

(1) A partir du 1er janvier 1889, une indemnité de 20 fr., portée depuis 1898 à 30 fr., fut accordée à toute ouvrière ayant donné naissance à un enfant. Les nouvelles accouchées ne sont plus exclues, depuis 1900, du droit à l'indemnité pendant les vingt jours qui suivent la délivrance, mais au cours de cette période elles reçoivent l'indemnité à plein tarif.

(2) Les bureaux d'épargne, une des institutions les plus intéressantes et les plus utiles, mettent la caisse à la portée des ouvrières, en leur procurant l'avantage de déposer leurs économies sans déplacement, sans perte de temps, mais à l'instant même de la paie, au moment où elles peuvent le mieux faire un dépôt et de la manière la plus simple.

(3) La crèche est une des plus utiles institutions dans ces manufactures où la presque totalité du personnel se compose de femmes. Pour sauvegarder la vie des enfants d'ouvrières, l'Administration installa des crèches attenantes aux manufactures — la crèche de Nantes, la plus ancienne, a été fondée en 1861, — en sorte que la mère puisse apporter l'enfant en venant à son travail, l'emporter en le quittant et l'allaiter dans le courant de la journée, sous la surveillance de personnes expérimentées. Cette organisation, bien qu'incomplète, est loin de rendre tous les services dont elle est susceptible. Actuellement, dans beaucoup de localités, les mères préfèrent abandonner leur enfant à des nourrices, afin de n'avoir pas à s'en occuper la nuit. Bien des berceaux restent vides, et la mortalité des enfants d'ouvrières, par suite du manque d'hygiène et surtout du défaut des soins, continue à être considérable. Les crèches ne reçoivent guère que des enfants de moins de trois ans.

Fabriques d'allumettes.

Six fabriques d'allumettes existent, disséminées sur notre territoire : la première, à Pantin-Aubervilliers, la seconde, à Marseille, la troisième, à Bègles, faubourg de Bordeaux, les autres à Aix-en-Provence, Trélazé (près Angers) et Saintines (près Compiègne).

Elles peuvent se décomposer en trois sections : le service général, le service de fabrication et le service d'entretien. La bonne marche des services dépend beaucoup des chefs de section, recrutés au concours parmi les contremaîtres de première classe, placés eux-mêmes sous les ordres directs de l'ingénieur. — Ce que nous avons dit de l'organisation administrative des manufactures de tabacs s'applique à l'administration des fabriques d'allumettes.

EXAMENS ET EMPLOIS

L'Etat, en prenant la gestion directe du monopole des allumettes, licencia le personnel ouvrier de la Compagnie fermière et recruta un nouveau personnel, dans lequel il incorpora, d'ailleurs, la très grande majorité des ouvriers de la Compagnie. Dès 1891, les cadres étaient constitués et le travail régulièrement repris. La fabrique d'Aix fut créée en 1894.

La fabrication, de 29 milliards 1/2 d'allumettes en 1895, a dépassé 37 milliards en 1900. L'outillage mécanique n'a pas été sensiblement modifié pendant cette période, mais une meilleure organisation du travail, une assiduité plus grande des ouvriers, obtenue par une observation rigoureuse de l'hygiène et par les rentrées d'ouvriers guéris, expliquent cet accroissement de production. — En 1900, le recrutement a été arrêté d'une manière absolue, en raison de l'adoption prochaine d'une machine très perfectionnée, imaginée par MM. Sevène et Cahen, qui va supprimer la plus grande partie des mains-d'œuvre. Ces fabriques occupent 1.450 ouvriers.

***

La fabrication des allumettes intéressera nos lectrices. Sans allumettes, que deviendrait la jouissance du fumeur? Et surtout, combien faut-il recourir aux allumettes dans la vie journalière?

Les fabriques reçoivent les bois débités, appelés *allumettes blanches*. Des ateliers de débitages sont annexés à la fabrique de Saintines et à la manufacture de Dijon.

A leur arrivée aux fabriques, les allumettes blanches sont *mises en bateau* par des femmes, c'est-à-dire rangées dans des cases spéciales formées de quatre panneaux, puis *mises en presse* (1).

Les presses rangées dans une sorte d'étagère montées sur roulettes sont successivement transportées au *soufrage*, au *chimiquage* et au *séchoir*.

Pour enduire les allumettes de soufre, on plonge leurs extrémités, presse par presse, dans un bain de soufre fondu.

Pour les enduire de pâte, deux ouvriers font passer la presse

(1) Une presse se compose d'un cadre sur lequel des plaquettes en bois sont enfilées par leurs extrémités. La mise en presse consiste à dresser d'une manière régulière une rangée d'allumettes blanches entre chaque couple de plaquettes et à les maintenir toutes dans cette position en serrant les plaquettes les unes contre les autres, au moyen d'appareils mécaniques élémentaires.

sur un *rouleau trempeur* qui en est couvert. Après un court séjour au séchoir, des femmes *dégarnissent* les presses et pour cela elles desserrent les plaquettes, puis retirent les allumettes et les rangent dans des boîtes ; en même temps elles *épluchent*, c'est-à-dire enlèvent les allumettes défectueuses. Les allumettes sont ensuite mises en portefeuilles ou en boîtes.

Les tisons, dont la pâte se pose par trempage, sont comptés. Pour les autres espèces d'allumettes en bois, leur nombre est évalué d'après le poids ou le volume.

Pour les allumettes en cire, la mise en presse est automatique, aussi bien que la préparation de la *bougie filée*.

***

Le gros écueil de tous ces travaux était leur insalubrité, le maniement du phosphore blanc donnant lieu à une intoxication lente très dangereuse. Depuis la suppression totale du phosphore blanc, aucun danger n'est plus à craindre. La nouvelle fabrique d'allumettes d'Aix est très bien construite, mais la Compagnie fermière des allumettes, ayant évité toute modification coûteuse, surtout dans les dernières années de sa concession, livra à l'Administration ses usines dans un état déplorable, notamment celles d'Aubervilliers et de Bègles. La reconstruction complète de ces établissements est décidée.

Des vêtements ou des blouses sont donnés à tout le personnel, hommes et femmes. Au temps de l'emploi du phosphore blanc, des distributions abondantes de lait étaient faites et diverses mesures d'hygiène prises. Les émanations phosphoreuses constituant la seule cause d'insalubrité, les fabriques où les allumettes amorphes sont seules confectionnées ne présentent aucun élément toxique.

Dans les fabriques d'allumettes où l'on manipule le phosphore blanc, le personnel ouvrier subit une intoxication chronique, le *phosphorisme*, et est exposé à un mal terrible, la *nécrose phosphorée*. Le phosphorisme met les individus dans un état général de déchéance, de cachexie, et se manifeste par des troubles de la respiration, du système nerveux et de la nutrition. Tout l'organisme s'imprègne du phosphore qui est un poison ; la nécrose phosphorée (1) n'est autre que la carie des os, particulièrement des os de la mâchoire inférieure, et nécessite parfois de très graves mutilations.

Le phosphorisme cause à l'organisme un ensemble de dégâts, qui permettent de considérer la manipulation du phosphore blanc comme éminemment insalubre et qui justifient l'agitation récente en faveur de sa suppression. Cette agitation prit de l'acuité à partir de la reprise du monopole par l'Etat et surtout au cours des deux grèves importantes de 1893 et de 1895 qui eurent un grand retentissement dans la presse et au Parlement. Le personnel ouvrier réclamait des augmentations de salaires en invoquant l'insalubrité de la profession et demandait subdiairement la suppression du phosphore blanc.

L'administration entreprit la lutte contre le fléau. Elle dépensa, en quatre années, plus d'un million en aménagements divers ; des précautions minutieuses furent prescrites :

(1) Les cas de nécrose sont rares. A la fabrique de Pantin-Aubervilliers, dont l'installation est très défectueuse, il s'est produit, de 1888 à 1896, 28 cas de nécrose présentant quelque gravité, sur un personnel moyen de 700 ouvriers et ouvrières.

interdiction au personnel de manger dans les ateliers, obligation de se laver les mains et de se rincer la bouche avec un gargarisme spécial avant de quitter les ateliers. Le personnel atteint de phosphorisme fut envoyé à la campagne avec l'intégralité de son salaire et une indemnité de séjour. Ces mesures demeurèrent vaines. L'insouciance des ouvriers ne permit pas d'en assurer l'observation ; les avantages dont jouissaient les nécrosés suscitèrent des abus et le nombre des malades s'accrut dans des proportions énormes (1).

Les deux tiers des ouvriers, étant en interruption de service au milieu de l'année 1896, furent soumis à un examen à la suite duquel on les divisa en plusieurs catégories. Ceux dont l'absence était injustifiée furent invités à reprendre immédiatement leur travail. Les ouvriers valides, mais prédisposés au phosphorisme, furent licenciés avec indemnité ; les ouvriers intoxiqués, licenciés avec une pension de retraite. Cette liquidation opérée, les ateliers se trouvèrent purgés de toute la partie du personnel inapte à supporter la manipulation du phosphore.

D'autre part, les ouvriers nouvellement recrutés furent l'objet d'une sélection sévère, et tout le personnel fut soumis à de fréquents examens médicaux.

Enfin, un ensemble de prescriptions hygiéniques, édictées par la Commission médicale instituée sur la demande du Ministre des finances, fut appliqué avec rigueur.

(1) La progression des secours payés au personnel nécrosé de la fabrique d'Aubervilliers en témoigne :

1882	3.640 fr.
1893	15.641 »
1894	29.941 »
1895	115.305 »
Et 1896	384.283 »

Grâce à ces mesures, il ne se produisit plus aucun accident, ce mal était enrayé.

La fabrication exclusive des allumettes amorphes était impossible, une grande majorité de consommateurs ne voulant pas s'astreindre à l'emploi d'un frotteur spécial. Une commission dite du « phosphore » n'obtint pas de résultats concluants. Mais on parvint à tourner la difficulté et à soustraire le personnel à l'intoxication, en réalisant la fabrication mécanique des allumettes. Depuis la fin de l'année 1898, le phosphore blanc n'est plus employé dans aucune fabrique, et l'on peut dire que *le phosphorisme et la nécrose ont disparu en France.*

La machine imaginée par MM. Sévène et Cahen, qui a résolu le problème de la suppression du phosphore blanc grâce à l'emploi du sesquisulfure de phosphore, et qui réalise automatiquement toute la fabrication des allumettes chimiques, est récemment entrée en service. L'industrie des allumettes, grâce à cette machine, devient une des plus perfectionnées qui existent.

L'administration fait observer qu' « il serait regrettable de renoncer au monopole aujourd'hui qu'elle a réalisé un si beau résultat, grâce aux efforts poursuivis pendant douze ans ». Quant à nous, bon public, nous demandons simplement que les allumettes partent, et que nous en ayons pour notre argent !

Ce serait nous répéter, que de reprendre les conditions d'admission, passées en revue pour le personnel féminin des manufactures de tabacs.

***

TRAITEMENT ET AVANTAGES

Dans les fabriques d'allumettes, le travail individuel est de règle, comme dans les manufactures de tabacs. Mais, à l'encontre de ce qui se passe dans l'industrie des tabacs, les opérations relatives à la fabrication des allumettes se commandent immédiatement. Le fait qu'on ait pu y réaliser une machine continue met cet enchaînement en évidence. Toute variation d'effectif dans un atelier et toute variation de production se répercute sur l'ensemble de la fabrication.

Au point de vue de l'esprit du personnel, cette observation suffirait à expliquer, indépendamment de toutes les autres raisons, pourquoi il existe une solidarité beaucoup plus étroite entre allumettiers qu'entre ouvriers des tabacs. Il en résulte aussi que les conflits qui peuvent rester partiels dans les manufactures de tabacs s'aggravent inévitablement dans les fabriques d'allumettes, où ils sont toujours généraux (1).

La machine mise présentement en service et qui fabrique automatiquement les allumettes rend inutile une notable fraction du personnel, et depuis quelque temps cette éventualité a préoccupé l'administration, bien décidée, en tous cas, à ne pas recourir au licenciement sans indemnité, qui est pourtant dans la rigueur de son droit.

Les allumetières, on le voit, réunissent donc aussi d'importantes conditions de sécurité, bien qu'elles soient inférieures à celles des ouvrières des manufactures de tabacs.

Le salaire à la journée est payé aux « pâtissiers » des

(1) Nous laissons de côté la question des grèves, dont l'importance économique nous eût entraîné beaucoup trop loin, dans une étude qui a déjà pris de grands développements.

fabriques d'allumettes. Les produits chimiques entrant dans la composition des pâtes doivent être dosés rigoureusement, et il est essentiel que leur mélange soit parfait. Le mode de règlement de ce genre de travail est bien justifié car, si l'on incitait le « pâtissier » à travailler vite, de manière à réaliser une économie de salaire insignifiante, on risquerait des malfaçons entraînant des pertes de matières d'un prix élevé.

Le salaire à l'entreprise est appliqué aux allumetières, pour la mise en presse — c'est un travail individuel — aux soufreurs, aux ouvriers du séchoir qui sont réunis en associations.

D'une manière générale, les salaires des fabriques d'allumettes sont plus élevés que ceux des manufactures de tabacs. Cette situation date de l'époque, encore très rapprochée, où l'emploi du phosphore blanc constituait un danger permanent pour la santé du personnel et justifiait amplement l'élévation du taux des salaires.

Les chiffres suivants établissent la progression croissante des salaires moyens des allumetières :

Années.	Moyenne générale des salaires.
—	—
1890	2.78
1895	3.75
1900	4.65

Le tableau comparatif suivant, parallèle à celui dressé pour le personnel de l'industrie des tabacs, présente les principales institutions, destinées à améliorer la situation du personnel ouvrier des fabriques d'allumettes.

L'organisation des crèches est étendue, depuis 1899, à toutes les fabriques d'allumettes. Généralement, l'administration paie une quote-part de 20 à 25 centimes par jour et par enfant, et les mères, de 10 à 20 centimes. Dans certains cas, l'adminis-

PRINCIPALES INSTITUTIONS de prévoyance d'assistance et de protection	ANNÉES 1891		1895		1900	
Assistance des malades	141	»	6.944	36	28.477	62
Service médical : médecin et dentiste.	5.908	99	9.213	97	13.703	58
Médicaments et bandages	4.098	59	19.076	41	18.097	92
Boissons hygiéniques	7.322	54	10.186	57	4.587	44
Indemnités d'accouchement	2.160	»	4.460	»	5.700	»
Ouvriers au repos pour soins de la bouche.	»	»	51.261	21	3.019	50
Indemnités aux nécrosés	622	»	67.027	48	5.129	35
Secours exceptionnels	855	»	3.220	71	47.304	77
Bains	»	»	414	10	7.695	72
Bibliothèques	»	»	141	25	268	40
Crèches	»	»	»	»	1.066	10

tration donne une subvention annuelle fixe. Dans presque toutes les fabriques, les allumettières ont présentement à leur disposition des crèches où se trouvent des gardiennes auxquelles elles peuvent, moyennant un prix très minime, les confier en toute sécurité.

---

§ 12.

Administration de l'Assistance publique.

Pour se faire une idée de l'importance de cette administration, il suffit d'énoncer le chiffre global de son budget, tel qu'il a été réglé pour l'exercice 1904 : **63.860.425 fr. 50.**

Les traitements du personnel administratif atteignent 2.654.208 francs. C'est, on le voit, un chiffre élevé.

3.500 employés en composent le personnel.

Des règlements récents, qui datent de 1903 et de 1904, déterminent l'organisation du personnel féminin de l'Administration générale de l'Assistance publique, son traitement et ses pensions de retraite.

Le personnel hospitalier attaché aux établissements de l'Assistance publique comprend (1) :

Le personnel infirmier ;

Le personnel des services généraux et des services auxiliaires, comprenant tous les agents du personnel hospitalier autres que ceux chargés des soins à donner aux malades et aux hospitalisés.

Il se distribue donc en deux catégories bien distinctes qui forment la division de ce paragraphe.

Une troisième section comprend le personnel féminin attaché au service des expéditions, à l'Administration centrale, aux services de l'assistance médicale et des enfants assistés.

PERSONNEL INFIRMIER

Ce personnel se divise en : 1° personnel non gradé (élèves infirmières et infirmières stagiaires, infirmières brevetées et infirmières titulaires) ; 2° personnel gradé (surveillantes).

(1) Le personnel enseignant est rattaché au personnel administratif et soumis en ce qui concerne l'avancement et l'admission à la retraite, aux règlements en vigueur pour ce personnel.

EXAMENS ET ÉTUDES DES ÉLÈVES INFIRMIÈRES

L'école des infirmières des hôpitaux et des hospices civils de l'Assistance publique a à sa tête une directrice.

Les candidates à ladite école doivent être de nationalité française et âgées de dix-huit ans au moins et de trente ans au plus au 1er janvier de l'année de l'examen. Toutefois, la limite d'âge est portée à trente-cinq ans pour les candidates appartenant à l'Administration depuis cinq ans au moins. Elles ne sont admises à subir l'examen, dont les formalités sont arrêtées par le directeur de l'Administration, qu'après un avis d'un médecin des hôpitaux chargé de constater leur aptitude physique.

L'examen comprend une dictée, une narration française et un problème d'arithmétique portant sur les quatre règles, les fractions et le système métrique.

Les élèves de l'école sont choisies par le directeur de l'Administration parmi les candidates reconnnes admissibles. Leur nombre est déterminé annuellement par les besoins des services hospitaliers. Elles doivent effectuer un stage dont la durée est fixée à deux mois, à l'issue duquel elles peuvent être admises définitivement comme élèves infirmières.

La durée des études est fixée à deux ans. Le programme comprend des cours d'anatomie, de physiologie, d'hygiène, de pharmacie, des leçons théoriques et pratiques sur les soins à donner aux malades atteints d'affections d'ordre médical et d'ordre chirurgical, aux aliénés, aux enfants, aux femmes en couche et aux nouveau-nés. Ces cours et ces leçons sont faits par des médecins, des chirurgiens, des accoucheuses et des pharmaciens des hôpitaux. Un cours d'administration hospitalière est fait par un agent de l'administration. Des surveillantes font des cours de cuisine où les élèves apprennent à préparer les tisanes, boissons et mets légers qui conviennent aux malades ; des leçons théoriques et pratiques sur le service de salle et d'office.

Pendant leurs deux années d'études, les élèves infirmières passent successivement dans les divers services hospitaliers (médecine, chirurgie, services d'enfants, de contagieux et d'accouchements, services généraux). Elles sont appelées au service de veille dès que leur instruction professionnelle le permet.

A la fin de chacune des deux années d'étude, les élèves infirmières subissent un examen. Celles dont les notes ne sont pas satisfaisantes doivent, si l'Administration le juge nécessaire, recommencer l'année d'études qu'elles viennent de terminer. Celles dont les notes sont absolument insuffisantes ne sont pas admises à prolonger leur séjour à l'école.

Reçoivent un brevet d'infirmière des hôpitaux et hospices civils de l'Assistance publique les élèves infirmières qui ont subi avec succès l'examen de fin d'études.

PERSONNEL DES SERVICES GÉNÉRAUX ET AUXILIAIRES

PERSONNEL NON GRADÉ

RECRUTEMENT

Ce personnel est recruté par deux bureaux centraux fonctionnant dans des établissements hospitaliers désignés par arrêtés du directeur de l'Administration.

Les filles de service doivent être de nationalité française, âgées de trente-cinq ans au plus et de dix-neuf ans au moins; elles doivent produire un extrait du casier judiciaire ayant moins de trois mois de date et savoir lire, écrire et compter. Elles doivent, en outre, être examinées par un médecin des hôpitaux désigné par l'Administration, chargé de constater leur aptitude physique.

A l'expiration d'un stage de six mois, accompli sans interruption dans le même établissement, sauf autorisation contraire du Directeur de l'Administration, les agents stagiaires peuvent être titularisés.

PERSONNEL GRADÉ

Les surveillantes sont recrutées au choix parmi les agents du personnel infirmier ou du personnel des services généraux comptant au moins trois ans de services. Toutefois, des personnes n'appartenant pas à ces deux catégories d'agents peuvent être appelées à ces fonctions sans que le nombre des nominations ainsi faites puisse, en aucun cas, excéder une sur quatre.

Les candidates étrangères à l'Administration ne peuvent être nommées aux emplois de surveillantes du personnel des services généraux que si elles sont âgées de vingt-cinq ans au moins et de quarante ans au plus.

Sont considérées comme agents des services auxiliaires les nourrices et les femmes de concierge.

Les nourrices avec ou sans enfant sont recrutées et congédiées par les directeurs d'établissements. Elles sont assimilées aux filles de service.

PERSONNEL ATTACHÉ A L'ADMINISTRATION GÉNÉRALE

Ce personnel comprend, en dehors des dames déléguées dont le statut est réglé par l'arrêté préfectoral du 6 janvier 1902, des dames sténo-dactylographes, des dames visiteuses chargées d'assister les malades traités à domicile, des dames surveillantes des consultations de nourrissons et des distributions de lait stérilisé, des dames stagiaires chargées de suppléances dans les services de l'assistance à domicile et les consultations.

RECRUTEMENT

Le personnel des dames sténo-dactylographes est recruté directement, sans condition de diplôme, parmi les candidates de nationalité française, âgées de vingt et un ans au moins et de trente-cinq ans au plus, possédant une connaissance complète de la sténographie et de la dactylographie, ainsi que des matières exigées pour l'obtention du brevet supérieur. Les candidates sont appelées à justifier de ces connaissances devant une commission composée du secrétaire général, du chef du personnel, du chef du cabinet du Directeur. Il peut être adjoint à la commission des membres suppléants pour l'appréciation technique des épreuves de sténo-dactylographie.

Sont admises à postuler les emplois de dame visiteuse, dame surveillante de dispensaire, dame surveillante de consultation de nourrissons, les candidates de nationalité française pourvues du brevet d'infirmière des hôpitaux et hospices civils de l'Assistance publique, à Paris, ou du diplôme de sage-femme de 1re classe, ayant atteint l'âge de vingt-cinq ans et n'ayant pas dépassé l'âge de quarante ans révolus.

Les candidates désignées par le Directeur de l'Administration pour être dames sténo-dactylographes, dames visiteuses ou dames surveillantes, sont appelées à entrer en fonctions en qualité de stagiaires. A l'expiration d'un stage d'une année, les dames stagiaires peuvent être titularisées dans la limite des emplois vacants de titulaires. La titularisation a rétroactivement effet à partir du jour de l'entrée en fonctions.

EMPLOIS

Nous n'avons rien à dire sur les emplois des infirmières, sinon que la durée du service quotidien du personnel hospitalier de jour et de nuit est fixée à douze heures quinze, repas compris. Tous les agents gradés ou non gradés attachés au service des malades ou des administrés prennent part alternativement au service de veille, selon un roulement établi pour chaque établissement. On peut se rendre compte, par là, que ce service est effectivement pénible.

Quant aux dames employées, elles doivent à l'Administration un minimum de sept heures de service par jour.

Nommées au choix, par arrêté du Directeur de l'Administration, sur le vu d'un tableau d'avancement, les surveillantes de dispensaires sont chargées de veiller au bon ordre, dans les dispensaires, lors des consultations, et aussi de prêter, le cas échéant, leur concours aux médecins consultants.

Une surveillante-inspectrice, désignée par le Directeur de l'Administration et résidant dans l'établissement, est spécialement chargée d'assurer la bonne tenue et la discipline du personnel hospitalier.

Les fonctions des dames déléguées et des dames visiteuses ont été l'objet d'intéressantes descriptions de Mme Rouyer. Nous les reproduisons ici, faisant un nouvel emprunt à son ouvrage : *La femme dans l'Administration* ;

« La *dame déléguée* reçoit les enfants que les mères leur apportent, pauvres enfants rendus malades très souvent par le manque de soins. La dame déléguée prend l'enfant, indique à la mère les soins qu'elle doit lui donner, la propreté qui lui est nécessaire, et la mère reçoit une certaine quantité de lait stérilisé qu'elle emporte. Elle revient ainsi le lendemain et les jours suivants, montrer le petit, qui est pesé devant la mère, à laquelle on remet encore de quoi le nourrir.

« Ces femmes, réduites souvent à la plus atroce misère par l'abandon ou la mort du père de l'enfant, n'ont plus rien de la mère, n'ayant plus rien de la femme. Plusieurs d'entre elles nous ont dit, en apportant ces tristes et misérables petits êtres : « Prenez-le, il ne veut pas mourir, et moi j'en ai assez ! »

« C'est alors que le côté intéressant du rôle de la dame déléguée apparait. C'est en soignant ce petit malheureux, en le nettoyant, en le nourrissant, en remplissant avec délicatesse le rôle auquel la vraie mère veut renoncer, que peu à peu elle lui fait honte de sa conduite, en arrive à l'attendrir, à la faire pleurer quand elle lui montre un bébé propre, bien portant, à la place du pauvre être rongé de vermine que trop souvent on lui a apporté ; en un mot, elle fait renaître en la mère, dénaturée souvent par trop de misères et de chagrins, l'amour de l'enfant. Souvent aussi, la déléguée fait une petite enquête pour savoir si la femme qui se présente est réellement abandonnée ou veuve ; car il arrive, assez rarement cependant, que des femmes qui avaient le moyen de vivre se sont fait héberger par l'Assistance, elles et leurs enfants, au préjudice de beaucoup d'autres qui en avaient bien besoin.

« Pour toutes ces raisons, le Directeur préfère employer des femmes qui sont mères de famille, et ayant une certaine éducation. Il comprend qu'elles entreront mieux dans ses vues moralisatrices que la première infirmière venue.

« Les *dames visiteuses* vont à domicile, s'enquérant des pauvres, malades chez eux. Ces gens sont souvent dans la plus grande détresse ; on leur porte alors des secours médicaux et autres, on écoute leurs doléances, souvent les récriminations qu'ils se croient en droit de faire sur le médecin que l'Assistance leur a envoyé, et, s'il est nécessaire de les piquer à la morphine ou de leur rendre quelques autres soins, la dame visiteuse le fait charitablement. »

TRAITEMENT ET AVANTAGES

Personnel infirmier.

Les *élèves stagiaires* sont nourries, logées, chauffées, éclairées et blanchies, et reçoivent une indemnité mensuelle de vingt francs. Les *élèves infirmières* jouissent des mêmes avantages en nature ; en outre, elles sont habillées et reçoivent un traitement annuel de 240 francs. Les élèves stagiaires et infirmières peuvent être autorisées à ne pas loger à l'école. Dans ce cas, une indemnité de logement, calculée à raison de 180 francs par an, peut leur être accordée.

Les *infirmières brevetées* sont réparties en trois classes. Elles reçoivent, en plus d'allocations en nature comprenant la nourriture, le logement, le chauffage, l'éclairage, l'habillement et le blanchissage, des appointements en argent fixés comme suit :

3e classe	500 fr.	par an.
2e classe	600	—
1re classe	700	—

Les infirmières brevetées qui ne sont pas logées peuvent recevoir, en sus de leurs appointements en argent, une indemnité de logement, calculée à raison de 180 fr. par an. Celles qui, exceptionnellement, ne bénéficient d'aucune allocation en nature reçoivent, en sus de leurs appointements en argent, une indemnité représentative globale de 1.000 fr. par an, y compris l'indemnité de logement de 180 fr.

Les *surveillantes* sont réparties en cinq classes. Toute infirmière promue surveillante est placée dans la cinquième classe de ce grade. Leurs appointements en argent sont fixés de la façon suivante :

5e classe	800 fr.	par an.
4e classe	900	—
3e classe	1.000	—
2e classe	1.100	—
1re classe	1.200	—

Les surveillantes qui ne bénéficient pas d'allocations en nature reçoivent, en sus de leurs appointements en argent, des indemnités représentatives calculées comme suit :

Logement	350 fr.
Nourriture	750
Habillement	100
Chauffage, éclairage et blanchissage	100
Total	1.300 fr.

Personnel des services généraux et auxiliaires.

Les *filles de service* sont réparties en quatre classes. Elles reçoivent, en plus d'allocations en nature comprenant la nourriture, le logement, le chauffage, l'éclairage, l'habillement et le blanchissage, des appointements en argent fixés comme suit :

Stagiaires et 3e classe	400 fr.	par an.
2e classe	500	—
1re classe	600	—
Classe exceptionnelle	700	—

Les filles de service qui ne sont pas logées peuvent recevoir, en sus de leurs appointements en argent, une indemnité de logement calculée à raison de 180 fr. par an, et celles qui, exceptionnellement, ne bénéficient d'aucune allocation en nature, reçoivent, en sus de leurs appointements en argent, une indemnité représentative globale de 1.000 fr. par an, y compris l'indemnité de logement de 180 fr.

Les appointements en argent du personnel gradé des services généraux sont fixés ainsi qu'il suit :

Surveillantes de

5e classe	800 fr. par an.	
4e classe	900	—
3e classe	1.000	—
2e classe	1.100	—
1re classe	1.200	—

Les surveillantes qui ne bénéficient pas d'allocations en nature reçoivent, en sus de leurs appointements en argent, des indemnités représentatives calculées comme suit :

Logement	350 fr.
Nourriture	750
Habillement	100
Chauffage, éclairage et blanchissage	100
Total	1.300 fr.

Le traitement annuel des *nourrices* est fixé à 720 francs pour les nourrices sans enfant, et à 540 francs pour les nourrices avec enfant. Dans le cas où elles seraient maintenues à un autre titre dans le personnel hospitalier, le temps pendant lequel elles auront servi en qualité de nourrice leur comptera pour le calcul de la pension de retraite.

Les *femmes de concierge* des portes principales des établissements sont réparties, péréquativement, en quatre classes, et reçoivent, indépendamment des prestations en nature, une indemnité dont le montant est fixé suivant la classe, savoir :

4ᵉ classe.......	500 fr. par an.
3ᵉ classe.......	600 —
2ᵉ classe.......	700 —
1ʳᵉ classe.......	800 —

La classe est attachée à la personne; toute femme de concierge nouvellement nommée prend rang dans la quatrième classe, quel que soit l'établissement auquel elle est attachée. Toutefois, dans le cas où une surveillante mariée à un concierge est appelée à remplir les fonctions de femme de concierge, elle est mise en disponibilité et placée dans la première classe des femmes de concierge. Le personnel à la journée comprend les lingères, les lavandières, éplucheuses, et toutes les ouvrières de diverses catégories.

Seules, les lingères sont nommées par le Directeur de l'Administration. Le soin de recruter les autres ouvrières est laissé aux directeurs des divers établissements.

Le salaire minimum est de 3 fr. par jour. Ce chiffre est rarement dépassé.

Personnel attaché à l'Administration générale.

Les *dames déléguées* reçoivent, d'après Mᵐᵉ Rouyer, des traitements variant de 2.600 à 2.900 francs, suivant le degré d'ancienneté.

Voici, aux termes du règlement du 31 décembre 1903, l'échelle des traitements des dames sténo-dactylographes, des dames visiteuses chargées d'assister les malades traités à domicile, des dames surveillantes des dispensaires, des consultations de nourrissons et des distributions de lait stérilisé, ainsi que des dames stagiaires chargées de suppléances dans les services de l'assistance à domicile et les consultations. Ces dames, réparties en cinq classes, reçoivent les traitements suivants :

5e classe.	1.800 francs.
4e classe.	2.000 —
3e classe.	2.200 —
2e classe.	2.400 —
1re classe.	2.600 —

Les dames stagiaires reçoivent une indemnité annuelle de 1.800 f., non compris, le cas échéant, une indemnité de logement.

Les dames surveillantes de dispensaires ou de consultations sont logées dans les établissements auxquels elles appartiennent ou reçoivent une indemnité de logement.

Les dames visiteuses bénéficient, également, en dehors de leur traitement, de la même indemnité.

Les dames classées dans les catégories qui viennent d'être indiquées sont nommées, promues de classe, admises à la retraite ou mises en disponibilité, par arrêté du Directeur de l'Administration. Elles sont placées, lors de leur nomination, dans la dernière classe de leur grade, à moins qu'elles ne proviennent, par mutation, d'un autre service de l'Administration générale de l'Assistance publique. Dans ce cas, elles prennent rang dans les cadres à la classe la plus rapprochée du traitement dont elles bénéficiaient antérieurement.

L'avancement de classe dans toutes les catégories est donné, pour moitié au choix et pour moitié à l'ancienneté, aux dames favorablement notées, au fur et à mesure des vacances constatées dans chaque classe. Chacune des classes d'une même catégorie comprend, autant que possible, un nombre égal de titulaires. L'avancement de classe ne peut avoir lieu, soit au choix, soit à l'ancienneté, qu'après trois ans passés dans la classe immédiatement inférieure et s'il n'existe des vacances dans les classes supérieures.

Les congés, l'avancement, le paiement des traitements en cas de maladie, les pensions de retraite du personnel hospitalier sont fixés ainsi qu'il suit. Il convient d'observer qu'ils constituent autant d'avantages dont il est juste de tenir compte pour apprécier les positions que l'Assistance publique fait au personnel féminin qu'elle emploie.

Une demi-journée de congé par semaine est accordée à tous les agents du personnel hospitalier qui n'en auront pas été privés par mesure disciplinaire.

Un congé annuel avec traitement est accordé à tous les agents titulaires du personnel hospitalier comptant au moins un an de services dans l'administration, sur la proposition des directeurs des établissements auxquels ils sont attachés. La durée de ce congé est fixée à vingt-cinq jours pour le personnel gradé et pour les élèves infirmières.

Un congé annuel d'un mois, avec traitement, est accordé à toutes les dames comptant au moins un an de services dans l'administration.

Le nombre des agents de chaque classe est fixé d'après la proportion suivante :

PERSONNEL NON GRADÉ

Personnel infirmier.

3e classe	50/100
2e —	25/100
1re —	25/100

Personnel des services généraux.

3e classe	42/100
2e —	33/100
1re —	18/100
Classe exceptionnelle	7/100

PERSONNEL GRADÉ

5e classe	34/100
4e —	22/100
3e —	22/100
2e —	11/100
1re —	11/100

Le grade et la classe sont attachés à la personne.

Les agents qui, dans l'exercice de leurs fonctions, ont reçu des blessures ou contracté une maladie contagieuse (fièvre typhoïde, typhus exanthématique, variole, scarlatine, diphtérie, rougeole, coqueluche, suette miliaire, choléra, peste, fièvre jaune, dysenterie, accidents infectieux consécutifs à une piqûre septique, ophtalmie purulente), conservent le droit à l'intégralité de leurs appointements et indemnités représentatives pendant les six premiers mois de leur traitement. Au delà de six mois, les appointements et indemnités représentatives seront diminués de moitié.

S'il s'agit d'une blessure qui n'a pas été reçue ou d'une affection qui n'a pas été contractée dans le service, les appointements et indemnités représentatives peuvent être payés intégralement pendant trois mois, et à demi-solde pendant les trois mois suivants. Toutefois, dans le cas où un agent est soigné dans un service hospitalier, il ne peut recevoir que la moitié des traitements prévus ci-dessus.

En cas de maladie entraînant une incapacité de travail et dûment constatée par le service médical de l'Administration, la dame employée titulaire peut continuer de recevoir son traitement intégral pendant une durée de six mois. Passé ce délai, elle peut être mise en demi-solde pendant six autres mois. Passé ce nouveau délai, elle est mise en disponibilité ou admise à faire valoir ses droits à une pension de repos.

Toutes les hospitalières, gradées ou non gradées, toutes les dames employées, en état de grossesse, sont tenues d'interrompre leur service pendant les quinze jours qui précèdent et les vingt et un jours qui suivent l'accouchement. Elles reçoivent, pendant cette période, le montant intégral de leurs appointements ou indemnités représentatives.

Le tarif des pensions de repos, récemment réglé, puisqu'il porte la signature de M. Mesureur à la date du 7 mars 1904, et reçoit son application depuis le 1er avril 1904, est établi dans les conditions du tableau ci-contre.

Pour avoir droit aux taux de pension correspondant à leur classe et à leurs années de services, les intéressées devront justifier qu'elles appartiennent depuis deux années au moins à cette classe. Dans le cas contraire, elles recevront la pension de la classe immédiatement inférieure.

A titre exceptionnel et après avis favorable de la Commission administrative chargée de la liquidation des pensions de retraite du personnel hospitalier, le Directeur de l'Administration peut accorder le repos en nature, dans les établissements désignés à cet effet, aux agents gradés et non gradés du personnel hospitalier qui compteront au moins trente ans de services.

SERVICES	Infirmières de 3e classe et Filles de service de 2e classe		Infirmières de 2e classe et Filles de service de 1re classe		Infirmières de 1re classe et Filles de service de classe exceptionnelle		SURVEILLANTES										Hors cadres du Magasin central	
							de 5e classe		de 4e classe		de 3e classe		de 2e classe		de 1re classe			
	fr.	c.	fr.	c.	fr.	c.	fr.	c.	fr.	c.	fr.	c.	fr.	c.	fr.	c.	fr.	c.
Après 15 ans de services.....	340	»	360	»	380	»	420	»	440	»	460	»	480	»	500	»	560	»
— 16 —	360	»	380	»	400	»	450	»	470	»	490	»	510	»	530	»	600	»
— 17 —	390	»	410	»	430	»	480	»	500	»	520	»	540	»	560	»	630	»
— 18 —	410	»	430	»	460	»	510	»	530	»	550	»	570	»	600	»	670	»
— 19 —	430	»	460	»	480	»	530	»	560	»	580	»	610	»	630	»	700	»
— 20 —	540	»	480	»	500	»	560	»	580	»	610	»	640	»	660	»	740	»
— 21 —	480	»	510	»	530	»	590	»	610	»	640	»	670	»	700	»	780	»
— 22 —	500	»	530	»	560	»	620	»	650	»	670	»	700	»	730	»	820	»
— 23 —	520	»	560	»	580	»	650	»	680	»	700	»	740	»	760	»	860	»
— 24 —	540	»	580	»	610	»	680	»	700	»	730	»	760	»	800	»	900	»
— 25 —	570	»	600	»	630	»	700	»	730	»	760	»	800	»	830	»	930	»
— 26 —	590	»	620	»	660	»	730	»	760	»	790	»	830	»	860	»	970	»
— 27 —	610	»	650	»	680	»	750	»	800	»	830	»	860	»	900	»	1.000	»
— 28 —	630	»	680	»	710	»	780	»	820	»	860	»	900	»	930	»	1.040	»
— 29 —	660	»	700	»	730	»	810	»	850	»	890	»	930	»	960	»	1.080	»
— 30 —	680	»	720	»	760	»	840	»	880	»	920	»	960	»	1.000	»	1.120	»

En sus des prestations en nature du logement, de l'habillement, de la nourriture, du chauffage, de l'éclairage et du blanchissage, les reposantes bénéficieront d'allocations viagères fixées comme suit : personnel gradé, 180 francs; personnel non gradé, 120 francs.

D'autre part, à dater du 1er avril 1904, il sera fait, chaque mois, sur les appointements en argent (non compris les indemnités représentatives des allocations en nature) des agents titulaires du personnel hospitalier, qui n'auront pas dépassé l'âge de cinquante ans au 1er avril 1904, une retenue de 5 %, laquelle sera versée, au nom de chaque intéressée, à la Caisse nationale des retraites pour la vieillesse.

Le versement des retenues sera effectué, par les soins de l'Administration, à capital réservé, — l'intéressée conservant la faculté de faire abandon du capital au moment de l'entrée en jouissance de sa rente, afin d'obtenir une rente plus élevée, dans les conditions prévues par le règlement de la Caisse nationale des retraites.

Les retenues opérées sur les traitements des inscrites sur le livret des intéressées leur demeurent définitivement acquises, alors même qu'elles viennent à quitter l'administration pour quelque motif que ce soit.

L'administration se réserve la faculté de mettre d'office à la retraite les infirmières et les dames ayant soixante ans révolus, quelle que soit la durée de leurs services. Pareille décision peut être prise à leur égard, quel que soit leur âge, soit en cas de retrait ou de suppression d'emploi, soit en cas d'infirmité, soit en cas d'incapacité ou d'insuffisance de travail.

Les retraites du personnel des ouvrières de l'Assistance

publique, réglées à la même date du 7 mars 1904, nous entraîneraient trop loin et n'offriraient, d'ailleurs, que peu d'intérêt, dans une étude qui doit forcément s'en tenir aux grandes lignes.

Organisations relevant de l'initiative privée.

Des organisations, dues à l'initiative privée, sont profondément désirables.

Nous sommes heureux d'en recommander avec confiance deux, instituées dans cet ordre d'idées.

Les hospices civils de **Lyon** nous fournissent la première en date. La préparation sérieuse et pratique s'y poursuit avec succès.

Une maison-école d'infirmières privées, qui n'a aucun caractère confessionnel, vient de se fonder à **Paris**, 66, rue Vercingétorix, dans le XIVe arrondissement. Cette maison-école prépare des infirmières dévouées, des gardes-malades expertes, auxquelles elle inculque une sérieuse instruction professionnelle : qualités de dévouement et connaissances qui ne sont pas toujours, il faut le reconnaître, le fait de nos infirmières.

La maison-école d'infirmières privées, instituée pour remédier à un état de choses souvent fâcheux, comprend, en deux années d'études au plus, le programme obligé de toute formation professionnelle sérieuse, beaucoup plus pratique que théorique, sans négliger la question d'éducation morale, si nécessaire à des femmes dont la carrière est assez analogue à une vocation.

La direction des études appartient complètement aux sommités du corps médical. *Des stages hospitaliers seront accomplis pendant les deux années d'études.*

Lorsque les élèves auront terminé leur période d'instruction, la maison-école conservera des rapports suivis avec elles, se chargera de les placer moyennant un très modique droit d'abonnement et leur donnera la possibilité de trouver, en cas de chômage et dans les intervalles de leurs gardes, une maison toujours ouverte pour les recevoir et leur offrir le moyen d'entretenir la pratique professionnelle par de nouveaux stages dans les hôpitaux.

Pour réaliser ce projet, on a constitué une association régie par la loi du 1er juillet 1901, laquelle a pour objet de subvenir aux dépenses de la maison-école, de recevoir les pensions des élèves, de fournir des bourses à celles qui seraient dans l'impossibilité de payer leur pension et d'aider les unes et les autres à participer aux avantages d'une société de secours mutuels et d'une caisse de retraites, dans la mesure de ses ressources.

Un comité directeur mixte forme le conseil de l'association. Il a pour présidente Mme H. Taine, pour secrétaire, Mlle Chaptal et pour trésorier M. Marcel Griolet.

Le programme détaillé de cette maison-école, qui se trouve au siège social, ne peut trouver place dans ce rapide aperçu.

CONCLUSIONS

L'examen des emplois du personnel féminin dans l'Administration de l'Assistance publique amène deux constatations :

La première, c'est qu'en définitive les emplois y sont assez convenablement rémunérés, l'infirmière pouvant y gagner 750 fr., la surveillante 1.200 fr., les dames attachées à l'Administration générale, de 1.800 à 3.000 fr. et les pensions de repos après trente ans de service dépassant même 1.000 fr.; la seconde, c'est que ces places, extrêmement recherchées, sont des plus difficiles à obtenir, puisqu'il y en a **quatre** pour **huit cents** demandes, dans certaine catégorie des emplois les plus relevés. Il est bien certain que les influences, ici comme partout, doivent jouer un rôle prédominant... Quoi qu'il en soit, nous croyons devoir recommander aux chrétiennes éprouvées, aux Religieuses sécularisées notamment, la recherche de ces emplois où elles pourront donner la mesure de leur dévoûment, de leur haute valeur morale.

Deux considérations élevées militent en ce sens :

1° Leur persévérance à pénétrer dans un milieu qui a besoin d'être relevé leur vaudra des emplois qui assureront leur existence ;

2° Elles feront ainsi revivre, sous les vêtements séculiers, les admirables vertus des Sœurs, indignement chassées de nos hôpitaux par une politique sectaire, ennemie des meilleurs intérêts sociaux, les intérêts sacrés des pauvres et des malades.

II

ENSEIGNEMENT

§ 13.

Enseignement primaire.

Nous parlons d'abord de l'enseignement primaire public, et nous réservons pour une prochaine étude l'enseignement primaire libre qui a, celui-là, toutes nos prédilections et aussi tous nos respects, en raison des épreuves imméritées dont il est assailli.

SECTION I.

ENSEIGNEMENT PRIMAIRE PUBLIC

Le budget de l'enseignement primaire pour 1903, non compris les subventions aux départements, villes et communes, destinées à faire face au paiement des annuités dues par eux et nécessaires aux remboursements des emprunts qu'ils ont contractés pour la construction de leurs établissements scolaires, s'élève au total respectable de 162.583.781 fr.

EXAMENS ET EMPLOIS

Voici la liste des brevets ou diplômes de l'enseignement primaire, auxquels peuvent aspirer les jeunes personnes à la poursuite d'un mandarinat dans l'enseignement officiel :

1° Le brevet élémentaire; 2° le brevet supérieur; 3° le certificat d'aptitude pédagogique; 4° le certificat d'aptitude au professorat des écoles normales et des écoles primaires supérieures (lettres et sciences); 5° le certificat d'aptitude à l'inspection primaire et à la direction des écoles normales; 6° le certificat d'aptitude à l'inspection des écoles maternelles; 7° le certificat d'aptitude à l'enseignement des langues vivantes; 8° le certificat d'aptitude à l'enseignement du travail manuel; 9° le certificat d'aptitude à l'enseignement du chant; 10° le certificat d'aptitude à l'enseignement élémentaire des travaux de couture; 11° le certificat d'aptitude à l'enseignement de la comptabilité.

Les *institutrices* donnent l'enseignement dans les écoles de filles, les écoles maternelles, les classes enfantines et les écoles mixtes. Des femmes peuvent être admises à enseigner, à titre d'adjointes, dans les écoles de garçons, sous la condition d'être épouse, sœur ou parente, en ligne directe, du directeur de l'école.

Toute directrice ou adjointe chargée de classe dans une école primaire publique doit être Française ou naturalisée. Nulle ne peut enseigner dans une école primaire de quelque degré que ce soit avant l'âge de dix-sept ans. Nulle ne peut diriger une école avant l'âge de vingt et un ans.

Nulle ne peut exercer les fonctions d'institutrice titulaire, ou d'institutrice adjointe chargée d'une classe, dans une école publique, sans être pourvue du brevet de capacité pour l'enseignement primaire. Nulle ne peut être nommée dans une école publique à une fonction quelconque d'enseignement, si elle n'est munie du titre de capacité correspondant à cette fonction, et tel qu'il est prévu soit par la loi, soit par les règlements universitaires. D'autre part, l'obtention du certificat d'aptitude pédagogique est, pour les stagiaires, la condition *sine quâ non* de leur titularisation. La direction des écoles normales peut être confiée à des personnes mariées. Il importe, par suite, que dans l'aménagement des locaux affectés aux écoles normales d'institutrices le logement de la directrice soit indépendant de la partie des bâtiments consacrée au service scolaire, de façon que le mari de la directrice et sa famille puissent vaquer à leurs occupations sans troubler les exercices des élèves-maîtresses.

Telles sont, rapidement condensées, les *conditions générales* imposées au personnel féminin de l'enseignement primaire.

Nous devrons présenter, avec plus de développements, les *conditions professionnelles*, se rattachant aux douze catégories de diplômes de l'enseignement primaire que nous avons énumérées. Nous les énoncerons le plus sommairement possible.

*
* *

Brevet élémentaire. — Les candidates doivent se faire inscrire au bureau de l'inspection académique quinze jours au moins avant la date fixée pour l'examen et déposer à cet effet une demande d'inscription sur papier timbré et un extrait de leur acte de naissance. Elles doivent avoir au moins seize ans le 1er octobre de l'année où elles se présentent. Des dispenses d'âge d'un an au plus peuvent être accordées; la dispense est de droit pour toute candidate pourvue du certificat d'études primaires supérieures.

Deux sessions par an : juillet et octobre.

Epreuves de la première série. — 1° Une dictée d'orthographe et des questions relatives à l'intelligence du texte; 2° un exercice très simple de composition française; 3° une question d'arithmétique et de système métrique et la solution d'un problème comprenant l'application des quatre règles.

Epreuves de la deuxième série. — 1° Une page d'écriture à main posée; 2° un dessin au trait d'après un objet usuel; 3° travaux à l'aiguille sous la surveillance des dames désignées à cet effet par le recteur.

Epreuves de la troisième série. — Epreuves orales : 1° Lecture expliquée; 2° questions d'arithmétique et de système métrique; 3° questions sur les éléments de l'histoire nationale et de l'instruction civique; sur la géographie de la France, avec tracé au tableau noir; 4° questions et exercices très élémentaires du solfège; 5° questions sur les notions les plus élémentaires des sciences physiques et naturelles.

Brevet supérieur. — Mêmes conditions d'inscription que pour le brevet élémentaire, et, avec les mêmes pièces à produire, production de ce brevet et du livret de scolarité, signé par le directeur et visé par l'inspecteur primaire. La candidate doit avoir dix-huit ans au moins le 1er octobre de l'année de l'examen, et des dispenses d'âge d'un an au maximum peuvent être accordées.

Sessions en juillet et octobre.

Epreuves de la première partie. — 1° Une composition comprenant deux questions : l'une, sur l'arithmétique ; l'autre, sur les sciences physiques et naturelles avec leurs applications les plus usuelles à l'hygiène, à l'industrie, à l'agriculture et à l'horticulture ; 2° une composition française (littérature ou morale) ; 3° une composition en dessin, d'après un modèle en relief ; 4° une composition de langues vivantes, consistant en un thème facile, d'une dizaine de lignes, avec lexique.

Epreuves de la deuxième série. — 1° Questions sur la morale et l'éducation ; 2° langue française : lecture expliquée d'un auteur français pris sur une liste dressée tous les trois ans par le ministre et publiée un an à l'avance ; des questions d'histoire littéraire limitées aux principaux auteurs des XVIe, XVIIe, XVIIIe et XIXe siècles seront posées aux candidates à l'occasion de cette lecture ; 3° époques mémorables, grands noms, faits essentiels de l'histoire générale et de l'histoire de France, principalement dans les temps modernes ; 4° géographie de la France avec tracé au tableau noir, et notions de géographie générale ; 5° arithmétique, avec application aux opérations pratiques ; tenue des livres ; 6° notions de physique, de chimie et d'histoire naturelle ; 7° traduction à livre ouvert d'une vingtaine de lignes d'un texte facile, anglais, allemand, italien, espagnol ou arabe, au choix de la candidate.

Certificat d'aptitude pédagogique. — Conditions : 1° être pourvu du brevet élémentaire ; 2° avoir vingt ans révolus au 31 décembre de l'année de l'examen ; 3° justifier, au moment de l'inscription, de deux années d'exercice au moins dans un établissement public ou privé d'enseignement. Le temps passé à l'école normale, à partir de dix-sept ans pour les élèves-maîtresses, compte pour l'accomplissement du stage. Aucune dispense n'est accordée, mais des dispenses de stage peuvent l'être par le ministre, sur l'avis du conseil départemental. L'inscription a lieu à l'inspection académique quinze jours au moins avant la date de l'examen et exige la production de la demande d'inscription sur timbre, de l'extrait de l'acte de naissance, également sur timbre, du brevet élémentaire et de l'état des services, sur papier libre, mais certifié exact par l'inspecteur d'académie de chacun des départements où l'aspirante a enseigné ; de l'extrait de l'acte de mariage, pour les institutrices mariées et de l'acte de décès du mari, pour les veuves.

Une seule session par an. L'épreuve écrite aura lieu, au mois de février, à une date fixée par l'inspecteur d'académie et sera subie au chef-lieu de chaque arrondissement sous la surveillance de l'inspecteur primaire. Elle sera corrigée par la Commission réunie au chef-lieu du département. — L'épreuve pratique doit être subie avant le 1er décembre de l'année de l'examen. — Les aspirantes qui échouent à l'épreuve pratique ou à l'épreuve orale conservent, à la session suivante, le bénéfice de l'admissibilité.

L'examen comprend une épreuve écrite, une épreuve orale et une épreuve pratique, cotées de 0 à 20.

L'épreuve écrite, *éliminatoire*, consiste en une composition française sur un sujet élémentaire d'éducation ou d'enseignement (Maximum 20, minimum 10). Le dossier de la candidate et ses notes d'inspection peuvent être pris en considération par la Commission.

L'épreuve pratique consiste en une classe de trois heures, faite par la candidate dans la classe qu'elle dirige. — Les aspirantes peuvent, sur leur demande, subir l'épreuve pratique dans une école maternelle. Dans ce cas, le certificat délivré portera une mention spéciale et ne leur donnera droit à exercer comme titulaire que dans les écoles maternelles. Elles pourront, dans la même session ou dans une session ultérieure, subir l'épreuve pratique dans une école primaire.

L'épreuve orale consiste en des interrogations en rapport avec les autres épreuves déjà subies par la candidate, et portant sur des sujets relatifs à la tenue et à la direction des écoles primaires élémentaires ou maternelles, ou sur des questions de pédagogie pratique.

Certificat d'aptitude au professorat des écoles normales et des écoles primaires supérieures.— Conditions à remplir : vingt et un ans révolus au moment de l'inscription ; brevet supérieur ou diplôme de fin d'étude ; deux ans de stage. L'examen se compose : d'épreuves écrites, *éliminatoires*; d'épreuves orales et pratiques.

Epreuves écrites pour les lettres. — 1° Une composition sur un sujet de littérature ou de grammaire ; 2° une composition d'histoire et de géographie ; 3° une composition de morale ou de psychologie appliquée à l'éducation ; 4° une composition de langue vivante (anglais, allemand, espagnol, italien ou arabe), thème et version.

Epreuves écrites pour les sciences. — 1° Une composition de mathématiques ; 2° une composition comprenant une question de physique, une question de chimie et une question de sciences naturelles. Cette épreuve est divisée en deux parties : *a*) physique et chimie ; *b*) sciences naturelles ; 3° une composition de dessin géométrique et de dessin d'ornement ; 4° une composition sur un sujet de morale ou d'éducation. Les sujets de composition sont tirés des programmes d'enseignement dans les écoles normales et envoyés par l'Administration centrale.

Epreuves orales et pratiques pour les lettres. — 1° Une leçon sur un sujet tiré au sort, dont la durée ne dépassera pas une demi-heure, et qui pourra être suivie d'interrogations portant, soit sur le sujet qui a fait l'objet de la leçon, soit sur toute autre partie du programme ; 2° la lecture expliquée d'un passage pris dans un auteur classique français ; 3° la correction d'un devoir d'élève-maîtresse ; 4° l'explication à livre ouvert d'un texte allemand, anglais, italien, espagnol ou arabe, suivie d'interrogations sur la grammaire de ces langues.

Epreuves orales et pratiques pour les sciences. — 1° Une leçon sur un sujet tiré au sort, dont la durée ne dépassera pas une demi-heure ; 2° une interrogation de trois quarts d'heure portant sur chacune des parties suivantes du programme : mathématiques, sciences physiques, sciences naturelles ; 3° une manipulation de physique ou de chimie et une démonstration pratique d'histoire naturelle. Le sujet en est tiré au sort.

Certificat d'aptitude à l'inspection primaire et à la direction des écoles normales. — Conditions à remplir : vingt-cinq ans révolus au moment de l'inscription, cinq ans d'exercice dans les établissements publics d'enseignement. Les institutrices publiques titulaires sont dispensées de produire le certificat d'aptitude au professorat, pour se présenter à l'examen de l'inspection (mais ne peuvent aspirer à être directrices d'écoles normales), si elles comptent dix années de services comme directrices ou adjointes d'une école primaire élémentaire ou supérieure, et si elles sont pourvues du brevet supérieur et du certificat d'aptitude pédagogique.

Le ministre fixe, à la fin de l'année scolaire, la date à laquelle s'ouvrira la session ordinaire de l'année scolaire suivante. Si une session extraordinaire est nécessaire, elle sera fixée par le ministre et annoncée deux mois à l'avance.

Epreuves écrites élémentaires. — Deux compositions, l'une, sur un sujet de pédagogie, l'autre, sur un sujet d'administration scolaire.

Epreuves orales. — 1° Explication d'un passage pris dans un des auteurs figurant sur la liste triennale arrêtée par le ministre ; 2° exposé de vive voix d'une question, tirée au sort, relative à une des matières du programme. Des questions sur l'administration et la législation scolaire seront posées à la candidate qui ne devra s'aider ni de livres, ni de notes.

L'épreuve pratique consiste dans l'inspection d'une école normale, d'une école primaire supérieure, d'une école élémentaire ou d'une école maternelle ; cette inspection est suivie d'un compte rendu verbal.

Certificat d'aptitude à l'inspection des écoles maternelles. — Vingt-cinq ans au moins au moment de l'inscription ; brevet supérieur et certificat pédagogique, ou certificat d'aptitude à l'enseignement secondaire des jeunes filles ; cinq ans d'exercice dans les établissements publics d'enseignement. L'examen a lieu dans le courant de mars.

Epreuves écrites. — 1° Composition sur un sujet de pédagogie appliquée aux écoles maternelles ; 2° composition sur l'hygiène des écoles maternelles.

Epreuves orales. — Interrogations : 1° sur la pédagogie appliquée aux écoles maternelles et sur l'hygiène ; 2° sur des questions de législation et d'administration concernant ces écoles.

Epreuve pratique. — Inspection d'une école maternelle, avec rapport oral à la suite de cette inspection.

Certificat d'aptitude à l'enseignement des langues vivantes. — Conditions : Vingt et un révolus au moment de l'inscription ; deux ans d'exercice dans les établissements publics d'enseignement, ou un temps équivalent de séjour à l'étranger ; brevet supérieur ou diplôme de fin d'études de l'enseignement secondaire. Dans leur demande, les candidates indiqueront la langue vivante sur laquelle elles désirent subir l'examen : allemand, anglais, italien, espagnol, arabe.

Epreuves écrites (éliminatoires). — 1° Une version ; 2° un thème ; 3° une composition d'un genre très simple en langue étrangère : lettre ou récit, explication d'un proverbe, d'une maxime, d'un précepte de morale ou d'éducation ; 4° une rédaction en français sur une question de méthode d'enseignement des langues vivantes.

Epreuves orales. — 1° Lecture et traduction d'une page choisie dans un auteur étranger d'une difficulté moyenne, avec explication sur le sens des mots, la construction des phrases et la grammaire ; 2° exercice de conversation en langue étrangère sur la page lue ; 3° traduction à livre ouvert d'un passage d'un prosateur français ; 4° questions sur les méthodes d'enseignement des langues vivantes.

Certificat d'aptitude à l'enseignement du travail manuel. — Conditions : vingt et un an révolus au moment de l'inscription ; brevet supérieur ou diplôme de fin d'études, ou baccalauréat.

Epreuves. — 1° Une composition sur une question d'économie domestique ; 2° une composition de dessin d'ornement spécialement appliqué aux travaux d'aiguille ; 3° une épreuve pratique portant sur un ou plusieurs des exercices que comporte le programme du travail manuel pour les filles dans les écoles normales et les écoles primaires supérieures ; 4° un exposé d'un quart d'heure, sous forme de leçons, après une demi-heure de préparation, sur une question tirée au sort parmi celles que comportent les programmes des écoles normales et des écoles primaires supérieures pour les travaux de ménage et de couture.

Certificat d'aptitude à l'enseignement du chant dans les écoles normales et dans les écoles primaires supérieures. — Condition : vingt et un ans révolus au moment de l'inscription ; deux ans d'exercice dans un établissement d'enseignement public ou privé ; inscription quinze jours avant l'examen.

L'examen se compose d'épreuves écrites et d'épreuves orales et pratiques ; les unes et les autres ont lieu à Paris. Les épreuves qui s'appliquent au degré élémentaire et au degré supérieur sont exposées, dans tous leurs détails, pp. 222 224, du *Vade-mecum de l'enseignement primaire public et privé au point de vue administratif* (1).

Certificat d'aptitude à l'enseignement élémentaire des travaux de couture. — Les travaux de couture à exécuter par les aspirants sont choisis dans le programme du cours

(1) Nous avons fait de nombreux emprunts à cet excellent Guide de M. O. Forsant, récemment édité par la librairie Delagrave.

moyen et du cours supérieur des écoles primaires élémentaires. Les aspirantes doivent avoir dix-huit ans révolus le jour de leur inscription.

Certificat d'aptitude à l'enseignement de la comptabilité. — Conditions : vingt et un an révolus au moment de l'inscription, et possession du brevet supérieur ou du diplôme de fin d'études de l'enseignement secondaire des filles, ou du diplôme supérieur d'une école supérieure de commerce reconnue par l'Etat, ou compter trois années d'exercice comme comptable dans une maison de commerce, d'industrie ou de banque. Inscription un mois au moins avant l'ouverture de la session.

L'examen se compose de trois séries d'épreuves : 1° épreuves écrites ayant lieu au chef-lieu de département et éliminatoires; 2° épreuves orales; 3° épreuves pratiques (ces deux dernières ont lieu à Paris).

Epreuves écrites : 1° une composition sur un sujet de commerce; 2° une composition sur un sujet de comptabilité; 3° une composition sur un sujet emprunté au programme d'arithmétique appliquée au commerce.

Epreuves orales : interrogations : 1° sur le commerce; 2° sur la comptabilité; 3° sur l'arithmétique appliquée au commerce; 4° sur la législation commerciale.

Epreuves pratiques : 1° une leçon orale; 2° une correction de devoir.

*
* *

Nomination. — La nomination des institutrices titulaires est faite par le préfet sous l'autorité du ministre de l'instruction publique, et sur la proposition de l'inspecteur d'Académie.

Nulle ne peut être nommée institutrice titulaire, si elle n'a fait un stage de deux ans au moins dans une école publique ou privée, si elle n'est pourvue du certificat d'aptitude pédagogique, et si elle n'a été portée sur la liste d'admissibilité aux fonctions d'institutrice dressée par le conseil départemental. C'est ce conseil qui, après avoir pris connaissance des demandes de toutes les candidates qui se sont inscrites à l'inspection académique, dresse, chaque année, et complète, s'il y a lieu, au cours de l'année, une liste des institutrices admissibles aux fonctions de titulaire, soit pour être chargées d'une école, soit pour être chargées d'une classe en qualité d'adjointes.

Le temps passé à l'école normale compte, pour l'accomplissement du stage, aux élèves-maîtresses à partir de dix-sept ans. Des dispenses de stage peuvent être accordées par le ministre, sur l'avis du conseil départemental. Les institutrices stagiaires enseignent en vertu d'une délégation de l'inspecteur d'Académie.

*
* *

Ecoles normales d'institutrices. — Toute école normale d'institutrices est pourvue d'une école primaire où les élèves-maîtresses s'exercent à la pratique de l'enseignement. Cette école, qui prend le nom d'école d'application, peut être installée dans les bâtiments de l'école normale et est dite alors école annexe. Elle peut aussi être une école publique, spécialement désignée à cet effet par le ministre, sur la proposition du recteur et avec l'agrément du conseil municipal. Cette décision est toujours révocable. Les écoles normales d'institutrices doivent, en outre, être pourvues d'une école maternelle d'application établie dans les mêmes conditions. Les écoles annexes des écoles normales d'institutrices doivent comprendre une section enfantine et une section maternelle, si elles n'ont pas d'école maternelle distincte.

Pendant les trois années de leurs cours d'études, les élèves-maîtresses sont exercées à tour de rôle dans les écoles d'application, d'après un roulement établi par la directrice de l'école normale, et approuvé par le recteur.

Dans les écoles publiques désignées pour servir d'écoles d'application, les directrices d'école normale contrôlent et dirigent les exercices pratiques au même titre et avec les mêmes attributions que dans les écoles annexes.

Les directrices d'écoles annexes, nommées par le ministre, sont choisies parmi les professeurs d'école normale ayant enseigné pendant trois ans au moins, soit dans une école normale, soit dans une école primaire élémentaire ou supérieure.

Les directrices d'écoles maternelles annexes doivent être âgées de vingt-cinq ans au moins, être pourvues du brevet supérieur et du certificat d'aptitude pédagogique ou de l'ancien certificat d'aptitude à la direction des écoles maternelles, et avoir exercé au moins pendant deux ans dans une école maternelle soit comme directrices, soit comme adjointes.

Ecoles normales supérieures d'enseignement primaire. — Deux écoles normales supérieures de l'enseignement primaire pour former des professeurs d'écoles normales et d'écoles primaires supérieures de filles sont installées, l'une, à Fontenay-aux-Roses et l'autre à Saint-Cloud. Dans le langage courant, elles ont pris le nom de ces localités.

A chacun de ces établissements il doit être annexé une

école normale primaire d'application. Ces écoles, gratuites, recrutent leurs élèves au concours, et celle de Fontenay peut recevoir des internes et des externes.

L'enseignement comprend l'étude approfondie des matières enseignées dans les écoles normales primaires. D'autres matières peuvent y être enseignées avec l'autorisation du ministre.

Les élèves sont réparties en deux sections : sciences et lettres. Peuvent être admises à l'école de Fontenay des élèves déjà pourvues de l'un des deux certificats d'aptitude aux fonctions de professeur, qui voudraient se préparer à l'examen du certificat d'aptitude aux fonctions de directrice ; les aspirantes de cette catégorie ne sont pas astreintes à l'examen d'entrée ; elles suivent un cours spécial de législation et d'administration scolaire.

Les conditions du concours, auxquelles est adjointe une épreuve de travail à l'aiguille, sont décrites dans le *vade-mecum* de M. Forsant, déja cité, pp. 123-125.

***

Les *inspectrices primaires*, nommées dans les mêmes conditions et les mêmes formes que les inspecteurs, devront être pourvues du certificat d'aptitude à l'inspection. Leur mission se borne à inspecter les écoles de filles, les écoles mixtes et les écoles maternelles, tant publiques que privées, de leur circonscription ; à assister avec voix délibérative aux réunions des délégués cantonaux ; à diriger les enquêtes et à instruire les affaires dont elles sont chargées par l'inspecteur d'académie ; à donner leur avis sur la nomination et l'avancement des institutrices ainsi que sur les récompenses à accorder ou les peines disciplinaires à infliger au personnel des écoles de filles et des écoles maternelles.

Les *inspectrices générales* et les *inspectrices départementales* des écoles maternelles sont nommées par le ministre.

Nulle ne peut être nommée inspectrice générale sans avoir au moins trente-cinq ans d'âge et cinq ans de services dans l'enseignement public ou privé et sans être pourvue du certificat d'aptitude à l'inspection des écoles maternelles. — Nulle ne peut être nommée inspectrice départementale sans avoir trente ans d'âge et trois ans de service dans l'enseignement public ou privé et sans être pourvue du certificat d'aptitude à l'inspection des écoles maternelles.

Les inspectrices départementales donnent leur avis sur la nomination et la révocation des directrices et sous-directrices d'écoles maternelles publiques, ainsi que sur les récompenses qui peuvent leur être accordées. Elles sont placées sous l'autorité immédiate de l'inspecteur d'académie.

Toutes les classes de jeunes filles dans les internats comme dans les externats primaires publics et privés sont soumises, quant à l'inspection et à la surveillance de l'enseignement, aux autorités instituées par la loi. Dans tous les internats de jeunes filles tenus par des institutrices laïques, l'inspection des locaux affectés aux pensionnaires et du régime intérieur du pensionnat est confiée à des *dames déléguées* par le ministre.

TRAITEMENTS ET PROMOTIONS

Les institutrices des écoles primaires élémentaires et maternelles sont réparties en *stagiaires* et *titulaires*. Depuis le

1er janvier 1903, les stagiaires sont titularisées au 1er janvier qui suit l'obtention du certificat d'aptitude pédagogique.

Le traitement des institutrices de chaque classe est fixé ainsi qu'il suit :

5e classe	1.100 fr.
4e —	1.200 »
3e —	1.400 »
2e —	1.500 »
1re —	1.600 »

Les titulaires chargées de la direction d'une école comprenant plus de deux classes reçoivent à ce titre un supplément de traitement de 200 fr. Ce supplément est porté à 400 fr. si l'école comprend plus de quatre classes.

Indépendamment de leur traitement, les institutrices titulaires ont droit : 1° au logement ou à l'indemnité représentative fixée par arrêté préfectoral ; 2° à une indemnité de résidence fixée pour les titulaires chargées de la direction d'une école, chargées d'un cours complémentaire d'adjointes à l'enseignement primaire supérieur, pour les directrices et institutrices des écoles primaires supérieures : à 100 fr. dans les localités dont la population agglomérée est de 1.000 à 3.000 habitants ;

à 200 fr.	dans les localités	de	3.001	à	9.000	habitants
300	—	de	9.001	à	12.000	—
400	—	de	12.001	à	18.000	—
500	—	de	18.001	à	35.000	—
600	—	de	35.001	à	60.000	—
700	—	de	60.001	à	100.000	—
800	—	de	101.001	habitants et au-dessus.		

2.000 fr. dans la ville de Paris.

Elle est de moitié des chiffres ci-dessus pour toutes les autres institutrices titulaires, et du quart pour les stagiaires établies dans les localités ci-dessus énumérées.

Les institutrices stagiaires reçoivent un traitement de 1.000 fr. et l'indemnité de résidence. Elles ont droit au logement ou à l'indemnité représentative et forment une classe unique.

Les institutrices sont promues à la 4e classe après cinq ans passés dans la 5e et à la 3e après cinq ans passés dans la 4e. Elles sont promues à la 2e après six ans passés dans la 3e. La classe est attachée à la personne ; elle peut être attribuée sans déplacement et reste acquise en cas de passage d'un département dans un autre.

Les directrices, institutrices, adjointes des écoles primaires supérieures ; les directrices, professeurs et économes d'écoles normales et les inspectrices primaires sont réparties en cinq classes, attachées à la personne et pouvant être attribuées sans déplacement.

Directrices d'écoles primaires.		Institutrices adjointes des écoles primaires et supérieures.
5e cl.	: 1.800	1.200 fr.
4e cl.	: 2.000	1.400 fr.
3e cl.	: 2.200	1.600 fr.
2e cl.	: 2.500	1.900 fr.
1re cl.	: 2.800	2.200 fr.

Toutes reçoivent, en outre, l'indemnité de résidence et ont droit au logement ou à l'indemnité représentative.

Dans les écoles nationales d'enseignement primaire supérieur et professionnel, les traitements de chaque classe sont de

500 fr. supérieurs à ceux des écoles normales d'institutrices.

	Directrices (1)	Professeurs
	d'écoles normales.	
5e cl. :	3.000	2.200 fr.
4e cl. :	3.500	2.400 »
3e cl. :	4.000	2.600 »
2e cl. :	4.500	2.800 »
1re cl. :	5.000	3.000 »

Les maîtresses non pourvues du certificat d'aptitude au professorat et déléguées à titre provisoire recevront un traitement unique de 1.800 fr. dans les écoles normales d'institutrices.

Tous les traitements ci-dessus sont diminués de 400 fr. pour les maîtresses logées et nourries dans l'établissement.

Les directrices et institutrices adjointes des écoles primaires supérieures, pourvues du certificat d'aptitude au professorat dans les écoles normales, recevront une indemnité personnelle de 500 fr. soumise à une retenue pour la retraite.

L'ancienneté générale des services est calculée pour l'avancement d'après le temps passé : 1° à l'école normale à partir de 17 ans ; 2° dans les écoles publiques congréganistes ; 3° dans les écoles spéciales relevant du ministère de l'instruction publique ; 4° dans les écoles primaires professionnelles ressortissant à d'autres administrations que celle de l'instruction publique ; 5° dans tous les établissements publics en général ;

(1) A Paris, le traitement de la directrice est de 6.000 fr. à 9.000 fr.

6° en suppléances dans les écoles primaires publiques par les suppléantes auxiliaires.

Les directrices d'écoles annexes sont nommées par le ministre et choisies parmi les professeurs d'école normale ayant enseigné pendant trois ans au moins, soit dans une école normale, soit dans une école primaire élémentaire ou supérieure.

Leurs traitements sont ainsi fixés : 5e classe, 2.200 fr. ; 4e classe, 2.400 fr. ; 3e classe, 2.600 fr. ; 2e classe, 2.800 fr. ; 1re classe, 3.000 fr. Elles ont, en outre, droit au logement ou à l'indemnité représentative.

Les directrices d'écoles maternelles annexées doivent être âgées de 25 ans au moins, être pourvues du brevet supérieur et du certificat d'aptitude pédagogique ou de l'ancien certificat d'aptitude à la direction des écoles maternelles et avoir exercé au moins pendant deux ans dans une école maternelle soit comme directrices, soit comme adjointes.

Leur traitement est de : 5e classe, 1.800 fr. ; 4e classe, 2.000fr. ; 3e classe, 2.200 fr. ; 2e classe, 2.400 fr. ; 1re classe, 2.600 fr. Elles ont droit, en outre, au logement ou à l'indemnité représentative.

Les traitements du personnel de l'école de Fontenay-aux-Roses sont fixés comme suit : directrice, 9.000 fr. ; économe, 3.000 fr. à 4.000 fr. ; maîtresses répétitrices, 2.700 fr. à 3.500 fr.

La directrice, les économes, les maîtresses répétitrices ont droit au logement et aux prestations en nature.

SECTION II

ENSEIGNEMENT PRIMAIRE LIBRE

EXAMENS ET EMPLOIS

Nulle institutrice ne peut enseigner dans une école privée avant l'âge de dix-huit ans, diriger une école élémentaire avant l'âge de vingt et un ans et une école primaire supérieure ou une école recevant des internes avant l'âge de vingt-cinq ans révolus. Les adjointes doivent avoir dix-sept ans au moins.

En général, les conditions de moralité et de capacité (1) requises du personnel dans les écoles publiques sont exigées dans les écoles libres. Ainsi, aucune école libre ne peut prendre le titre d'école primaire supérieure, si la directrice n'est munie des brevets exigés pour les directrices d'écoles supérieures publiques.

La qualité de *Française* est requise dans les écoles libres comme dans les écoles publiques. L'étrangère qui veut exercer dans une école libre doit adresser au ministre de l'instruction publique une demande et y joindre : 1° un certificat constatant qu'elle est admise à jouir des droits civils en France ; 2° son acte de naissance, dûment légalisé ; 3° son brevet de capacité ; 4° l'indication des lieux où elle a résidé et des professions qu'elle y a exercées. Cette indication devra être appuyée d'attestations émanées soit des autorités du pays auquel appartient la postulante, soit des autorités françaises, et prouvant la sincérité de ses déclarations.

(1) Nous avons publié en détail ces conditions dans l'étude consacrée à la section précédente.

Les directrices d'écoles primaires libres, d'écoles ouvertes dans les hôpitaux, colonies agricoles, ouvroirs, etc., sont entièrement libres dans le choix des méthodes, des programmes et des livres, réserve faite pour les livres qui auront été interdits par le Conseil supérieur de l'instruction publique comme contraires à la morale, à la Constitution et aux lois.

On sait l'odieux ostracisme dont la loi du 1er juillet 1901, et, dans son ensemble, tout le système de législation qui opprime présentement l'« enseignement libre » a frappé les congrégations de femmes.

Parmi les congrégations de femmes, qui se sont dispersées ou expatriées après la promulgation de la loi du 1er juillet 1901, nous sommes fondés à présenter l'énumération suivante. Nous répéterons, d'ailleurs, comme nous l'avons dit dans une brochure à laquelle nous l'empruntons (1), que nous ne sommes pas assurés que cette liste soit complète :

Augustines; Bénédictines; Camilliennes; Carmélites; Clarisses; Dames de Nazareth; Dames du Cénacle; Dominicaines; Franciscaines; Oblates de l'Assomption; Petites Sœurs de l'Ouvrier; Récolletines; Rédemptoristines; Réparatrices; Sœurs de Jésus-Marie; Sœurs de la Charité; Sœurs de la Présentation; Sœurs de l'Enfant-Jésus; Sœurs de l'Immaculée-Conception; Ursulines; Victimes du Sacré-Cœur.

A la suite de cette première exécution des congrégations religieuses de femmes, premier acte de leur douloureux

(1) *L'Exode des Congrégations*, par FÉNELON GIBON. Extrait de la *Quinzaine* du 1er avril 1903; 0.20 centimes l'exemplaire; en vente chez l'auteur, 199, rue de Vaugirard, Paris-XVe.

exode, voici la série des hécatombes qui complètent et vont consommer leur martyrologe :

2.700 établissements qui avaient présenté des demandes d'autorisation tardives, presque toutes rejetées depuis le 1er janvier 1903.

6.000 établissements qui ont fait des demandes d'autorisation en temps utile, mais dont les arrêtés pris par M. Combes ont eu généralement raison.

La loi de 1904, portant suppression de l'enseignement congréganiste, achève l'œuvre d'égorgement de toutes les congrégations de femmes, qu'elles soient autorisées ou non autorisées.

Depuis la dispersion, la suppression ou l'exil des congrégations enseignantes, un très grand nombre de séculières — et nous ne saurions trop les en louer — ont apporté le concours de leurs connaissances et de leur dévouement à la conservation des écoles chrétiennes libres.

Nous croyons être utile à cette catégorie de femmes et de jeunes filles intelligentes et généreuses, en leur donnant des renseignements précis et aussi complets que le comporte cette étude.

Certificat d'aptitude pédagogique. — Beaucoup de bienfaiteurs d'écoles libres demandent à leurs directrices, en dehors des diplômes essentiels, ce certificat. Nous n'avons pas à en reprendre les conditions générales, exposées dans notre article précédent sur l'enseignement primaire public; il y a pourtant lieu d'y ajouter quelques lignes.

Ce certificat n'est pas présentement obligatoire, et, d'après le projet Chaumié, qui attend son tour de discussion devant le

Parlement, il serait appelé à disparaître, en même temps que les brevets, en 1907 ; mais ce projet de loi stipule très formellement que les institutrices libres, comme les institutrices publiques, conserveront les droits conférés par ce certificat. Il est donc essentiel d'encourager les institutrices libres à s'en pourvoir, d'autant plus que le travail de préparation à l'examen du certificat d'aptitude pédagogique contribue excellemment à leur formation.

A ce point de vue essentiel, on conçoit que ce certificat leur soit demandé par les personnes qui les engagent.

Déclaration d'ouverture. — L'institutrice, une fois agréée par les fondateurs de l'école libre, a le devoir de faire sa déclaration au maire de la commune et de lui remettre un plan du local scolaire, et cela, soit que l'école se trouve déjà fondée, soit qu'elle succède à une autre directrice.

Le maire doit immédiatement lui délivrer un récépissé de sa déclaration. Cette déclaration est inscrite sur un registre spécial et signée par la déclarante et par le maire, qui en fait immédiatement établir quatre copies sur papier libre : une pour être affichée durant un mois à la porte de la mairie où elle demeure, une pour être adressée au préfet, une autre au procureur de la République, la dernière, à l'inspecteur d'Académie. A cette dernière doivent être joints l'extrait de naissance de l'institutrice, ses diplômes, l'extrait de son casier judiciaire (demandé au greffier du Tribunal civil de l'arrondissement où elle est née), l'indication des lieux où elle a résidé ou des professions qu'elle a exercées pendant les dix années précédentes, et le plan des locaux de l'établissement. L'inspecteur d'Académie donne à l'institutrice un récépissé de toutes ces pièces, portant la date du jour où il est remis, et aussi du jour où la déclaration, accompagnée de toutes les pièces légales, a été déposée dans les bureaux de l'inspection académique.

Si aucune opposition ne s'est produite, l'école est ouverte, sans autre formalité, un mois après la déclaration. Le maire a dû avertir la déclarante par lettre huit jours après la déclaration, s'il formait opposition, ou non, à l'ouverture de l'école. Cette opposition ne pourrait être formée que si le local n'était pas jugé convenable, dans l'intérêt des bonnes mœurs ou de l'hygiène. Il avertit en même temps l'inspecteur d'Académie. Celui-ci peut aussi faire opposition pour une raison d'hygiène, de moralité ou d'ordre public.

S'il y a opposition, l'école ne peut être ouverte avant le jugement du Conseil départemental, et, s'il y a lieu, le jugement en appel du Conseil supérieur de l'instruction publique.

*
* *

Nomination. — Les institutrices libres, directrices ou adjointes, sont choisies et nommées, soit par MM. les curés, soit par les fondateurs ou bienfaiteurs des écoles chrétiennes. — Il s'est formé, dans ces derniers temps, beaucoup d'associations scolaires de pères de famille. Il est à désirer que, conformément au vœu émis par le Congrès de Lyon en septembre 1904, ces associations, dont la base est si judicieusement établie, prennent une part active au choix des institutrices de nos écoles libres.

Le moment est venu de signaler, avec quelques développements, les principaux *groupements d'institutrices*, *associa-*

tions ou syndicats (1), qui se sont formés, en ces dernières années, pour favoriser le recrutement des maîtresses des écoles chrétiennes.

A Paris, les Associations qui ont le plus activement contribué au recrutement du personnel féminin des écoles libres sont :

L'*Union catholique des Dames de l'enseignement libre*, 30, rue du Cherche-Midi ;

Le *Pensionnat Normal du Sacré-Cœur*, 22 bis, rue Norvins ;

Le *Syndicat des Institutrices privées*, 14, rue de l'Abbaye.

***

L'Union catholique des Dames de l'enseignement libre, définitivement constituée à la suite de l'Exposition universelle de 1900, fut, dans le principe, une Association pédagogique pour l'étude des questions d'enseignement et d'éducation. Elle fut amenée, sous l'empire des événements, à élargir le champ de son initiative : elle devint une Association professionnelle qui, présentement, vient en aide à ses adhérentes en favorisant la fondation, l'organisation et le fonctionnement des écoles libres, au moyen d'institutrices laïques chrétiennes.

Centre autorisé d'informations sûres et désintéressées, elle prête son précieux et très actif concours aux écoles libres, soit en recrutant le personnel nécessaire, soit en formant et soutenant ce personnel.

Elle a établi à Paris, au siège de l'Association, un comité

(1) Il existe aussi, à notre connaissance, des syndicats d'institutrices libres à Lyon, à Toulouse, à Montpellier, à Cognac, à Ernée (Mayenne).

central. Ce comité reçoit, d'une part, les demandes des comités ou propriétaires d'écoles libres qui désirent avoir des directrices et des adjointes offrant de sérieuses garanties morales et réunissant d'ailleurs les conditions légales pour ouvrir une école et faire une classe. D'autre part, il centralise les offres de services des institutrices de profession ou des personnes catholiques, munies de brevet et de nationalité française, qui auraient le désir de se dévouer dans les écoles libres (1).

Le Comité central donne aussi toutes les indications nécessaires pour remplir les formalités que comportent l'ouverture et l'administration des diverses sortes d'écoles libres. Enfin, il sert d'intermédiaire bénévole entre les fondateurs d'écoles et les directrices ou adjointes pour la fixation des conditions de vie et de traitement.

Les comités régionaux de l'Association, dont il sera parlé ci-après, exercent dans leur région la même action que le Comité central de Paris Ils lui viennent en aide, soit pour recueillir des renseignements sur les institutrices qui offrent leurs services, soit pour apprécier leurs aptitudes professionnelles, sans leur imposer un déplacement onéreux, soit même pour leur donner des instructions pratiques.

De fait, l'Union catholique des Dames de l'enseignement libre a placé, en ces quatre dernières années, plusieurs milliers d'institutrices dans nos écoles libres. Elle eut, pour première secrétaire générale, la très compétente Mlle E. Mesnager. Nous ne voulons offenser la modestie d'aucune des femmes de cœur

(1) Il demande trois lettres de référence aux personnes qui recourent à son office : 1° *Lettre* d'un ecclésiastique ; 2° lettre de la maison d'éducation qui les a élevées, ou bien où elles ont enseigné, et à défaut, lettre de notabilités, prenant la responsabilité de l'honorabilité de leurs familles.

qui se consacrent à cette œuvre ; mais elles nous permettront de dire que leur Union mérite de l'Eglise et de la France.

Au point de vue pédagogique, il y a lieu de l'associer à l'honneur qu'elle partage avec la *Commission diocésaine d'enseignement primaire* de l'archevêché de Paris, d'avoir organisé, pour le personnel enseignant des écoles libres de filles de ce diocèse, les conférences préparatoires au certificat d'aptitude pédagogique, sur lequel nous ne saurions trop retenir l'attention de nos lectrices.

On nous permettra de reproduire ici les lignes que nous consacrions dans le *Bulletin* de mars 1904 *de la Société générale d'éducation et d'enseignement* (1), à la préparation au certificat d'aptitude pédagogique :

« Le Conseil de l'Union catholique des Dames de l'Enseignement libre, très au courant des conditions de vie de l'institutrice, comprit tout de suite qu'il ne pouvait être question d'organiser un cours méthodique et suivi de pédagogie. On avait affaire à des maîtresses en exercice, ne disposant, chaque semaine, que d'un temps très limité, ayant besoin de se réserver, en dehors des conférences, quelques heures de réflexion, soit pour traiter les sujets de devoirs, soit pour compléter leurs notes de cours par des lectures personnelles. Il fallait donc viser à une préparation toute pratique de l'examen.

« D'autre part, l'examen ne comportant aucun programme précis, il fallait aussi en donner une idée exacte, en déterminer les conditions, le genre, la forme qu'il convient d'y prendre de préférence, pour la composition écrite ou dans l'épreuve

(1) 35, rue de Grenelle.

orale, et, chose délicate, en prévision de cet examen, ramener à des notions de psychologie et de morale purement naturelles un personnel d'institutrices qui, à bon droit, dans son enseignement journalier, s'appuie sur les principes supérieurs et traditionnels de la foi catholique.

« Pour toutes ces raisons, l'Union catholique préféra au dévouement sans doute compétent d'une directrice de l'enseignement libre l'expérience d'un homme — qu'on nous pardonne ce mot — du métier. Elle fit appel au concours d'un inspecteur primaire honoraire qui, dans sa longue carrière, avait eu maintes occasions d'apprécier le fort et le faible de l'enseignement libre et qui, à titre d'ancien directeur d'école normale, avait une pratique consommée de l'examen qu'il s'agissait de préparer.

« La première conférence fut annoncée pour le premier jeudi du mois de décembre 1903. Elle devait avoir lieu au siège de l'Union catholique, rue du Cherche-Midi, 30.

« Quatre jours après son ouverture, la liste d'inscription comprenait déjà plus de cent soixante-dix noms d'institutrices, religieuses ou laïques. Il fallut se mettre aussitôt à la recherche d'une salle plus spacieuse que celle de l'Union catholique.

« Le choix du Comité se fixa sur la grande salle de la Société générale d'Acclimatation, rue de Lille, qui pouvait contenir deux cents personnes. Le succès de la première réunion dépassa les prévisions. Ce fut devant un magnifique auditoire de deux cent cinquante institutrices, que le conférencier commença ses causeries pédagogiques. Parmi ses auditeurs, un bon nombre appartenait aux diverses Congrégations enseignantes du diocèse de Paris. C'était un spectacle à la fois pittoresque et édifiant, de voir, du haut de la tribune, ces blanches coiffes de religieuses, mêlées et confondues avec les maîtresses laïques, toutes unies dans un même labeur et dans une pensée commune, pour la défense de l'enseignement chrétien.

« Depuis lors, malgré la mauvaise saison, deux fois par mois, dans l'après-midi des premiers et troisièmes jeudis, le même auditoire s'est retrouvé aussi nombreux, aussi attentif, aussi empressé aux leçons toutes pratiques du conférencier.

« Au mois de janvier 1904, la salle de la rue de Lille cessa d'exister. La Société anonyme d'enseignement complet venait d'ouvrir l'Institut normal libre de la Madeleine, 16, rue de la Ville-l'Evêque. Elle accueillit avec bienveillance les offres de l'Union catholique des Dames de l'Enseignement libre qui prit possession, pour les conférences pédagogiques, de la grande salle du nouvel Institut.

« C'est là qu'ont lieu désormais, aux mêmes jours, les réunions préparatoires au certificat d'aptitude pédagogique.

« Elles sont de plus en plus, pour le distingué conférencier, le sujet d'observations pratiques, un éveil d'idées, un échange de vues sur les questions d'enseignement. Elles comportent bien une partie théorique dont les points essentiels sont dictés. Mais l'exposé des sujets à traiter par écrit, la correction des devoirs, les interrogations, les réponses aux questions des institutrices sont autant d'occasions qui permettent au conférencier de devenir vrai professeur de classe et de faire une classe pleine d'intérêt.

« Il faut croire que l'intérêt est réel, puisqu'il n'attire pas seulement les maîtresses des écoles du diocèse de Paris. Nous savons qu'un groupe important d'institutrices n'hésite pas à venir de localités assez éloignées des départements de Seine-et-Oise et de Seine-et-Marne. Nous savons aussi que, de son côté, le conférencier a retrouvé, dans son auditoire, les fortes et précieuses qualités éducatives qui honorent l'enseignement chrétien et qui justifient la confiance des familles.

« Ces qualités, nous nous empressons de le reconnaître, ne peuvent que gagner à l'initiation de méthodes d'enseignement dont il serait injuste de méconnaître la valeur.

« De fait, c'est la conséquence avantageuse qu'il nous faut retirer, au profit de nos écoles libres, de l'obligation éventuelle du certificat d'aptitude pédagogique.

« La *Commission d'enseignement primaire du diocèse de Paris* a su donner en cela un excellent exemple de prévoyance et d'initiative. Nous avons la confiance que cet exemple sera suivi.

« Mais nous exprimons le vœu que, pour se faire aider, d'autres organisations diocésaines ou régionales aient une association professionnelle du personnel enseignant qui puisse, comme à Paris, l'*Union catholique des Dames de l'enseignement libre*, publier, dans un bulletin mensuel, le compte rendu des conférences pédagogiques et en apporter l'utile écho aux maîtres et maîtresses qui se dévouent loin des grands centres, dans une école de campagne, pour le maintien de l'enseignement chrétien. »

Terminons le résumé des services rendus par l'*Union catholique* en ajoutant qu'elle ne perd pas de vue les intérêts matériels et l'avenir de ses adhérentes. Dès à présent, elle encourage chacune d'elles, au moment de son admission, à prendre un livret à la caisse nationale des retraites pour la vieillesse et à s'assurer ainsi, par soi-même, une pension de retraite (1).

***

Le *Pensionnat Normal du Sacré-Cœur pour la formation d'institutrices chrétiennes* est une annexe de cet Institut normal catholique qui, depuis cinquante ans, a donné à la société des jeunes filles véritablement instruites et noblement élevées.

Destiné uniquement aux aspirantes à la carrière de l'enseignement, le Pensionnat Normal a pour fin de donner aux jeunes personnes qui, par attrait ou par nécessité de position, aspirent à devenir de bonnes institutrices chrétiennes, une complète et consciencieuse formation morale, intellectuelle et professionnelle.

Les élèves y sont préparées, soit aux emplois multiples des maisons d'éducation de tous les degrés, soit à remplir la délicate fonction d'institutrice particulière, de préceptrice, auprès des jeunes filles ou même des jeunes garçons.

Les programmes d'études comportent, avant tout, cet ensemble de connaissances solides, étendues et variées, acquises lentement et progressivement, qui constituent une sérieuse instruction. Sur cette base s'édifie sans peine la préparation aux divers examens.

Les élèves du Pensionnat Normal sont donc mises en

(1) Pour la notice et tous renseignements sur cette œuvre, s'adresser soit au siège de l'*Union catholique*, 30, rue du Cherche-Midi, soit à M. l'abbé Lapalme, secrétaire général de l'archevêché, président de l'association, 127, rue de Grenelle, à Paris.

mesure, selon la carrière particulière qu'elles poursuivent, d'obtenir successivement les différents diplômes, certificats, brevets qui ouvrent légalement la carrière de l'enseignement à tous les degrés, et ceux qui donnent à leurs études religieuses et professionnelles la sanction de l'Eglise.

Toute la formation intellectuelle et professionnelle a pour base une foi ferme, une instruction religieuse approfondie, une piété éclairée, une vie simple et laborieuse.

Les directrices d'institutions, les institutrices particulières, les aspirantes qui s'adresseront au Pensionnat Normal pour en recevoir aide ou conseils, peuvent compter que les directrices s'efforceront de toute manière de leur être utiles : soit en envoyant aux maisons le programme d'un ou plusieurs cours par correspondance, soit en recevant aux cours, ou en admettant au pensionnat, pour un séjour plus ou moins prolongé, les sujets qu'on voudrait bien leur confier.

Un externat ou école d'application est annexé au Pensionnat Normal. Nous recommandons en toute confiance une institution qui a la consécration de l'expérience et qui a l'autorité de grands services rendus (1).

Mais, on ne peut pas souvent organiser des écoles normales qui sont extrêmement coûteuses et exigent un personnel considérable. Des cours normaux, annexés à des écoles ou à des pensionnats florissants, seront, maintes fois, tout ce qu'il sera possible de former comme pépinières des institutrices libres.

(1) Pour les programmes d'études, les renseignements, les demandes d'admission et, en général, tout ce qui concerne le Pensionnat Normal, s'adresser à la directrice, 22 *bis*, rue Norvins.

*
* *

C'est un privilège des Syndicats que d'assurer la formation et le perfectionnement de leurs membres, en leur ouvrant des cours professionnels.

Le *Syndicat des Institutrices privées* offre gratuitement à ses adhérentes un cours de préparation au certificat d'aptitude pédagogique, des cours de psychologie, d'histoire, de géographie, de littérature, de mathématiques, de sciences physiques et naturelles, de langues étrangères, de dessin, qui sont à la fois des cours de perfectionnement et une préparation au brevet supérieur. De distingués professeurs distribuent cet enseignement. Elles ont des conférences de haut enseignement religieux. Le droit d'avoir un bureau de placement est une des prérogatives essentielles des Syndicats. Le Syndicat que nous recommandons ici a placé un grand nombre d'institutrices. Enfin, les institutrices qui en font partie peuvent suivre des cours de comptabilité, de musique vocale et instrumentale, de peinture, de sténo-dactylographie, d'enseignement ménager.

*
* *

Que l'on nous permette sur l'*enseignement ménager* une digression qui, d'ailleurs, ne nous écarte pas sensiblement de notre sujet, et même, qui nous y ramène.

Il est certain que, par suite de la suppression d'un grand nombre d'écoles libres de filles, nous compterons de plus en plus de villages n'ayant qu'une école mixte dirigée par un instituteur, ou possédant une école laïques de filles. Il devient doublement utile, dans ces conditions nouvelles, de créer des œuvres post-scolaires, afin de donner un but au dévouement des Sœurs, et des ressources pour vivre à celles qui, religieuses ou sécularisées, n'en ont pas.

Pour parer à cette situation, on pourrait louer tout simplement une maison de paysans, qui est le cadre propre d'une organisation de ce genre, y installer deux ou trois maîtresses ; l'une, pour une garderie d'enfants jusqu'à cinq ans, afin de permettre aux mères d'aller travailler aux champs, et aussi afin d'apprendre aux enfants le nom de Dieu, leurs prières, et d'ouvrir leur cœur au sens du surnaturel. Les autres maîtresses apprendraient aux enfants plus grands le catéchisme, le jeudi et le dimanche, les prépareraient à la première Communion, dirigeraient les exercices de persévérance, les patronages, etc. ; puis, prenant les jeunes filles dès treize ans à l'école ménagère, développeraient la bonne influence religieuse qui serait ainsi conservée à ces futures mères de famille. — On ajouterait, à cette organisation si simple, un jardin potager et des animaux domestiques qui serviraient à la pratique de l'enseignement ménager et à l'entretien des Sœurs dans une certaine mesure.

Combien de familles, dans les plus pauvres hameaux, seraient heureuses d'y aider, trouvant là aussi une Sœur pour soigner leurs malades si souvent éloignés d'un médecin !

Quelle ne sera pas l'influence chrétienne des jeunes filles ainsi élevées, sur leur père, leurs frères et plus tard sur leur mari, dans la lutte contre le matérialisme qui menace d'envahir notre patrie, si féconde en dévouements et qui a donné tant de saints au ciel ! Elles lui conserveront sa foi, combattue aujourd'hui par des journaux populaires qui la tournent en ridicule pour la détruire.

Quant à la question pratique de l'enseignement ménager, le cours normal, ouvert, 3 *bis*, rue de l'Abbaye, à Paris, si récent qu'il soit, est digne d'être proposé comme un modèle, pour former les maîtresses. Il a décerné vingt-un diplômes jusqu'ici.

L'œuvre de l'enseignement ménager se complète par des cours privés pour les jeunes filles ou femmes du monde, par un enseignement pour la classe ouvrière.

Les jeunes filles du monde acquièrent ainsi un utile complément d'éducation : la connaissance de la loi du travail et la nécessité sociale d'un lien entre les personnes aisées et la classe ouvrière.

La troisième branche de l'œuvre, comprenant des cours ménagers pour la classe ouvrière, se justifie d'elle-même. Le relèvement moral de la classe ouvrière est obtenu par l'amélioration de sa situation matérielle, et la jeune fille élevée dans nos écoles chrétiennes sera d'autant plus recherchée par l'honnête ouvrier qu'elle s'annoncera bonne ménagère et fera présager une sage entente du bonheur du foyer et des intérêts domestiques.

***

TRAITEMENTS ET AVANTAGES

Les institutrices libres qui se sont offertes à continuer l'œuvre des Religieuses, et, par conséquent, à conserver à nos enfants l'incomparable bienfait de l'éducation chrétienne, savent qu'elles entreprennent, avant tout, une mission de dévouement. Le premier mouvement des comités, des fondateurs et des propriétaires d'écoles libres a été de « courir au feu » et de pourvoir au remplacement des congréganistes par des maîtresses séculières et chrétiennes. Cependant, il importe à l'avenir même des écoles libres, il est de l'intérêt très respectable des maîtresses que ces écoles leur assurent des moyens suffisants d'existence.

La question des traitements est essentiellement délicate, en une matière où le dévouement exerce une si prépondérante influence. Il convient, pourtant, de donner à cet égard quelques indications.

Au *Syndicat des institutrices privées*, les conditions habituelles des engagements sont : 1° Pour la province, 1.000 à 1.200 francs pour les directrices, logement compris ; 800 à 900 francs pour les adjointes, logement compris. Quelques débutantes, très jeunes, acceptent 750 francs pour la classe enfantine ; 2° à Paris, la rétribution des directrices va de 1.500 à 1.800 francs ; celle des adjointes de 1.000 à 1.200 francs (logées ou avec indemnité de logement).

Que l'on compare ces traitements à ceux des institutrices de l'Etat, et l'on se convaincra que non seulement les institutrices libres ne peuvent être taxées de prétentions exagérées, mais encore qu'elles ont droit à nos respects et à notre admiration pour les sacrifices au-devant desquels elles marchent avec une inlassable générosité : elles placent à fonds perdus sur le Paradis !

Mais, que deviendrait l'enseignement libre pour ces maîtresses dévouées et éclairées, si elles restaient dans l'isolement ? Telle directrice n'est-elle pas une jeune fille du monde qui n'avait jamais demandé à l'examen du brevet que d'être une sanction d'études, et qui n'avait jamais enseigné ? Telle autre ne donnait-elle pas des leçons particulières, sans avoir jamais fait de classe ? Telles autres encore ne se sont-elles pas trouvées promues, par le fait des événements, de la petite classe à la grande, et à la direction de l'école ?

La nécessité s'impose de maintenir l'unité dans l'enseignement libre avec des éléments aussi divers et qui n'ont plus, comme les congrégations, la direction de la maison-mère.

Répondent à ces préoccupations, à ces intérêts d'un ordre si élevé les divers groupements d'institutrices qui se sont formés : associations diocésaines ou régionales, syndicats, etc., pour leur permettre de se concerter, se renseigner, s'améliorer moralement et s'assurer, constituer des caisses de secours mutuels, etc. (1).

Nous avons signalé les principales de ces associations formées à Paris. Il s'en forme beaucoup en province, qui mériteraient certainement d'être mentionnées, et la *Société générale d'éducation et d'enseignement*, 35, rue de Grenelle, se fait un devoir d'être le trait d'union entre elles : cette mission est à la fois dans ses statuts et dans ses traditions.

Les associations et syndicats ne groupent pas seulement les institutrices des écoles primaires. Ils comptent aussi parmi leurs membres des directrices et maîtresses adjointes de cours et de pensionnats.

Le brevet supérieur est souvent demandé à ces jeunes filles,

(1) Au Syndicat des institutrices privées, elles peuvent trouver dans un dispensaire consultations de médecins et médicaments.

et il est nécessaire à celles qui font la classe aux enfants de plus de treize ans.

La suppression du brevet supérieur est résolue par le projet de loi qu'a déposé M. Chaumié. Mais les institutrices qui en seront pourvues en 1907 conserveront leurs droits, c'est-à-dire la faculté de diriger une école primaire avec cours complémentaire, ou de faire, comme maîtresse de classe, un cours complémentaire.

*
* *

Il nous reste quelques mots à dire des *institutrices particulières.*

Les familles sont naturellement libres de choisir leurs institutrices comme il leur convient.

Quelques-unes n'exigent même pas le brevet élémentaire dès que les garanties de moralité, de capacité et de bonne éducation leur sont assurées par de sérieuses recommandations.

Nous nous permettrons de recommander à toute femme de n'aborder l'enseignement que sous la condition d'être pourvue de ce modeste diplôme et d'engager les familles à en exiger la production.

Quelques familles exigent le brevet supérieur ou lui donnent la préférence.

Mais les langues vivantes deviennent indispensables aux institutrices particulières. Bien des familles demandent à la fois l'anglais et l'allemand ; presque toutes demandent l'une de ces deux langues ; d'autres exigent la musique ou le dessin, et même un peu de latin, pour commencer les petits garçons.

On le voit, les exigences imposées aux institutrices particulières sont nombreuses. En compensation, une institutrice particulière peut gagner de 1.000 à 2.000 francs par an, à demeure ; elle est habituellement défrayée de toutes dépenses, au moins à la campagne. Pendant les mois de séjour à Paris, l'institutrice particulière n'est pas toujours logée, et elle doit parfois pourvoir à sa nourriture, au moins pour l'un de ses repas.

---

§ 14.

Enseignement secondaire des Jeunes filles.

Nous divisons la présente étude en deux sections, l'une consacrée aux Cours secondaires, Lycées et Collèges de filles, l'autre réservée à l'enseignement secondaire libre, qui appelle toutes nos prédilections et mérite notre respect.

SECTION I

LYCÉES ET COLLÈGES DE FILLES

C'est la loi du 21 décembre 1880 qui régit l'enseignement secondaire public des jeunes filles. Cet enseignement, comme l'a dit excellement Mgr Perraud, le cardinal-évêque d'Autun,

« prétend mettre la main sur l'enseignement secondaire des filles qui appartiennent à la bourgeoisie, au commerce, à la classe des gros fermiers et des agriculteurs aisés, en mettant à leur portée des établissements où l'appât d'études libérales de programmes compliqués et fastueux, compenserait pour les parents peu scrupuleux ou inattentifs l'absence systématique d'instruction religieuse. » M. Jules Ferry qualifiait courtoisement la clientèle qui reçoit cet enseignement de « petites demoiselles de Lycée ».

*
* *

Les Cours secondaires, pépinières des Lycées et Collèges de filles. — Ces établissements provisoires constituent, en quelque sorte, des instruments de recherche qui permettent de sonder le terrain dans chaque localité, avant d'y fonder définitivement l'enseignement préconisé par M. Camille Sée. C'est par les cours secondaires que l'on a commencé à implanter cet enseignement qui compte déjà un quart de siècle d'existence : on peut les suspendre sans grand inconvénient, quand ils n'ont pas le succès que l'on en attendait ; on les transforme en établissements réguliers, quand ils répondent à l'attente des administrations locales et de l'autorité universitaire. Lorsque l'épreuve a réussi, il est, en effet, indiqué de ne pas maintenir plus longtemps une situation provisoire qui n'assure pas l'avenir, puisqu'au début de chaque année classique l'existence des cours secondaires n'est garantie que pour un an par la Ville et par l'Etat.

Reliés entre eux sous l'autorité d'un directeur ou d'une directrice qui assure l'unité de l'enseignement, s'occupe des questions administratives, surveille l'éducation des élèves et se tient en rapport avec les familles, ces cours comprennent des classes primaires et des années secondaires. Dans ces dernières, on se conforme au plan d'études, autant que possible. L'enseignement, régulier et méthodique, est donné par des professeurs-hommes ou par des maîtresses qui connaissent leurs élèves, les interrogent en classe, corrigent leurs devoirs, leur font faire des compositions et surveillent leur travail à la salle d'étude. La plupart de ces cours sont installés dans des bâtiments uniquement affectés à leur usage et possèdent, en général, une cour et un jardin pour lès récréations; leurs budgets et leurs comptes sont arrêtés par le ministre ; s'il y a un excédent de recette, la Ville et l'Etat s'entendent pour employer le boni à l'accroissement des collections scientifiques et littéraires.

Les cours secondaires ont donc une organisation, un programme, un personnel, un local, un matériel d'enseignement. Ceux qui sont ainsi constitués sont administrés et fonctionnent à peu près comme les collèges communaux. Toutes les améliorations que comporte leur développement, tant au point de vue de l'enseignement qu'à celui du matériel, sont réalisées d'un commun accord entre l'autorité universitaire et les Conseils municipaux, qui partagent d'ordinaire par moitié, la partie de l'augmentation de dépense non couverte par l'accroissement des recettes sur les familles. Aussi, quand le chef de l'Académie juge le moment venu d'assurer l'avenir des cours par leur transformation en établissement régulier, la bonne volonté de la ville intéressée est généralement acquise à sa proposition ; l'assemblée communale vote avec confiance les engagements exigés par la loi (1), et l'enseignement secondaire des jeunes filles ne tarde pas à compter un nouveau Collège ou un nouveau Lycée.

Depuis l'année 1879 jusqu'au mois de janvier 1887, — les statistiques officielles que nous avons consultées s'arrêtent à cette date, — cent quarante-neuf établissements divers ont reçu de l'Etat le nom de cours secondaires de Jeunes filles ou ont été autorisés par lui à prendre ce titre.

A l'origine, ces établissements étaient à peu près exclusivement, ou des institutions libres encouragées par les villes et le gouvernement, ou des associations de professeurs subventionnées par les caisses municipales et le Trésor public.

On s'aperçut bientôt que ces deux genres de cours secondaires étaient difficiles à développer et à faire durer. Il y avait donc lieu de craindre un insuccès analogue à celui des anciens Cours fondés sous le ministère Duruy en 1867 et en 1868.

Des essais heureux, tentés sur divers points du territoire, démontrèrent, en 1881, qu'un moyen sûr de prévenir de nouveaux échecs consistait à créer, dans des locaux appartenant aux villes ou loués par elles, des établissements provisoires, destinés à être transformés en Lycées ou en Collèges, et où l'enseignement, non gratuit, comprendrait non seulement des années secondaires, mais encore des classes primaires, et serait

(1) Il ne faudrait pas prendre à la lettre ces assurances de sympathie des municipalités pour le nouvel enseignement. Nous lisons, en effet, dans *l'Enseignement secondaire des Jeunes filles*, Revue qui exalte cet enseignement, que, sur cent quarante-neuf cours secondaires reconnus par l'Etat en 1887, cinq sont redevenus des institutions libres, trente-un ont été entièrement supprimés soit par des municipalités défavorables, soit par l'Etat, soit par des associations de professeurs qui reconnaissaient que ces institutions végétaient. (Livraison du 15 février 1905, pp. 77-78.)

donné en partie par des dames et en partie par des professeurs hommes.

Les cours, créés ou réorganisés sous cette nouvelle forme, ont presque tous prospéré. Quant à ceux pour lesquels on avait adopté ou maintenu l'une des deux autres formes — association de professeurs ou institution libre subventionnée, — ils ont, en général, peu réussi.

De là, deux causes de diminution du nombre des cours : les uns font place, peu à peu, aux établissements réguliers dont ils ont été le noyau ; les autres disparaissent tout à fait.

Sur les 149 Cours secondaires reconnus par l'Etat de 1879 à 1887, 76 subsistent encore ; 73 ont cessé d'exister. Parmi ces derniers — nous avons publié en note, ci-dessus, la raison de la disparition de 36 d'entre eux — 37 ont été transformés :

11 en lycées (Amiens, Besançon, Bordeaux, Montauban, Montpellier, Moulins, Nantes, Niort, Roanne, Toulouse, Tournon) ;

15 en collèges (Abbeville, Agen, Albi, Armentières, Auxerre, Béziers, Cambrai, Chalon-sur-Saône, Chartres, la Fère, Lille, Lons-le-Saunier, Saumur, Tarbes, Vitry-le-François) ;

11 en écoles primaires supérieures ou en cours complémentaires d'enseignement primaire supérieur (Alençon, Bar-le-Duc, Beaune, Bléneau, Château-Thierry, Dijon, Fontenay-le-Comte, Joigny, Poitiers, Roubaix, Vannes).

Il a semblé intéressant de résumer ici l'organisation des cours d'enseignement secondaire : ils nous donnent la genèse de ces Lycées et Collèges, dont beaucoup de jeunes filles atteignent ou atteindront la licence avant leurs frères !

*
* *

EXAMENS ET EMPLOIS

Deux ordres de diplômes ouvrent la carrière de l'enseignement dans les Lycées et Collèges : l'agrégation de l'enseignement secondaire des Jeunes filles ; le certificat d'aptitude à l'enseignement secondaire des jeunes filles. — Nous n'avons pas à revenir sur le certificat d'aptitude à l'enseignement des langues vivantes : allemand, anglais, italien, espagnol. Nous avons indiqué les conditions de cet examen à la page 148.

Agrégation de l'enseignement secondaire des jeunes filles. — Un concours a lieu chaque année pour l'agrégation de l'enseignement secondaire des jeunes filles dans l'*ordre des lettres* et dans l'*ordre des sciences.*

La date du concours est fixée par arrêté ministériel.

Pour prendre part aux épreuves du concours, les aspirantes doivent être pourvues, depuis un an au moins, soit d'un des certificats d'aptitude à l'enseignement secondaire des jeunes filles, soit d'une des licences ès lettres ou ès sciences.

Les inscriptions sont reçues au secrétariat des académies.

Les aspirantes doivent produire en s'inscrivant : 1° leur acte de naissance ; 2° l'un des diplômes ci-dessus spécifiés ; 3° une notice individuelle.

Elles font connaître en même temps si elles se présentent pour les lettres ou pour les sciences et sur quelle langue vivante elles désirent être interrogées.

La liste des aspirantes est arrêtée par le ministre.

L'examen comprend des épreuves *écrites* et des épreuves

orales. — Les épreuves écrites sont éliminatoires. Elles se font au chef-lieu de chaque académie. Deux compositions écrites ne peuvent avoir lieu le même jour. — Les épreuves orales sont subies à Paris. — Toutes les épreuves, écrites et orales, concourent au classement définitif.

Il est attribué à chaque aspirante, pour chacune des épreuves écrites, une note distincte, établie d'après les coefficients fixés chaque année, par décision ministérielle, avant le 1er octobre. D'après le résultat de ces épreuves, le jury dresse une liste des aspirantes admises à prendre part aux épreuves orales. La liste, transmise au ministre et publiée immédiatement après les opérations du jury, est établie par ordre alphabétique.

Il est attribué à chaque aspirante, pour chacune des épreuves orales, une note distincte, établie d'après les coefficients fixés chaque année, par décision ministérielle, avant le 1er octobre. D'après le résultat de ces épreuves, combiné avec celui des épreuves écrites, le jury dresse, par ordre de mérite, la liste des aspirantes qu'il propose pour le titre d'agrégée :

1° Ordre des lettres. L'agrégation pour cet ordre comprend deux sections : la section littéraire, la section historique ;

2° Ordre des sciences. L'agrégation pour cet ordre comprend deux sections : la section des sciences mathématiques, la section des sciences physiques et naturelles.

Un arrêté ministériel détermine, chaque année, les parties du programme de l'enseignement secondaire des jeunes filles, ainsi que les listes d'auteurs, d'où seront tirés les sujets des épreuves écrites et orales.

Les sujets de leçons et les textes à expliquer sont tirés au sort.

Dans les diverses épreuves orales, le jury tient compte de la diction.

Certificat d'aptitude à l'enseignement secondaire des jeunes filles. — Une session d'examens a lieu chaque année pour la délivrance du certificat d'aptitude à l'enseignement secondaire des jeunes filles dans l'*ordre des lettres* et dans l'*ordre des sciences.*

Pour se présenter à ces examens, les aspirantes doivent produire soit le diplôme de fin d'études secondaires des jeunes filles, soit un diplôme de bachelier, soit le brevet supérieur de l'enseignement primaire.

Les examens ont lieu à la fin de l'année scolaire ; la date en est fixée par le ministre.

Les inscriptions sont reçues au secrétariat des académies.

Les aspirantes produisent en s'inscrivant : 1° leur acte de naissance, constatant qu'elles ont vingt ans accomplis au 1er juillet de l'année où elles se présentent ; 2° l'un des diplômes ci-dessus spécifiés ; 3° une notice individuelle.

Elles font connaître en même temps si elles se présentent pour les lettres ou pour les sciences et sur quelle langue vivante elles désirent être interrogées.

L'examen comprend des épreuves écrites et des épreuves orales.

Les épreuves écrites sont éliminatoires. Elles se font au chef-lieu de chaque académie. Deux compositions ne peuvent avoir lieu le même jour.

Les épreuves orales sont subies à Paris.

Toutes les épreuves, écrites et orales, concourent au classement définitif.

Il est attribué à chaque aspirante, pour chacune des épreuves écrites, une note distincte, établie d'après les coefficients fixés chaque année par décision ministérielle, avant le 1er octobre. D'après le résultat de ces épreuves, le jury dresse une liste des aspirantes admises à prendre part aux épreuves orales. La liste, transmise au ministre et publiée immédiatement après les opérations du jury, est établie par ordre alphabétique.

Il est attribué à chaque aspirante, pour chacune des épreuves orales, une note distincte, établie d'après les coefficients fixés chaque année, par décision ministérielle, avant le 1er octobre. D'après le résultat de ces épreuves, combiné avec celui des épreuves écrites, le jury dresse, par ordre de mérite, la liste des aspirantes qu'il propose pour l'obtention du certificat d'aptitude.

1° ORDRE DES LETTRES

La nature et la durée des épreuves dans l'*ordre des lettres* sont déterminées ainsi qu'il suit :

ÉPREUVES ÉCRITES

1° Composition sur un sujet de littérature ou de langue française. — (Durée maximum de l'épreuve : quatre heures.)

2° Composition sur un sujet de morale ou de psychologie appliquées à l'éducation. — (*Idem.*)

3° Compostition d'histoire. — (*Idem.*)

4° Composition sur les langues vivantes (allemand, anglais, italien ou espagnol, thème et version). — (*Idem.*)

ÉPREUVES ORALES

1° Lecture d'un texte français, avec commentaire historique, grammatical et littéraire. — (Durée maximum de l'épreuve : une demi-heure. — Temps pour la préparation en lieu clos : une heure.)

2° Exposé d'histoire ou de géographie (avec croquis au tableau s'il y a lieu). — (Durée maximum de l'épreuve : vingt minutes. — Temps pour la préparation en lieu clos : trois heures.)

(Sans autre secours qu'une chronologie désignée par le jury ou une carte muette.)

3° Interrogation sur celle de ces deux matières qui n'aura pas donné lieu à l'exposé. — (Durée maximum de l'épreuve : quinze minutes.)

(Il ne sera attribué qu'une seule note pour ces deux épreuves.)

4° Interrogation sur la morale et les méthodes d'éducation et d'enseignement. — (Durée maximum de l'épreuve : vingt minutes. — Temps pour la préparation en lieu clos : une heure.)

5° Explication, suivie des questions faites autant que possible dans la langue étrangère, d'un texte de langue vivante. — (*Idem.* — une demi-heure.)

Un arrêté ministériel détermine chaque année les parties du programme de l'enseignement secondaire des jeunes filles et les listes d'auteurs, d'où seront tirés les sujets des épreuves écrites et orales.

Les textes à expliquer, les sujets sur lesquels portent l'exposé d'histoire ou de géographie et les interrogations sont tirés au sort.

Dans les diverses épreuves orales, le jury tient compte de la diction.

2° ORDRE DES SCIENCES

La nature et la durée des épreuves dans l'*ordre des sciences* sont déterminées ainsi qu'il suit :

ÉPREUVES ÉCRITES

1° Une composition de mathématiques. — (Durée maximum de l'épreuve : quatre heures.)

2° Une composition de physique et de chimie. — (*Idem.*)

3° Une composition de sciences naturelles. — (*Idem.*)

4° Une composition sur un sujet de littérature ou de morale. — (*Idem.*)

ÉPREUVES ORALES

1° Questions sur les mathématiques. — (Durée maximum de l'épreuve : une demi-heure.)

2° Questions sur la physique et la chimie. — (*Idem.*)

3° Questions sur les sciences naturelles. — (*Idem.*)

4° Lecture expliquée d'un texte français. — (*Idem.*)

5° Explication, suivie de questions faites autant que possible dans la langue étrangère, d'un texte de langue vivante (allemand, anglais, italien ou espagnol). — (vingt minutes.)

Un arrêté ministériel détermine chaque année les parties du programme de l'enseignement secondaire des jeunes filles sur lesquelles porteront plus spécialement les épreuves écrites et orales, ainsi que les sujets à expliquer.

Dans les diverses épreuves orales, le jury tient compte de la diction.

Nous sommes amené à présenter une statistique, très condensée d'ailleurs, des divers établissements où se distribue l'enseignement secondaire public des jeunes filles, avant d'exposer les emplois répartis entre ces établissements.

Tous les lycées de jeunes filles sont de plein exercice, c'est-à-dire ont les cinq années secondaires, sauf celui de Niort, qui n'a que trois années, et ceux de Reims et Roanne, qui en ont une. Et encore le lycée de Roanne possède-t-il des cours complémentaires formant le noyau d'une cinquième année, qui sera créée prochainement.

Dans plusieurs lycées, certaines classes secondaires ont été sectionnées en deux ou trois divisions :

Dans huit lycées, on a pu organiser totalement ou partiellement la sixième année. A Fénelon, et aux lycées de Bordeaux, Lyon, Montpellier, Nantes et Toulouse, la sixième année compte deux sections, l'une littéraire, l'autre scientifique. Cette classe supérieure ne se compose, à Amiens, que d'une section littéraire, et à Montauban, d'une section scientifique.

Aucun des collèges de jeunes filles ne possède une sixième année. Mais neuf sont de plein exercice : Agen, Auxerre, Béziers, Cambrai, Grenoble, Lille, Lons-le-Saunier, Louhans, Tarbes ; la première année du collège d'Auxerre est dédoublée en deux divisions.

Les collèges d'Abbeville, Albi, Armentières, Chalon-sur-Saône, La Fère, Vic-Bigorre et Vitry-le-François ont quatre années secondaires. A Chartres et à Marseille, il n'y a que trois années complètement organisées ; dans cette dernière ville, on a constitué une partie des cours de quatrième année.

L'enseignement primaire est donné dans tous les lycées et collèges de jeunes filles, sauf à Auxerre où l'on manque de local. On a donc profité, partout où cela a été possible, de la faculté, accordée par le Conseil supérieur, d'instituer des classes primaires, dans les nouveaux établissements. Un lycée (Niort) et deux collèges (Chartres et Vic-Bigorre) n'ont encore qu'une seule classe primaire ; les autres établissements ont, en général, deux ou trois classes élémentaires, dans les collèges, et trois ou quatre, dans les lycées.

Le nombre des institutrices primaires est de cinquante-quatre dans les lycées et de quarante-neuf dans les collèges. Sur un total de cent trois maîtresses, trois (au lycée Fénelon) sont pourvues du certificat d'aptitude à l'enseignement secondaire. Bien que le brevet primaire élémentaire ait été déclaré suffisant, par le Règlement du 28 juillet 1884, pour les institutrices des lycées et collèges de jeunes filles, les cent autres maîtresses possèdent, pour la plupart, le brevet supérieur.

Les institutrices primaires sont fréquemment suppléées ou secondées dans leurs classes par les maîtresses répétitrices qui, aux termes du Règlement précité, participent obligatoirement à l'enseignement et doivent être pourvues du brevet supérieur. Les maîtresses répétitrices donnent aussi des leçons dans les années secondaires, particulièrement en première année ; plusieurs d'entre elles sont chargées des cours de couture et d'écriture. Elles sont au nombre de quatre-vingts (quarante-six dans les lycées et trente-quatre dans les collèges) ; ce nombre ne comprend pas cinq surveillantes générales et dix-sept maîtresses répétitrices stagiaires à l'économat. En conséquence, la surveillance est exercée, dans les lycées et collèges de jeunes filles, par cent deux personnes ; elles sont munies presque toutes du brevet supérieur, une surveillante générale (lycée Fénelon) est agrégée des lettres.

Dans les années secondaires, l'enseignement littéraire et scientifique est donné par les directrices, par des dames professeurs ou des maîtresses chargées de cours, et par des professeurs hommes faisant partie du personnel des lycées et des collèges de garçons.

La participation régulière des directrices à l'enseignement est prescrite par le règlement du 28 juillet 1904. Suivant l'importance des établissements, le nombre des heures de cours données, chaque semaine, par les directrices, varie de trois à six dans les lycées et de cinq à sept ou huit dans les collèges ; ces dames choisissent elles-mêmes les leçons qu'elles entendent se réserver ; un grand nombre d'entre elles se sont attribué les cours d'économie domestique.

Les grades possédés par les directrices de lycée et de collège sont indiqués ci-dessous :

Six sont agrégées : cinq des lettres (lycées Fénelon, lycée du Havre, de Niort, de Roanne, collège de Saumur) ; et une des sciences (lycée de Reims) ;

Quatre sont pourvues de la licence ès sciences (lycées d'Amiens et de Lyon) ou du certificat d'aptitude à l'enseignement des lettres (lycée de Montpellier, collège d'Abbeville) ;

Quatre sont bachelières : une ès lettres (lycée de Moulins) et trois ès sciences (collèges d'Albi, La Fère et Lons-le-Saunier).

Les vingt-une autres sont pourvues de brevets de l'enseignement primaire.

Il y a quatre-vingt-trois maîtresses de lettres (dont vingt-huit agrégées dans les lycées et une dans les collèges), cinquante-trois maîtresses de sciences (dont dix-sept agrégées dans les lycées et deux dans les collèges) et cinquante-deux maîtresses de langues vivantes (dont six agrégées dans les lycées). Sur le total de cent quatre-vingt-dix dames professeurs, trente-neuf seulement ne sont pas encore pourvues de grades élevés de l'enseignement secondaire : les cent cinquante-une autres sont agrégées ou possèdent le certificat d'aptitude au professorat des lycées et collèges de jeunes filles.

Les professeurs femmes ou maîtresses chargées de cours font, chacune, quinze ou seize leçons d'une heure par semaine.

Le nombre des cours secondaires dirigés par une dame s'accroît graduellement, les municipalités se rendant compte de mieux en mieux de l'utilité de placer une directrice à la tête de ces institutions provisoires. Actuellement, cinquante-trois cours ont une directrice, sur soixante-seize ; treize autres, sans avoir une directrice en titre, possèdent une dame qui en remplit un peu les fonctions, sous le nom de surveillante ou d'institutrice.

Le nombre des institutrices, maîtresses chargées de cours, et maîtresses surveillantes spécialement attachées à des cours secondaires, augmente progressivement. Il était de 165, en 1887. Si l'on ajoute ce chiffre à celui des 53 directrices, on constate que le personnel féminin se compose de 218 dames, en moyenne 3 par établissement. Les institutrices sont chargées des classes primaires et des leçons d'écriture dans les années secondaires. Les maîtresses chargées de cours donnent l'enseignement, concurremment avec les professeurs hommes, dans les années secondaires ; une quinzaine d'entre elles sont pourvues du certificat d'aptitude au professorat dans les collèges de jeunes filles, et 5 sont d'anciennes élèves de l'Ecole normale de Sèvres. Ces maîtresses surveillantes assistent aux leçons des professeurs hommes, font quelques cours de couture, de français et de calcul et dirigent, en dehors des heures de classe, le travail des élèves dans la salle d'étude.

Tout ce personnel administratif et enseignant des cours, bien que payé par les villes, est nommé directement par les chefs d'académie qui donnent chaque année, par arrêté spécial, les délégations nécessaires. Toutefois, par analogie avec la règle adoptée pour les lycées et les collèges, les recteurs s'entendent avec les municipalités pour le choix des directrices de cours secondaires ; le plus souvent, les maires laissent à l'autorité académique toute liberté à l'effet de pourvoir à ces choix.

Dans un assez grand nombre de villes, les professeurs et les municipalités avaient cru bien faire, pendant les années 1879-80 et 1880-1881, en fixant à 6 ou 7 mois par an la durée des cours, conformément aux vues exprimées dans la circulaire de M. Duruy en date du 30 octobre 1867. Mais on écartait ainsi beaucoup de jeunes filles dont les familles s'étonnaient de voir donner à leurs enfants des vacances de 4 à 5 mois ; il fallut faire comprendre aux autorités locales que l'intérêt de l'enseignement, non moins que la nécessité d'assurer le recrutement des élèves, exigeait que, pour les cours secondaires, les vacances fussent seulement de deux mois, comme dans les autres établissements publics ou privés.

TRAITEMENTS ET AVANTAGES

Les traitements des fonctionnaires femmes des lycées et collèges de jeunes filles ont été fixés par les décrets des 13 septembre et 10 novembre 1883, 1er octobre 1885 et 12 avril 1886. Quatre classes de fonctionnaires sont prévues dans chaque catégorie, sauf pour les maîtresses de dessin et de gymnastique qui n'ont que trois classes. A de très rares exceptions près, toutes les dames fonctionnaires, professeurs et maîtresses, appartiennent actuellement à la 4e classe de leur emploi.

Les seules fonctionnaires ayant droit au logement sont : les directrices, les économes, les surveillantes générales, les stagiaires à l'économat et les maîtresses répétitrices et surveillantes. Les établissements étant des externats, le lycée ou le collège ne fournit la nourriture à aucune des maîtresses. Celles-ci s'entendent, pour leurs repas, avec le restaurant chargé des déjeuners des demi-pensionnaires ; dans les établissements auxquels est annexé un internat municipal, la ville nourrit les répétitrices de l'externat moyennant le paiement d'une pension mensuelle de 45 à 50 francs.

Sauf quelques rares exceptions, les directrices de cours secondaires ne sont pas logées dans les locaux affectés aux cours, et l'on réserve aux services scolaires toutes les salles disponibles. Malgré l'impossibilité de fournir le logement, le recrutement des directrices s'est opéré facilement presque

		1re Classe	2e Classe	3e Classe	4e Classe	OBSERVATIONS
		fr.	fr.	fr.	fr.	
Directrices des lycées	Agrégées	6.500	6.000	5.500	5.000	A Paris, ces trait.ts sont augm. de 500 fr.
	Licenciées	6.000	5.500	5.000	4.500	Id.
	Pourvues d'un brevet d'enseignement primaire	5.500	5.000	4.500	4.000	Id.
Directrices des collèges		4.000	3.500	3.000	2.600	
Professeurs titulaires des lycées (agrégées)		4.200	3.800	3.400	3.000	A Paris, le trait.t est augm. de 500fr.
— — des collèges (licenciées)		3.400	3.100	2.800	2.500	
Maîtresses chargées de cours des lycées		3.400	3.100	2.800	2.500	
— — — des collèges		2.700	2.400	2.100	1.800	
Institutrices primaires des lycées		2.700	2.400	2.100	1.800	Id.
— — des collèges		2.400	2.000	1.800	1.600	
Maîtresses répétitrices des lycées (logées, non nourries)		3.600	3.200	2.800	2.400	Id.
Maîtresses, surveillantes de l'externat des collèges (logées, non nourries)		Au minimum : 1.400				
Economes des lycées		3.600	3.200	2.800	2.400	Id.
Maîtresses de dessin des lycées et collèges (1)		2.400	2.100	1.800	»	A Paris, 600 fr. de plus.
— de gymnastique des lycées et collèges (1)		1.600	1.400	1.200	»	— 400 —
— de travaux à l'aiguille dans les lycées		2.700	2.400	2.100	1.800	— 500 —
— de chant dans les lycées		1.800	1.600	1.400	1.200	— 400 —

(1) Cette catégorie de fonctionnaires ne comporte que trois classes.

partout, les personnes aspirant à l'emploi ayant la perspective d'être placées plus tard à la tête du futur lycée ou collège, si les cours dont elles postulent la direction prospèrent et se transforment en établissement régulier : ainsi intéressées à la réussite de la nouvelle institution, elles lui donnent tous leurs soins. Les traitements qui leur sont alloués varient beaucoup, suivant les villes ; quelques-unes ne touchent que 1.400 fr. et 1.600 fr. ; d'autres reçoivent jusqu'à 2.500 et 2.600 fr. ; mais ce dernier chiffre est exceptionnel, l'Etat désirant que les directrices de cours aient un traitement un peu inférieur à celui des directrices de collèges qui débutent à 2.600 fr.

Les traitements varient entre 2.500 fr. et 1.600 fr. pour les maîtresses chargées de cours ; 1.800 fr. et 1.000 fr. pour les institutrices primaires ; 1.400 fr. et 800 fr. pour les maîtresses surveillantes ; autant que possible, une chambre est attribuée gratuitement à ces dernières.

Les cours secondaires n'étant pas des établissements définitifs, les dames qui y sont attachées n'ont pas le *droit* d'opérer des versements pour le fonds de retraite. Néanmoins, par application de l'article 4 de la loi du 9 juin 1853, des retenues pour pensions civiles *peuvent* être effectuées *avec l'autorisation du ministre*, sur les traitements de celles qui, ayant antérieurement exercé des fonctions publiques et subi des prélèvements pour la retraite, auraient obtenu une mise en disponibilité régulière de l'autorité de laquelle elles dépendaient.

La plus grande partie de l'enseignement est encore confiée, dans les cours secondaires, à des professeurs hommes, empruntés aux lycées et aux collèges de garçons ; ils sont chargés des matières les plus importantes du programme (littérature, morale, histoire, mathématiques, sciences physiques, langues vivantes). En outre, un assez grand nombre de leçons sont données par des dames qui ne sont pas exclusivement attachées à l'établissement, et auxquelles on confie des cours d'anglais ou d'allemand, de musique vocale, de couture, parfois de dessin et de gymnastique. Le nombre de ces professeurs externes — hommes et femmes — est actuellement de 930 sur l'ensemble des 76 cours secondaires ; soit une moyenne de douze professeurs externes par établissement.

Pour les lettres, les sciences et les langues vivantes, les professeurs des lycées sont rétribués à raison de 250 francs ou 200 francs pour chaque heure de service hebdomadaire pendant dix mois ; les professeurs de collège à raison de 200 francs ou 150 francs. — Pour le dessin et le chant, les taux des indemnités sont un peu plus faibles (de 175 francs à 125 francs ou 100 francs). Les leçons de gymnastique et de couture se paient, en général, à raison de 100 francs ou de 80 francs.

Nous limitons là les renseignements fournis sur les situations que l'on peut trouver dans l'enseignement secondaire public des filles. Nous croyons devoir, avant de clôturer, énumérer les quatre principaux griefs que l'ont peut relever contre cet enseignement. Il est inutile, onéreux, funeste à la foi et aux familles de condition peu aisée.

Mais il est incontestable que les positions qu'il offre sont sensiblement supérieures à celles que nous allons examiner.

SECTION II.

ENSEIGNEMENT SECONDAIRE LIBRE

Les cours complémentaires s'adressent aux enfants de plus de treize ans ; et, comme il n'est pas établi de programme officiel au-delà du programme de l'enseignement primaire, les établissements libres organisent leur enseignement d'après les programmes de l'enseignement primaire supérieur ou de l'enseignement secondaire.

Telles sont les conditions dans lesquelles fonctionnent jusqu'ici la plupart des cours et institutions libres des jeunes filles.

Les personnes de mérite, en même temps que de vertu, ne manquent certes pas dans l'enseignement libre. Mais les grades de l'enseignement secondaire sont, malheureusement, beaucoup trop rares parmi elles. Si, depuis que ces grades existent, les institutrices libres s'étaient mises en mesure de les obtenir, nous pourrions revendiquer la reconnaissance légale de l'enseignement secondaire libre des femmes.

Il convient que les Catholiques se préoccupent très sérieusement de cet intérêt : il faut avoir la sincérité de le reconnaître et le courage de le proclamer. Pour maintenir, après 1907, le plus grand nombre possible d'établissements avec cours complémentaires, il importe de conquérir, à tout le moins, beaucoup de brevets supérieurs.

L'enseignement secondaire libre des jeunes filles n'a pas, à proprement parler, d'existence légale en France. La loi du

21 décembre 1880, qui a organisé l'enseignement secondaire public pour les jeunes filles et créé les lycées et collèges de filles, ne s'occupe pas des établissements similaires, pensionnats, cours et institutions. Aux yeux de la loi, tous les établissements libres de filles ressortissent présentement de l'enseignement primaire.

Cet état de choses changera, lorsque sera mise en vigueur la *loi sur l'enseignement secondaire privé*, déjà adoptée par le Sénat. Les dispositions de cette loi sont communes à l'enseignement secondaire des filles et à celui des garçons. Mais, dans l'enseignement secondaire des jeunes filles, l'instruction secondaire n'est que le développement et le couronnement de l'instruction primaire. Les différences sont minimes entre les programmes des lycées et collèges de filles et ceux des écoles primaires supérieures. Quel sera le critérium adopté pour classer les établissements libres dans l'enseignement primaire? Sur cette question, ni le projet de loi, ni le ministre n'ont donné d'explications précises, et il est difficile de prévoir exactement dans quelle mesure l'enseignement libre des jeunes fille sera atteint par la loi en discussion.

Voici quelles seront les conditions nouvelles imposées au point de vue des grades, au personnel des établissements secondaires.

Les directrices devront être pourvues :

1° De la licence ès lettres ou ès sciences, ou du certificat d'aptitude à l'enseignement secondaire, ou encore du diplôme d'enseignement secondaire des jeunes filles, délivré après examen public, suivant un règlement délibéré en Conseil supérieur de l'instruction publique ;

2° D'un certificat d'aptitude pédagogique aux fonctions de directrice, délivré dans des conditions qui seront déterminées par un règlement d'administration publique.

Les maîtresses devront produire :

1° Pour les classes correspondant à la quatrième et à la cinquième année du cours d'études des lycées, un des diplômes exigés des directrices ;

2° Pour les autres classes secondaires et pour l'enseignement des langues vivantes, le diplôme de bachelier, le diplôme de fin d'études secondaires des lycées ou le brevet supérieur de l'enseignement primaire ;

3° Pour les classes élémentaires, le brevet élémentaire de l'enseignement primaire.

TRAITEMENTS ET AVANTAGES

Nous ne pouvons que le répéter, — les maîtresses adjointes de nos cours et pensionnats libres sont certainement peu rémunérées pour la somme de travail et de connaissances que l'on exige d'elles.

Les jeunes sous-maîtresses qui débutent avec le brevet élémentaire gagnent un salaire de 25 à 40 francs par mois, et sont nourries et logées, si elles surveillent un dortoir. On leur donne généralement un peu de temps pour travailler, et la facilité de profiter de certains cours pour la préparation du brevet supérieur. Parfois aussi, on les *prend au pair*, et, en ce cas, elles peuvent profiter d'un plus grand nombre de cours.

Les sous-maîtresses pourvues du brevet supérieur reçoivent

60, 75, 80 francs par mois, selon la classe qu'elles font : elles sont aussi défrayées de tout dans les pensionnats.

Dans les cours, les maîtresses sont externes. Généralement, elles ont le repas de midi et reçoivent de 50 à 100 francs par mois.

L'avenir auquel elles peuvent aspirer ne nous permet pas de donner des indications rigoureusement précises. Celles qui disposent d'un capital sont en situation de reprendre, par la suite, un cours ou un pensionnat. Parmi les autres, un certain nombre, bénéficiant des rapports qu'elles ont établis avec des familles d'élèves, deviennent institutrices particulières. Un certain nombre beaucoup trop grand sont condamnées à demeurer indéfiniment sous-maîtresses. Lors de l'exode des Religieuses, il s'est présenté, tant à Paris qu'en province, quelques belles situations de directrices d'institut, représentant sensiblement 2.000 francs pour leurs titulaires, défrayées de tout.

Si convenables qu'elles soient, ces positions nous laissent encore bien loin des traitements de l'Etat. Encore une fois, l'avenir est bien précaire pour les personnes de valeur qui se dévouent à l'enseignement libre.

L'une des principales causes de ces situations incertaines provient de ce fait que, dans les grands pensionnats et cours, tous les frais sont faits pour les professeurs qui viennent faire quelques heures de cours ou de conférences, et touchent jusqu'à des cachets de 50 fr.

Il est évident que, pourvues des grades de l'enseignement secondaire, les institutrices libres seraient des professeurs et qu'elles tiendraient souvent fort bien, à des prix beaucoup moins élevés, et tout en se faisant cependant une situation convenable, la place de professeurs hommes largement rétribués.

Actuellement, les dames professeurs qui viennent faire des cours dans les établisssements, sont au cachet, donnant un peu plus d'une heure pour chaque cours, et reçoivent de 5 à 10 fr.

CONCLUSION

Notre conclusion est celle que nous avons fait entrevoir au cours de cette rapide esquisse.

Il est profondément souhaitable pour l'enseignement secondaire libre que les personnes qui s'y consacrent prennent les grades qui leur permettront de prendre la direction d'établissements importants et de gagner ainsi la confiance des familles. Ce faisant, elles arriveront à obtenir dans nos établissements des situations convenables et à remplacer les professeurs hommes dans les cours, ainsi qu'y parviennent chaque jour, dans les cours secondaires publics, un grand nombre de maîtresses universitaires.

Quoi qu'il advienne de cet enseignement, ce sera toujours leur honneur de s'y être adonnées. Elles servent Dieu et les meilleurs intérêts de la France. C'est ce dont les vrais amis de la liberté doivent leur demeurer éternellement reconnaissants.

III

PROFESSIONS

§ 15.

Imprimeries. — Sténo-dactylographes.

Nous ne saurions perdre de vue, au cours de ce travail, la mission sociale et providentielle de la femme. La famille constitue le fondement de droit divin de toute société chrétienne normale : comme épouse et comme mère, la femme est de la famille normale le facteur normal essentiel.

Nous sommes tout à fait opposé à la thèse socialiste des Bebel, des Lavelge et des Schœffle : « La famille constitue une fonction dont on se sert provisoirement et pour suppléer aux autres » (1).

D'après un recensement fait en France en 1896, 6.382.658 femmes, sur 19.346.360, recevraient, servantes comprises, un salaire comme travailleuses. D'après le *statistisches Iahrbuch fuer das Deutsche Reich*, paru en 1903, nous pouvons

(1) Bebel cite ces paroles du docteur Schaeffle dans son livre *La Femme*, traduction française, p. 166.

constituer un tableau qui offre d'intéressants rapprochements pour quatorze pays les plus industriels d'Europe et pour les Etats-Unis de l'Amérique du Nord.

PAYS	DATE du recensement	NOMBRE total des femmes	NOMBRE des travailleuses	°/° des travailleuses sur la population féminine totale
Allemagne	1895	26.361.123	6.578.350	25,0
Angleterre et Galles	1891	14.949.624	4.016.230	26,8
Ecosse	1891	2.082.930	556.564	26,7
Irlande	1891	2.385.797	634.948	26,6
Autriche	1890	12.206.284	5.771.734	47,3
Hongrie	1890	8.795.616	2.189.978	24,9
Belgique	1890	3.042.367	797.143	26,2
Danemark	1890	1.112.223	233.453	21,0
France	1896	19.346.360	6.382.658	33,0
Hollande	1899	2.583.535	433.548	16,8
Italie	1881	14.194.245	5.701.275	40,2
Suède	1890	2.467.794	486.872	19,7
Norvège	1891	1.037.384	244.747	23,6
Suisse	1888	1.500.180	435.190	29,0
Etats-Unis	1900	37.244.142	5.329.807	14,3
TOTAL		149.310.607	39.792.497	

Ainsi, l'évaluation globale se rapportant à la dernière décade du XIXe siècle et portant sur l'ensemble des pays les plus civilisés de l'Europe et de l'Amérique, aboutirait à une proportion qui peut varier du cinquième au quart du total des femmes travailleuses, soit de vingt à vingt-cinq pour cent : cela nous donnerait, pour la population féminine *proprement industrielle*, un total d'au moins huit à dix millions d'ouvrières industrielles, c'est-à-dire une population industrielle féminine au moins égale à trois fois la population globale de toute la Suisse.

Exiguïté des salaires, exagération des heures de travail, préjudice pour les santés, très grande jeunesse de la majorité des ouvrières, et par dessus tout, très grand nombre des femmes et des filles aujourd'hui prises et occupées par l'industrie, soit à domicile, soit en grand atelier, tels sont les principaux caractères de ce travail de la femme dans nos usines — sous sa forme actuelle — travail funeste aux intérêts physiques et moraux de la femme et de la famille (1).

Nous ne prétendons pas traiter complètement les maux de l'usine pour les malheureuses femmes, condamnées à se procurer un salaire dans l'industrie ; nous nous bornerons à les énoncer brièvement.

Aussi bien, n'avons-nous compris, dans le programme du présent *Index de féminisme pratique* que celles des industries salariées qui s'éloignent le moins et même se rapprochent davantage du génie propre de la femme.

Si nous avons fait exception pour l'industrie des cigarières (§ 11, administration des tabacs), la raison en est que cette industrie est à peu près exclusivement féminime. Nous ne faisons nulle difficulté, d'ailleurs, à reconnaître qu'il vaudrait mieux en éliminer absolument les femmes, comme des soixante industries insalubres que leur a interdites le décret du 13 mai 1893, complété et modifié par les décrets de juin 1897, d'avril 1899 et de mai 1900.

(1) Nous avons puisé la plupart de ces renseignements dans les derniers numéros d'une Revue trimestrielle, la *Ruche syndicale*, que nous nous plaisons à recommander. (14, rue de l'Abbaye, abonnement d'un an, 6 fr.)

Le présent paragraphe se divise en deux sections où nous étudions deux professions qui paraissent plus aisément accessibles aux femmes : le service des imprimeries, — les sténo-dactylographes. Ces questions, peu familières à nos lectrices, appellent quelques développements.

Les paragraphes qui compléteront le présent *Index* seront consacrés à des industries essentiellement féminines : Employées de commerce, couturières, lingères, modistes, fleuristes, plumassières, brodeuses et dentellières.

Section I

IMPRIMERIES

Une école typographique pour femmes fit une timide apparition pendant la Révolution, ainsi qu'en témoigne un arrêté du 13 prairial an II de la République.

Mais cet essai alla rejoindre dans l'oubli maintes autres inventions révolutionnaires, et nous devons arriver à l'année 1834 pour trouver le réel commencement du labeur typographique féminin.

Ce fut alors que M. Ambroise Firmin-Didot organisa au Mesnil, dans l'Eure, un atelier de femmes pour la composition typographique. Cette nouveauté plut, par une certaine apparence philanthropique. Il y avait là un asile de sourdes-muettes, et ces infirmes devinrent les premières compositrices françaises : parfaites, attentives, inaccessibles aux distractions, dédaigneuses des vains bavardages, ces malheureuses, vouées à l'éternel silence, produisirent des épreuves d'une admirable correction, puis reçurent, sans formuler aucune plainte, un salaire.., que l'histoire n'a pas inscrit parmi les salaires de famine. Mais quand on sait qu'aujourd'hui, en province, les compositrices sont payées 0 fr. 17 le mille, il est bien permis de supposer que, si l'initiative d'Ambroise Firmin-Didot donna du pain à ces pauvres déshéritées, elle lui assura aussi de très appréciables bénéfices. L'élan était donné. L'abaissement des salaires allait suivre.

Deux autres imprimeries, parisiennes celles-là, appliquèrent successivement les femmes à la composition : la maison de Soye, en 1855 ; puis, en 1872, la maison Paul Dupont.

La mesure cependant ne se généralisa pas ; la typographie parisienne resta presque exclusivement masculine jusqu'à la grève de 1878, d'opportunité contestable à la veille d'une exposition.

Le résultat de cette grève fut désastreux pour les ouvriers. Ils cherchaient une augmentation de salaire : ils allaient provoquer la concurrence féminine, à laquelle ils se heurtent présentement.

Pressées par les commandes, en effet, les maisons parisiennes recrutèrent partout un nouveau personnel. Les jeunes apprentis, les femmes, déjà expertes au facile labeur de la ligne, accoururent et remplirent les ateliers désertés. Ces dernières, accoutumées aux faibles salaires qui, partout, rémunèrent le travail féminin, acceptèrent joyeusement les prix, qu'avec indignation eussent refusés les hommes : elles *levèrent la lettre* à 0 fr, 40, 0 fr. 45 et 0 fr. 50 le mille.

La grève terminée, les ouvriers du livre avaient bien obtenu le tarif général de 0 fr. 65 le mille, soit la journée de 6 fr. 50 ;

mais, à côté d'eux, l'ouvrière typographe continuait tranquillement son métier avec un rabais de 30 % en moyenne.

Au demeurant, quel est, à Paris, le gain journalier d'une ouvrière typographe ? Il varie de 2 à 5 francs par jour (1).

Une bonne compositrice *lèvera* facilement dix mille lettres dans sa journée et gagnera *ipso facto* 4 fr., 4 fr. 50 ou 5 francs, selon les maisons, mais cette somme de labeur ne lui est pas assurée.

Pénétrons dans un atelier typographique.

Chaque ouvrière reçoit un fragment de manuscrit, appelé en terme de métier une *cote ;* cette cote est d'autant plus courte qu'on doit aller vite, que les compositrices sont nombreuses, et qu'il ne faut point laisser chômer les machines. L'ouvrière compose, corrige, distribue ses caractères avec rapidité. Les *cotes* de l'atelier sont alors rassemblées, mises dans les formes, portées à la dévorante machine.

Et la compositrice ? Elle s'assied devant sa casse, tire de sa poche une dentelle au crochet, une menue broderie, et, philosophiquement, laisse couler les heures. Au lieu de dix mille lettres, elle en lèvera huit, six ou cinq mille ; comme elle est payée aux pièces, son salaire suivra la même marche décroissante, et sa journée oscillera entre 2 et 5 fr. Prenons 4 fr. comme moyenne ; négligeons les trois mois : juillet, août et septembre d'à peu près demi-chômage ; le gain annuel d'une bonne compositrice parisienne atteindra 1.200 fr.

Voilà donc un métier qui permet à une femme de vivre en

(1) Le salaire de l'ouvrier atteint jusqu'à 7 fr. L'inégalité des salaires est très sensible entre l'homme et la femme, dans la typographie.

travaillant, un métier facile, d'apprentissage court, moins fatigant qu'un autre, n'exigeant que de l'attention et des notions d'orthographe ; un métier de tout repos, où l'on s'assied, où l'on a des loisirs ; un métier, ô miracle! où l'on gagne sa vie!

Il est peu de grandes villes de France, où quelque imprimerie n'occupe des compositrices. Une statistique, dressée en 1902, donne les chiffres suivants qui ne portent que sur 450 maisons de Paris et un peu plus de 50 de la banlieue :

	Compositeurs	Apprentis	Compositrices	Apprenties
Paris	4.636	472	961	139
Banlieue	637	87	204	16

On évaluait, à cette époque, à 6.000 compositeurs et 1.500 compositrices au plus, soit dans la proportion d'un quart, le personnel employé à la composition. Ces chiffres et cette proportion n'ont pas dû sensiblement varier depuis ; toutefois, il y a tendance à augmenter le nombre des femmes.

***

L'*apprentissage* des compositrices est fixé à trois ans; mais comme il se borne, la plupart du temps, à n'exécuter que des lignes, de fait, les apprenties produisent assez rapidement et, au bout de deux mois, elles touchent le quart du salaire d'une journée moyenne de compositrice, puis, la deuxième année, la moitié, enfin les deux tiers approximativement, soit de 1 fr. à

3 fr. environ, suivant leurs aptitudes, et même davantage. Au bout de trois ans, elles sont occupées aux pièces.

Bien que faisant le même travail que les « piéçards » hommes, le prix du mille, par lettres, est payé aux femmes 15 ou 20 centimes en moins. C'est d'ailleurs — nous éprouvons de la peine à le constater — la seule raison de leur emploi. Pour justifier cet abaissement de salaire, un prétexte est mis en avant, à savoir qu'il est nécessaire d'avoir des hommes de peine pour exécuter certaines corvées : or, il suffit d'un homme par cinquante femmes environ. On peut ainsi apprécier l'économie de salaires résultant de la concurrence entre les ateliers occupant soit des hommes, soit des femmes. De là vient la lutte contre l'intrusion de la femme dans l'imprimerie, qui arrive remplacer l'homme, exécuter le même travail — sauf le transport des casses qu'exécute l'homme de peine — à un tarif inférieur et enlève ainsi le pain des siens au père de famille ; il est vrai que, si celui-ci se repose, sa femme ayant pris sa place apportera au ménage les ressources faisant défaut : ces ressources seront, toutefois, sensiblement moindres.

Pour traiter aussi complètement que possible ce sujet des salaires, il convient de relever ici des réflexions, présentées comme très naturelles par un chef ouvrier compositeur. Ce contremaître reconnaît loyalement que la femme doit pouvoir vivre de ses doigts, mais il n'en voit pas avec moins de regrets ses camarades dépouillés de travail, alors, dit-il, que la femme tend à les chasser de plus en plus en se substituant à eux, et lorsque la seule raison qui motive l'emploi de la femme est de diminuer le salaire, d'avilir le prix de revient, d'accroître la concurrence. Il n'y a, en effet, conclut-il, rien qui justifie le tarif réduit, comme dans beaucoup d'autres professions. Le prix d'un mille de lettres, qu'il soit composé par un homme ou par une femme, ne devrait pas varier, puisque le travail fourni est le même, fait le même usage...

Pour élever cette question de l'emploi des femmes dans les imprimeries, nous transcrirons la judicieuse conclusion d'un article de l' « Echo des Syndicats », intitulé : *Autour du livre*, auquel nous nous félicitons d'avoir fait quelques emprunts pour nos lectrices :

« Est-il bon pour la famille, pour la société, qu'en outre de ses fonctions normales de mère, de nourrice, d'éducatrice, la femme assume encore le devoir de nourrir l'homme, en prenant sa place dans les travaux extérieurs ? N'y a-t-il pas là un bouleversement déplorable non seulement des lois sociales, mais encore des lois naturelles ? Nous savons — et l'objection est sérieuse — nous savons qu'il y a des veuves, des célibataires dont le traitement soutient de vieux parents, des femmes abandonnées, des filles-mères ; à celles-là irons-nous parler de la concurrence faite à l'homme ?

« Celles-là, nous les saluons en leur souhaitant bon courage et réussite ; car, en notre société profondément anarchique sous un ordre apparent qui ne trompe pas l'observateur, ces infortunées n'ont guère le choix qu'entre la misère et l'inconduite.

« Le remède à ces maux ? me demandera-t-on.

« Il est dans l'organisation corporative du travail. Les Syndicats, disons-nous, sont l'humble graine, la frêle semence d'où sortira la radieuse moisson corporative de l'avenir. »

***

Une *école d'imprimerie*, à l'usage des jeunes filles brevetées, a été fondée par Mlle Maugeret, 19, rue Bonaparte, à Paris, en vue d'offrir aux jeunes filles qui avaient cherché dans l'enseignement un gagne-pain que l'encombrement de la carrière ne leur a pas permis d'y trouver, une profession dans laquelle leur instruction préalable leur eût assuré une supériorité indiscutable, et, par suite, une situation avantageuse.

Une jeune fille instruite pouvait, après deux années d'apprentissage, devenir une excellente ouvrière, puis une metteuse en pages et une correctrice, avec des appointements qu'aucun métier « de femme » ne lui eût donnés. Les brevetées n'ont pas connu, ou n'ont pas compris les avantages que leur offrait une carrière qui n'est pas une « profession », qui n'est qu'un « métier », mais un métier où l'on gagne honorablement sa vie.

Les conditions de l'école sont les suivantes :

L'apprentissage dure deux ans. Pendant ce temps, les élèves sont formées par une habile direction à tous les travaux de la composition typographique, et, si elles ont profité de l'enseignement reçu, elles peuvent se placer dans n'importe quel atelier comme compositrices, metteuses en pages, et — celles qui ont de l'instruction préalable, — comme correctrices.

Elles apprennent aussi la brochure, ce qui leur permet, en cas de chômage dans la composition, de s'employer dans cette partie annexe de l'imprimerie.

Celles qui le désirent apprennent également le travail de la minerve : marge, mise en train, découpage, etc.

Enfin, celles qui souhaiteraient de s'établir à leur compte, dans l'imprimerie, peuvent être initiées à l'établissement d'un devis et à l'organisation d'un atelier.

L'apprentissage est payé à raison de 840 fr. pour les deux années, ainsi réparties : le premier trimestre, dit d'essai, au pair ; le second, à raison de 15 fr. ; le troisième, à raison de 20 fr. ; le quatrième, à raison de 30 fr. par mois. Chaque trimestre, une augmentation de 10 fr. par mois.

L'apprentissage terminé, les élèves peuvent, selon qu'elles y trouvent leur avantage, rester dans l'établissement ou se placer dans d'autres maisons.

Cette école d'imprimerie n'ayant malheureusement reçu que des enfants du peuple, jeunes et d'une ignorance invraisemblable quand on songe qu'elles ont au moins leur certificat d'études, n'a pas atteint, jusqu'ici, son but. Mlle Maugeret regrette de n'avoir pas rendu service à la catégorie des personnes que sa fondation avait en vue, et celles à qui elle a rendu service n'étaient pas en mesure de profiter des avantages que d'autres auraient retirés d'une formation professionnelle à laquelle il faut une base qui manque nécessairement à des ouvrières ignorantes.

Mais l'idée n'en garde pas moins toute sa valeur, et il est permis d'espérer qu'elle obtiendra, dans l'avenir, de plus importants résultats.

*
* *

Disons un mot des *brocheuses*.

La jeune fille sera généralement présentée par sa famille dans les établissements de brochage recommandables, et elle y fera six mois à un an d'apprentissage.

Les ouvrières brocheuses sont habituellement à leurs pièces et peuvent gagner, suivant leurs capacités, un salaire minimum de 1 fr. 50 et maximum de 4 fr.

Les contremaîtresses peuvent atteindre un salaire de 5 fr. L'inégalité des salaires, trop souvent injuste, entre l'homme et la femme, apparaît particulièrement choquante dans la brochure, où l'homme reçoit souvent un salaire de 7 fr., tandis que celui de la femme atteint, bien péniblement, 3 fr. ; et dans la reliure où leurs salaires respectifs sont de 5 fr. et de 3 fr.

SECTION II.

STÉNO-DACTYLOGRAPHES

1° Sténographes.

Le Conseil du *Syndicat des dames sténographes de France*, qui se montre particulièrement actif en ce qui concerne l'élément féminin parisien, exposait des vues intéressantes sur l'accession des femmes aux emplois sténographiques, dès le septième congrès international de sténographie, en 1900. Nous reproduisons ici celles de ces vues, ceux de ces chiffres les plus caractéristiques.

« La sténographie s'est répandue partout ; en dehors des services officiels, on l'utilise aujourd'hui d'une manière courante en justice, dans les administrations et surtout dans le commerce, où elle a pris une très large place : pour nous, femmes, c'est cette dernière branche qui nous intéresse le plus vivement, et c'est celle où nous avons surtout recueilli nos observations.

« Or, nous devons nous demander si ce développement nous est favorable, ou s'il est un danger pour notre profession.

« Avec un peu de réflexion et de raisonnement, si nous considérons la situation des sténographes commerciaux de jour en jour moins brillante, nous pouvons répondre que la propagande immodérée faite en faveur de la sténographie nous est plutôt préjudiciable, et qu'il serait nécessaire de prendre des dispositions pour opposer une digue à cette affluence toujours croissante de soi-disant sténographes dont la plupart sont incapables et nuisent à leurs collègues en dépréciant la profession (1).

« Nous ne venons pas nous élever ici contre la vulgarisation de la sténographie, au contraire ; elle pourrait être excellente et fructueuse si elle était faite avec méthode et discernement. Nous croyons, et beaucoup pensent comme

(1) Dans un article remarqué du *Conseil des femmes*, intitulé : *Une carrière d'avenir pour les jeunes filles*, du 15 juillet 1903, auquel nous faisons de nombreux emprunts, nous relevons les observations suivantes à l'appui des considérations exposées ci-dessus :

« On commence même à s'effrayer de cette production intensive et surtout inconsidérée de sténo-dactylographes qui a déjà provoqué un avilissement de salaires et peut, en déconsidérant la profession, porter atteinte à un avenir cependant plein de promesses. Car c'est moins dans la concurrence qu'est le danger que dans l'incapacité des femmes qui abordent cette carrière sans instruction, sans compétence, simplement parce qu'elles ont entendu dire qu'on peut, en six mois d'apprentissage, s'en faire un gagne-pain, et aussi parce qu'elles ont été séduites par l'exemple tentant des premières sténo-dactylographes, dont les appointements se sont élevés jusqu'à 250 ou 300 francs par mois. Mais ce qu'on ne dit pas, c'est que celles-ci étaient recrutées parmi des jeunes filles diplômées, lasses d'attendre vainement un poste d'institutrice. Or, aujourd'hui la carrière est encombrée de couturières en rupture d'aiguille, de petites modistes et d'ex-femmes de chambre, tout à fait mal préparées à la profession. »

nous, que la plus grande partie du mal réside dans le mode d'enseignement absolument défectueux et que c'est là surtout qu'il faudrait apporter un remède ; mais comment ?

« Nous voyons tous les jours s'ouvrir de nouveaux cours de sténographie ; il y en a actuellement, à Paris, un nombre très respectable. Or, à qui est confié le soin de faire ces cours ? A des personnes de bonne volonté tout simplement.

« Le professeur, qui ouvre un cours de sténographie, devrait s'assurer des connaissances premières de ses élèves, avant de commencer son cours, et dissuader consciencieusement de le suivre ceux d'entre eux qui ne possèdent pas les notions nécessaires indispensables à l'aspirant sténographe ; leur dire qu'une connaissance même approfondie de la sténographie ne leur suffira pas, ce serait faire œuvre pie et épargner à ces débutants bien des désillusions. Hélas ! c'est justement le contraire qui se produit : on leurre les élèves pour ne pas les éloigner, on les entretient de faux espoirs, de chimères, en leur faisant entrevoir des situations invraisemblables, auxquelles leurs aptitudes ne leur permettraient même pas de prétendre. Eblouis par les avantages qu'on fait miroiter à leurs yeux, beaucoup de jeunes gens et de jeunes filles, peu satisfaits du gain qu'ils réalisent dans leurs profession, abandonnent cette dernière pour aborder la sténographie ; ils ne se disent pas que l'instruction très élémentaire qui leur suffisait pour exercer leur métier ne sera pas suffisante pour être sténographe. Il faudrait donc, nous le répétons, qu'on leur ouvrît les yeux, ce qu'on se garde trop souvent de faire.

« Sans avoir besoin d'être érudit pour devenir un bon sténographe commercial, encore faut-il posséder une très bonne instruction primaire, de l'initiative personnelle, une certaine intelligence, une mémoire développée par des études préliminaires, en un mot, un bagage de connaissances diverses à mettre au service de sa profession, afin de lui donner du relief et de la valeur. Le sténographe vraiment digne de ce nom est celui qui, naturellement doué au point de vue moral et intellectuel, possède, en outre, des connaissances techniques, des notions assez étendues sur toutes les choses qui lui permettent d'être non seulement un bon employé, mais encore un collaborateur.

« Il y a quelques années, seules les maisons d'une certaine importance occupaient des sténographes. Les commerçants et les industriels se trouvent aujourd'hui en présence d'une quantité de sténographes ou de personnes se donnant comme tels, et pensent que le métier, ayant perdu de sa rareté, a perdu aussi de sa valeur.

« La sténographie a ouvert de nouveaux débouchés à l'activité féminine.

« Nous empruntons à la statistique publiée par l'*Unité sténographique* les chiffres ci-dessous, qui prouvent le vif intérêt que prend l'élément feminin à la sténographie. Aux derniers examens de l'Association unitaire (épreuves générales du 22 avril 1900) en sténographie, au degré supérieur, sur 23 candidats reçus, on compte 17 dames ; au degré moyen, sur 164 reçus, 110 dames ; au degré élémentaire, sur 361 reçus, 245 dames.

« Les dames profitent donc de l'enseignement sténographique dans une proportion beaucoup plus grande que les hommes, et nous avons pourtant le regret de constater que ce sont surtout les femmes qui sont exploitées. Cela est-il juste? Nous ne le pensons pas. La femme possède des facultés intellectuelles qui peuvent égaler celles de l'homme. Il nous semble qu'elle a droit, aussi bien que ces derniers, à une juste rémunération de son travail, et au légitime espoir d'occuper des emplois d'un ordre plus élevé que ceux qui lui sont confiés.

« En exigeant de la femme les connaissances indispensables et l'habileté professionnelle, en la soumettant aux mêmes épreuves, aux mêmes concours que les hommes, ne pourrait-elle pas, aussi bien qu'eux, remplir les fonctions de sténographe dans les conférences et dans les débats judiciaires? Pourquoi le Parlement ne lui ouvrirait-il pas ses portes?

« Pour atteindre ce but, nous ne nous dissimulons pas que nous aurons à lutter contre bien des préventions, bien des préjugés. Mais nous pensons aussi que le plus grand obstacle que nous aurons à vaincre, c'est l'insuffisance actuelle de préparation à ces emplois. Comment y remédier? A notre avis, par la création d'une Ecole supérieure et professionnelle de sténographie où les praticiens et praticiennes pourraient perfectionner leur habileté technique et compléter leur instruction d'une manière générale sur toutes les matières qu'ils pourraient être appelés à sténographier.

« En attendant que des réformes énergiques viennent modifier le mode d'enseignement actuel, nous avons essayé de faire en petit ce que nous voudrions que l'on fît en grand.

« Nous avons fondé le *Syndicat des dames sténographes de France*, qui, sans distinction de méthodes, admet comme adhérentes les sténographes écrivant au moins cinquante mots à la minute. Il organise des cours d'émulation de sténographie et s'engage à faire atteindre à ses membres la vitesse commerciale exigée, soit cent mots à la minute, conditions nécessaires pour prétendre aux emplois dont peut disposer le Syndicat.

« Ce dernier n'est qu'au début de son œuvre, et il espère pouvoir ouvrir plusieurs cours où des exercices de roulement et de révision exerceront les élèves à prendre des conférences, ce qui lui permettra d'organiser un service sténographique et dactylographique. »

De fait, ce Syndicat interméthodique, qui a son siège à Paris, 71 bis, boulevard Barbès, a pour but de procurer des emplois à ses adhérentes et de développer leurs connaissances professionnelles.

Les membres du Syndicat ayant subi les épreuves de l'examen de sténographe secrétaire et désirant obtenir un emploi doivent adresser leur demande à la présidente, en y faisant figurer toutes les indications nécessaires : aptitudes spéciales, appointements, etc.

Celle-ci donne suite, dans l'ordre auquel elles lui parviennent et au fur et à mesure de la réception des offres d'emplois.

Des cours d'entraînement sont organisés par le *Syndicat des Dames sténographes de France ;* ils ont lieu tous les dimanches matin de 10 à 11 heures et demie du 1er octobre au 15 août. (Provisoirement à l'Institut sténographique de France, 150, boulevard Saint-Germain).

Ces cours sont professés par des membres du Syndicat munis du diplôme de sténographe secrétaire et possédant des qualités professionnelles. Ces professeurs sont choisis par le Bureau à l'ouverture des cours.

Un roulement est établi entre les différents professeurs.

Ainsi se créera une élite susceptible de prétendre à la pratique de la sténographie professionnelle qui est restée jusqu'ici l'apanage des sténographes masculins et qui offre des débouchés intéressants au double point de vue du travail et de la rémunération. Sans doute, la femme sténographe rédacteur ne pourra point aspirer au titre de sténographe parlementaire; mais, cette exception faite, qui l'empêcherait d'être attachée à un journal en qualité de rédacteur sténographe, de se faire une spécialité des affaires judiciaires, de prendre les cours, les conférences, les sermons dont la reproduction pourrait être intéressante pour le public, ou encore d'agir pour le compte de particuliers et de faire des prises sténographiques qui sont payées en moyenne de 50 à 60 francs l'heure? Dans ce prix est comprise, bien entendu, la traduction, ce qui représente une somme de travail de cinq heures environ, soit 10 francs l'heure.

Une *école professionnelle de sténographes-comptables* qui a été fondée, en 1900, sous la direction de l'*Institut sténographique de France* et d'un comité de patronage, 150, boulevard Saint-Germain, a pour but de former des secrétaires-sténographes, des sténographes praticiens, des dactylographes et des comptables.

Les jeunes gens et les jeunes filles qui suivent sérieusement ces cours peuvent trouver facilement une situation agréable et rémunératrice dans le commerce, les administrations de l'Etat, les compagnies de chemins de fer et d'assurances, etc.

Son enseignement, fait par des professeurs spéciaux et compétents, comprend des cours de sténographie élémentaire, supérieure et professionnelle ; de machine à écrire ; de comptabilité, de langues vivantes ; de technologie, etc.

Chaque enseignement est donné par série de dix leçons devant aboutir à un résultat prévu par le programme, et constaté par un examen.

Chacun de ces cours a lieu deux fois par semaine, soit le soir de 8 h. 1/2 à 9 h. 1/2, soit dans la journée, pour la plus grande commodité des élèves.

La direction de l'école, dans le but d'augmenter les connaissances générales de ses élèves, organise de temps en temps des conférences gratuites sur des sujets se rapportant à la technologie, au commerce, à la sténographie, ou toute autre connaissance susceptible de leur rendre service.

L'école professionnelle est ouverte aux membres de l'Institut sténographique. On peut faire partie de cet Institut comme membre actif (après épreuve d'admissibilité à la vitesse de soixante-quinze mots à la minute), ou comme membre honoraire.

Dans l'un ou l'autre cas, la cotisation est rachetable par un versement de cent francs, qui peut être opéré par fractions.

Chaque série de dix leçons formant un cours donne lieu à la consignation préalable d'une somme de dix francs imputable sur le rachat de la cotisation.

Malgré sa création récente, l'école a déjà donné d'excellents résultats. Pendant l'année scolaire 1903-1904, vingt-cinq de ses élèves ont obtenu de brillantes situations, soit dans le commerce comme sténographes-dactylographes ou comptables, soit comme sténographes professionnels libres.

2° Dactylographes.

La dactylographie a été justement représentée comme le complément naturel des études sténographiques.

La dactylographie est, au moyen de l'instrument ingénieux dénommé *machine à écrire*, la reproduction mécanique de l'écriture : ce procédé a sur la calligraphie l'avantage d'une rapidité triple, et son exécution n'exige qu'un minimum d'effort musculaire qui la met naturellement à la portée des femmes.

La première machine à écrire date de 1875 ; des modifications, des perfectionnements nombreux ont été apportés au type primitif et, depuis une quinzaine d'années surtout, son usage tend à se généraliser.

APPRENTISSAGE, DIPLOMES ET EMPLOIS

Au point de vue théorique, l'apprentissage de la dactylographie est d'une simplicité enfantine et peut s'acquérir en une heure ; mais, pour en posséder la pratique, il faut bien compter cinq à six mois d'un exercice quotidien de plusieurs heures.

Un parallèle peut être établi entre la dactylographie et le piano : le nom et la place des notes sont aisés à retenir, il n'y faut qu'un peu de mémoire et d'attention ; mais l'égrènement parfait des gammes exige une gymnastique qui ne s'acquiert que lentement. Or, en dactylographie, c'est un peu de même — avec moins de difficultés naturellement — et pour arriver à faire jouer avec dextérité, sans fausses notes, c'est-à-dire sans erreurs, ses dix doigts sur les touches multiples, une pratique soutenue est nécessaire.

La vitesse moyenne à laquelle doit parvenir une dactylographe pour pouvoir prétendre à un emploi, est de cinquante mots à la minute, rapidité qui correspond à la rapidité sténographique de cent mots. La vitesse supérieure est de soixante-dix à quatre-vingts mots ; elle est difficilement atteinte (1).

Comme la sténographie, la dactylographie s'enseigne dans des cours publics et gratuits ; mais ces cours sont beaucoup moins nombreux, en raison de l'installation qu'ils exigent : local aménagé à cet effet, matériel nécessaire, encombrant et coûteux. Cependant, les Sociétés d'instruction populaire, telles que l'*Association polytechnique*, l'*Union française de la jeunesse*, la *Société d'enseignement moderne*, l'*Association philotechnique*, l'*Association philomatique* ont inscrit à leur programme l'enseignement dactylographique.

(1) Une machine à composer, la *Linotype*, se répand de plus en plus dans les imprimeries françaises, surtout dans celles qui ont la spécialité de composer des journaux. Avec ces nouvelles machines, les compositeurs ne sont, pour ainsi dire, plus que des dactylographes.

Il n'est pas nécessaire d'être typographe pour se servir de la machine à composer. D'autre part, les femmes qui ont généralement des dispositions pour la dactylographie réussissent à devenir de bonnes opératrices.

Quand la machine linotype fut construite en Angleterre, il y a environ deux ans, ses promoteurs annonçaient une vitesse moyenne de production pouvant atteindre six mille lettres à l'heure, et la première base de payement des opérateurs fut fixée d'un commun accord entre patrons et ouvriers à cinq mille lettres; mais ce chiffre fut dépassé si vite que la plupart des opérateurs ne tardèrent pas à atteindre des salaires de 125 à 150 francs par semaine. Il convient de rapprocher ce chiffre du salaire moyen des typographes qui ne dépasse guère 75 francs,

Le Syndicat des Dames employées du commerce et de l'industrie (rue de l'Abbaye, 14), a ouvert pour ses adhérentes un cours de sténographie et de dactylographie déjà suivi par plus de soixante élèves. Plusieurs ont trouvé des places avantageuses grâce à l'acquisition de cette double connaissance. (L'une, récemment placée, gagne 7 francs par jour.)

Certaines associations sténographiques se sont préoccupées de faciliter à leurs membres l'apprentissage de la dactylographie par l'organisation de cours spéciaux. Mais le procédé de beaucoup préférable consiste à obtenir, soit par la recommandation de son professeur, soit par relations personnelles, d'entrer en qualité d'apprentie dactylographe dans l'une des nombreuses maisons de machines actuellement existantes. On y acquiert par une pratique quotidienne une expérience dactylographique rapide et complète, et l'on est ainsi excellemment préparée au rôle de sténo-dactylographe.

La province a suivi l'élan donné par Paris, et un peu partout se sont fondées des Sociétés régionales ou locales, se sont organisés des cours, se sont créés des foyers d'instruction sténographique.

Parmi ces Sociétés, nous aimons à signaler l'*Institut sténographique de France*, 150, boulevard Saint-Germain, auquel plus de cinquante sociétés provinciales sont affiliées, et sous les auspices duquel se sont organisés plus de deux mille cours, tant à Paris qu'en province. M. Depoin, président, et M. Nicault, dont nous avons apprécié l'obligeance, s'offrent bien volontiers pour tous renseignements.

Des Sociétés se sont également constituées dans les grandes villes, les chefs-lieux importants, principalement dans les centres industriels ou commerçants; elles étendent leur action sur toute la région et y concentrent leur activité. Ce sont :

A DUNKERQUE, le *Cercle sténographique dunkerquois*, 2, rue du Lion d'or ;

A ROUEN, le *Cercle sténographique rouennais*, Hôtel de Ville ;

A NANTES, l'*Association sténographique nantaise*, 9, rue de Flandre ;

A LIMOGES, l'*Association sténographique du Limousin*, 5, boulevard Victor-Hugo ;

A BORDEAUX, la *Société sténographique du Sud-Ouest*, Athénée municipal ;

A TOULOUSE, l'*Association des sténographes et dactylographes toulousains*, Faculté des lettres ;

A MARSEILLE, l'*Association des sténographes commerciaux*, 11, boulevard Gazzino ;

A TOULON, la *Société sténographique du Var*, Hôtel de Ville ;

A LYON, le *Club sténographique du Rhône*, 12, rue de la Préfecture ;

Le *Syndicat lyonnais des sténographes et dactylographes*, 49, rue de la République ;

A NANCY, l'*Union sténographique de Lorraine*, rue Chanzy.

L'embarras des femmes et des jeunes filles habitant la province et qui désirent apprendre la profession de sténographe ne vient donc pas de l'insuffisance des moyens mis à leur disposition, mais plutôt de l'ignorance où elles sont de ces moyens eux-mêmes. Il convient donc d'indiquer ici les procédés d'information les plus sûrs et les plus rapides.

En s'adressant à l'*Inspecteur primaire* de son département, on se renseignera sur l'ensemble des cours publics et gratuits qui ont lieu dans les écoles de la région. On se renseignera auprès des *maires* sur l'organisation dans la région, par les municipalités, les Sociétés d'instruction populaire, etc., de cours de sténographie.

Si l'on est près d'un grand centre où se soit constituée une Société de sténographie, on obtiendra par elle des indications précieuses sur les cours créés à son instigation dans le département.

Si cette ressource manque, on pourra se mettre en rapport avec les Sociétés sténographiques parisiennes. Enfin, en l'absence de tous moyens d'instruction sténographique, on pourrait encore, si les ressources le permettaient, utiliser les cours par correspondance (15 à 20 fr. par mois) et s'initier ainsi à la connaissance de la méthode ; car, pour acquérir la pratique nécessaire, des lectures, des exercices oraux, des dictées sont absolument indispensables.

***

Il n'existe aucun brevet officiel de capacité sténographique, mais des diplômes ou titres officieux délivrés par des associations soit enseignantes, soit professionnelles, à la suite d'examens.

Ces examens, généralement périodiques, ont lieu en fin d'année scolaire. Sont admis à y prendre part les membres de la Société organisatrice et les élèves libres, moyennant un droit d'examen très minime. On y fait subir trois épreuves correspondant aux trois degrés de l'instruction sténographique, et pour chacun desquels un diplôme spécial est délivré :

Diplôme élémentaire (épreuve théorique);

Diplôme commercial (rapidité de cent mots à la minute);

Diplôme professionnel (rapidité de 140 à 150 mots à la minute).

En dehors de ces diplômes, des prix sont décernés aux lauréats qui ont subi les épreuves avec le plus de succès.

Il est, en outre, délivré par l'*Union des sténographes*, mairie du VIe arrondissement, un *certificat d'aptitude à l'enseignement sténographique*, institué à l'usage des sténographes se destinant au professorat.

En raison des moyens gratuits mis à la disposition de ceux qui veulent apprendre la sténographie, le professorat ne saurait être conseillé comme un débouché avantageux. Les professeurs dans les instituts ou écoles payantes sont peu rétribués : de 75 à 125 fr. par mois, et cette fonction, d'ailleurs, est plutôt confiée à des hommes.

L'enseignement sténographique dans les cours commerciaux de la Ville pour jeunes filles est pratiqué par des femmes. L'allocation annuelle est insignifiante : 150 à 200 fr. pour une heure de cours par semaine; mais la situation est honorifique et aide à former un noyau d'élèves particulières. Ce poste n'est accessible qu'aux personnes possédant leurs brevets de capacité et ayant donné des preuves de leur savoir sténographique. *D'influentes recommandations sont, en outre, nécessaires.*

TRAITEMENTS ET AVANTAGES

On a raison de présenter la sténo-dactylographie comme une carrière dans laquelle la femme est appelée à prendre une large place.

Sans exagération aucune, le chiffre des sténo-dactylographes femmes doit être considéré comme trois fois supérieur à celui des sténo-dactylographes masculins.

Un rapport sur l'utilité de la sténographie commerciale (1), présenté par M. Navarre, membre de l'*Institut sténographique* au Congrès des Sociétés savantes de 1903, consigne de très intéressants résultats dont nos lectrices feront profit :

« Le nombre des personnes qui vivent en France uniquement de la pratique de la sténographie et de la machine à écrire n'est pas, pour nous, inférieur à 20.000. Cette carrière nouvelle a ouvert surtout des débouchés à une quantité de jeunes filles qui lui doivent, avec un travail relativement facile et moins pénible que beaucoup de travaux féminins, le gagne-pain assuré et plus d'indépendance.

« Au dernier *Congrès de l'enseignement technique et commercial*, la sténographie et aussi la dactylographie ont été l'objet d'un rapport et d'un échange de vues très intéressant entre le président, M. Siegfried, ancien ministre du commerce, Mlle Malmanche, inspectrice de l'enseignement commercial, et les directeurs et directrices d'écoles commerciales.

« La directrice d'une importante école de commerce, celle

(1) Imprimerie Nationale, 1904.

de Lyon, exposait ainsi le programme et les résultats de l'enseignement de la sténographie et de la dactylographie dans son établissement :

« Nous avons une heure et demie de sténographie la première année, et une heure par semaine dans la seconde moitié du cours supérieur. Les élèves arrivent à une vitesse de cent mots par minute. Au moyen de la machine à écrire, les élèves arrivent bientôt à écrire aussi vite et même plus vite qu'à la main. Il y a une heure de cet enseignement pendant la seconde année, et l'on exige des élèves qu'elles pratiquent encore deux heures par semaine pendant toute l'année. Nous insistons sur la sténographie et la dactylographie, afin de pouvoir procurer immédiatement à nos jeunes filles un salaire sérieux dans les maisons de commerce.

« Jusqu'à présent, nos élèves se placent facilement dans les banques, comme auxiliaires comptables, ou dans les maisons de commerce, comme secrétaires de la direction. Le chef de la correspondance leur dicte des lettres qu'elles prennent en sténographie et transcrivent à la machine à écrire. »

De son côté, Mlle Malmanche précisait la place que l'on entend donner à la sténographie dans l'enseignement commercial : « Nous ne voulons pas que les élèves viennent dans les cours commerciaux spécialement pour la sténographie et la dactylographie, car nous estimons que ces deux enseignements ne doivent pas être séparés du reste du programme qu'ils complètent très utilement.

« Il y a, à Paris, environ 300 grandes maisons qui emploient des sténo-dactylographes spéciaux, et il y a 80.000 maisons moyennes qui n'ont besoin de faire faire à leurs employés qu'une heure par jour environ de sténographie et de dactylographie, et les occupent ensuite à d'autres travaux.

« On rend donc le plus grand service aux élèves en les obligeant à suivre tous les cours et à joindre la sténographie à toutes les autres matières de l'enseignement. La vérité est que la sténographie est extrêmement précieuse dans le commerce, et qu'un comptable, qui est en même temps sténo-dactylographe, aura de plus grandes chances d'obtenir une rémunération élevée.

« Voilà pourquoi il faut faire marcher de pair l'enseignement de la sténographie et la pratique de la machine à écrire avec les autres matières du programme des écoles commerciales. »

Et M. Siegfried, résumant les observations présentées, concluait : « Nous sommes tout à fait d'accord sur ce point. Personne ne propose de donner une place unique à la sténographie et à la dactylographie. Nous demandons seulement qu'une place *importante* soit réservée à cet enseignement dans les écoles commerciales. »

Paris compte environ 3.000 élèves sténo-dactylographes. Un dixième parvient à des emplois convenablement rémunérés. Les femmes sténo-dactylographes ont un traitement mensuel variant, selon leurs capacités, entre 80 et 200 francs. — Les dactylographes seules gagnent entre 60 et 150 fr.

Lyon dispose d'un millier d'emplois pour sténo-dactylographes, réservés aux femmes dans la proportion des 2/3.

Bordeaux, en raison de son activité commerciale, est une place excellente pour les sténo-dactylographes.

Si l'avenir de la femme sténo-dactylographe est plein de

promesses, le présent a déjà pour elles d'agréables certitudes (1).

Les situations créées par l'Etat, ici comme partout, étant donnés le goût, l'engouement du fonctionnarisme pour lequel rivalisent les deux sexes, sont naturellement très recherchées.

Dames sténo-dactylographes au Ministère du Commerce. L'admission se fait au concours. Traitement de début, 1800 fr. Traitement maximum, 3,000 fr. Le nombre de ces situations est actuellement de dix-huit, et il est à prévoir que ce chiffre sera augmenté dans l'avenir.

Dames sténo-dactylographes à l'administraton générale de l'Assistance publique. Huit emplois de ce genre ont été récemment créés. Les nominations ont été faites par le Directeur après l'épreuve d'un examen professionnel, mais on a tout lieu de croire que le recrutement se fera dans l'avenir par voie de concours. Appointements : 1800 fr. par an.

Le *Conservatoire des Arts et Métiers* en emploie six ; le *Ministère de l'Agriculture*, une, et l'on parle de l'introduction prochaine de dames sténo-dactylographes à la Préfecture de la Seine, où une cinquantaine d'emplois seraient créés, et peut-être au Ministère des Colonies.

L'*Institut administratif*, 5, rue Paul-Louis-Courier, vient de s'adjoindre une nouvelle section destinée à former des dames sténo-dactylographes. Les cours professés dans cet établissement comprennent toutes les matières inscrites au programme du concours du *Ministère du Commerce.* L'Ins-

(1) Ces renseignements ont été fournis par le *Conseil des femmes*, numéro déjà cité du 15 juillet 1903.

titut administratif envoie sur demande tous les renseignements qu'on peut désirer au sujet de son enseignement sténographique.

D'une façon générale, les grandes administrations : les établissements de crédit, banques, compagnies d'assurances, maisons d'éditions, études d'avoués et de notaires emploient un certain contingent de sténo-dactylographes qui seront recrutées sur recommandation et après vérification de leurs capacités.

Dans les compagnies de chemins de fer, la sténographie et la dactylographie ne figurent au programme des concours d'admission qu'à titre d'épreuves facultatives ; elles ne sont donc pas pratiquées par des spécialistes.

Mais c'est surtout dans le commerce que la sténo-dactylographe trouve l'utilisation de son savoir, et il n'est pas de maison un peu importante qui n'ait une ou plusieurs machines.

Ces situations représentent, en moyenne, un traitement qui n'est guère inférieur à 120 francs et qui peut s'élever, si l'on possède des connaissances spéciales (comptabilité, langues étrangères, etc.), jusqu'à 200 et même 250 francs par mois.

La durée du travail ne dépasse guère six à sept heures.

On nous cite l'exemple d'une jeune fille attachée à la Banque Suisse, connaissant l'anglais, et dont le traitement est de 200 francs. Une autre, dans une maison d'électricité, chargée de la correspondance anglaise, gagne 250 francs par mois; une troisième, « chéfesse » dans une grande compagnie industrielle, c'est-à-dire dirigeant le travail de dix sténodactylographes, se voit allouer des appointements mensuels de 300 francs.

Les secrétariats auprès des ingénieurs, médecins, hommes de lettres, députés, sont très recherchés à cause de leur côté brillant et intéressant. Pour remplir cet emploi, il faut une culture intellectuelle étendue et une grande faculté d'assimilation, afin de s'initier rapidement à la technique des questions traitées. Ce sont, en outre, des postes de confiance; aussi, sont-ils bien rétribués : la secrétaire d'un grand spécialiste pour maladies d'estomac a 175 francs et la table; celle d'un chirurgien connu est payée 300 francs.

Le *Sténographe illustré* signale, comme femme sténographe la mieux rétribuée du monde, la secrétaire privée de M. Rogers, propriétaire d'une importante maison d'huiles d'Amérique. Elle reçoit un traitement annuel de 50.000 francs.

Mais nous ne sommes pas en Amérique.

---

§ 16.

Employées de commerce.

LOUVRE, BON-MARCHÉ, PRINTEMPS, ETC.

Dans une étude publiée par Mlle Schirmacher dans le Musée social sur *le travail des femmes en France* (1), le nombre des employées de commerce pour la France est évalué à 157,310.

Elles forment trois catégories :

Les vendeuses, les caissières-comptables et les correspondantes sténo-dactylographes.

(1) Libr. Rousseau, 14, rue Soufflot, 1902.

Les vendeuses forment le gros des employées de commerce. En général, leur situation économique n'est guère brillante. Ces jeunes filles, qui parfois gagnent seulement ce que gagne une ouvrière, sont obligées à une tenue correcte, élégante même, qui rompt l'équilibre de leur budget.

Sauf les postes de premières dans les rayons de lingerie et de confections, toutes les positions élevées dans les grands magasins sont réservées aux hommes. Nous ne connaissons pas de femme, chef de rayon. Ce n'est pas le moyen de développer de grandes qualités commerciales parmi les employées.

Aucune loi ne fixe présentement la journée maxima du personnel des magasins. Le repos dominical n'y est pas obligatoire. Une certaine agitation se fait depuis quelque temps parmi les patrons et les employés, en faveur de la fermeture, à sept heures du soir, des magasins, et de l'introduction obligatoire du repos du dimanche (1).

La loi du 29 décembre 1900, dite « loi des sièges », impose aux patrons l'obligation de mettre des sièges à la disposition de leur personnel féminin. Cette disposition d'humanité nous offre l'occasion de rendre hommage au groupe de femmes entraînées par Mme Henri Lorin et Mme de la Tour du Pin qui, s'adressant en même temps aux directeurs des grands maga-

(1) Sur plusieurs milliers d'employés travaillant au *Louvre*, il ne reste, le dimanche, que quelques hommes nécessaires pour assurer la sécurité et garder le local.

Les livraisons n'ont plus lieu, le dimanche, depuis 1900. Il est juste de reconnaître que le mérite de cette mesure philanthropique, à laquelle ont consenti les clientes, consultées, revient par-dessus tout à M. Honoré, le respectable directeur des magasins, qui prit l'initiative de cette judicieuse et pratique consultation.

sins et à l'opinion publique, ont fait ressortir tout le préjudice physique causé à la femme par une longue position verticale (1).

Les caissières-comptables ont des salaires mensuels de 80, 100 et 150 francs. Dans les grandes maisons de commerce et dans les postes de confiance, elles vont même au-delà de ce dernier chiffre. Leur scrupuleuse exactitude et leur fidélité sont connues. Elles peuvent se préparer à leur profession en suivant les cours des écoles de commerce, fondées par l'Etat, qui sont au nombre de six, et les cours du soir d'adultes, institués dans toutes les villes de France.

Un syndicat des caissières-comptables a été créé à Paris. Parmi les vendeuses, l'idée syndicale n'a pas encore fait son chemin.

Nous n'avons pas à parler ici des sténo-dactylographes. Nous l'avons fait sous le §. 15.

La position des vendeuses des grands magasins est sensiblement la meilleure de toutes ces positions. En effet, les grands magasins font à leurs employées des conditions avantageuses comme salaires, et leurs institutions patronales exercent sur elles une véritable action tutélaire.

Nous nous en tenons à la revue des plus importants de ces magasins sur la place de Paris. Et cela, pour deux raisons. Ce

(1) « L'obligation pour des femmes de rester ainsi debout toute la journée entraîne une fatigue qui épuise peu à peu toutes les forces des plus vaillantes et porte à la santé un préjudice dont les conséquences, de l'avis des médecins les plus autorisés, sont toujours des plus sérieuses et peuvent quelquefois être mortelles. Cette situation nous a vivement émues, et nous souffrons de penser que tant de jeunes filles sont, chaque jour, astreintes, pour nous servir, à un règlement si pénible. » Hector Bezançon : *La protection légale des employées de commerce*, p. 47. (A. Rousseau, éditeur, Paris, 1903.)

sont évidemment les mieux organisés, ceux auxquels l'employée de commerce tend à parvenir. Ce sont aussi ceux sur lesquels nous sommes en mesure de fournir des données précises.

CONDITIONS D'ADMISSION ET EMPLOIS

Les grands magasins de nouveautés de Paris, le *Louvre*, le *Bon-Marché*, le *Printemps*, n'admettent habituellement pas les demoiselles comme employées de commerce avant l'âge de dix-huit ans. Ils ne les admettent pas plus tôt dans le double intérêt de leur développement physique et moral. De plus jeunes filles pourraient être trop fatiguées par l'activité des affaires, et elles seraient exposées à ne pas savoir garder la tenue nécessaire. Les deux premiers de ces magasins exigent habituellement un stage dans une autre maison de commerce de la capitale.

Au *Printemps*, les employées ne sont acceptées que sur des références sérieuses, vérifiées et permettant de croire que les postulantes, par leurs connaissances spéciales et leur façon d'être, répondent à ce que la clientèle demandera d'elles. Les références exigées sont toutes différentes, suivant l'emploi sollicité et l'âge de la candidate.

TRAITEMENTS ET AVANTAGES

Les demoiselles employées de commerce du *Louvre* sont nourries à la maison. Les femmes mariées, seules, ont le droit de prendre leurs repas au dehors : le but moral de cette disposition parle de soi.

L'Administration de ces magasins préfère prendre des jeunes

filles vivant chez leurs parents. Mais à toutes les jeunes filles isolées elle fournit gratuitement le logement dans une maison de famille lui appartenant, rue Montessuy, et où elle les fait prendre en voiture pour les amener aux magasins, de même qu'elle prend le soin de les y faire reconduire le soir. Si une demoiselle n'observe pas la discipline de la maison de famille, l'Administration cesse de lui faire cet avantage.

Les demoiselles de magasin débutent avec de petits appointements fixes, soit 400 francs, et un intérêt sur les ventes dit « guelte », qui varie avec leurs aptitudes.

La rémunération de leur travail peut se définir sensiblement ainsi :

Nourriture.	800 fr.	»
Traitement fixe	400	»
Et l'intérêt le plus variable, soit . . .	800	»
Total.	2.000 fr.	»

Elle deviennent premières vendeuses, manutentionnaires, secondes et premières dans certains rayons, et leurs appointements vont grandissant à proportion.

La plupart des demoiselles de magasin du *Louvre* se marient, et moitié de celles qui se marient cessent de travailler pour s'occuper de leur ménage.

Le *Bon-Marché* pourvoit au logement des jeunes filles qu'il emploie et qui n'ont pas de famille à Paris. Chacune d'elles a une chambre bien aménagée dans les étages supérieurs du bâtiment annexe rue Duroc. Elles peuvent se réunir dans un salon pour la lecture et pour la musique ; une bibliothèque, un piano, des jeux divers y sont à leur disposition.

De sept heures et demie à huit heures du matin, du café au

lait et du chocolat leur sont servis ainsi qu'aux autres dames et demoiselles employées. Un déjeuner confortable leur est assuré à toutes. En présence du désir manifesté par beaucoup de leurs employés des deux sexes, les directeurs, continuant les traditions de leur premier chef et voulant assurer à chacun la possibilité de vivre le soir la vie de famille, n'ont pas hésité à mettre tous leurs employés à même de choisir entre le dîner pris chez eux ou au magasin. Ceux qui l'ont désiré continuent de prendre le repas du soir au *Bon-Marché*, repas aussi confortable que celui du matin.

L'historique des magasins du Bon-Marché, élégante plaquette mise obligeamment à notre disposition, est muet sur les conditions qui sont faites au personnel des dames employées. Une vendeuse du *Bon-Marché* affirmait avec un sourire content : « Une femme gagne très bien sa vie ici. » Contentons-nous, à notre tour, de ce témoignage relevé par Mlle Schirmacher dans une brochure déjà citée (1).

Les dames employées au *Printemps*, suivant leur intelligence, leur éducation et leur travail, peuvent espérer atteindre toutes les situations. Leurs appointements, fixes et intérêts, sont en rapport avec ces situations, et leur estimation suit une échelle ascendante, non régulière, de 25 francs de traitement par mois, avec nourriture matin et soir, jusqu'à 12, 15 et 20.000 francs d'appointements et intérêts que peuvent se faire les acheteuses des meilleurs rayons féminins de ces magasins, suivant l'intelligence de leurs achats et le chiffre d'affaires de leur comptoir.

(1) P. 350.

Les employées de ces magasins, soucieuses de leurs devoirs vis-à-vis de la maison et obligeantes avec la clientèle, peuvent compter sur une grande bienveillance de la part de leur Administration, et sur une grande stabilité dans leur emploi. Jamais elles ne sont congédiées sans un motif grave ou sans plusieurs observations faites au préalable sur leur manière de servir, et alors qu'il semble impossible de leur faire mieux entendre ce que l'en espérait obtenir d'elles. — Par contre, la situation de toutes les employées du *Printemps* est examinée deux fois par an ; en mars et en octobre, des augmentations sont données aux plus méritantes et aux plus anciennes.

INSTITUTIONS PATRONALES

Le *Louvre* verse, sans retenue sur le traitement, 200 francs par an à la Caisse des retraites sur un livret individuel à capital réservé pour chaque employée dont le traitement et les intérêts n'excèdent pas 5.000 francs par an, non compris les 800 francs de nourriture. Le versement des six premières années se fait en une seule fois après cette période accomplie, le droit à la retraite exigeant ce stage.

En outre, trente employées, des plus éprouvées par l'âge ou les infirmités, reçoivent une retraite spéciale de 800 francs par an, don de Mme Hériot.

Le *Bon-Marché* s'est placé au premier rang des magasins de nouveautés parisiennes pour ses institutions patronales. Diplôme d'honneur à l'Exposition universelle de 1878, médaille d'or du prix Audéoud (1889), deux grands prix à l'Exposition universelle de 1889, deux grands prix à l'Exposition universelle de 1900, enfin un grand prix à l'Exposition universelle de Saint-Louis (Etats-Unis 1904), constituent les plus hautes récompenses décernées aux philanthropes et justifient l'appréciation de Jules Simon sur les fondations de M. et Mme Boucicaut : « Tout ce qu'il fallait faire a été généreusement et habilement fait. La tête était aussi bonne que le cœur. »

Les employés des deux sexes de ces magasins doivent, tous, faire partie d'une société de secours mutuels.

Dans le but de les encourager à faire des économies, le Bon-Marché, continuant ce qu'avait fait son fondateur, reçoit en dépôt les sommes épargnées sur leurs appointements et leur sert l'intérêt à raison de 5 % l'an.

Afin d'aider au rétablissement des femmes en couches, il leur accorde une allocation fixée à 100 fr. pour les employées et à 60 fr. pour les ouvrières.

Quand une jeune fille se marie, elle peut demander que le montant de son livret lui soit remis le jour de son mariage, ce qui lui est accordé par faveur, quel que soit son temps de présence, même si elle quitte les magasins.

La première en date des institutions philanthropiques du Bon-Marché est une institution de prévoyance. Cette caisse de prévoyance, instituée par MM. Boucicaut et fils, a été créée par M. Aristide Boucicaut qui, comprenant que tous ses employés n'étaient pas en situation d'épargner, se chargea d'épargner pour eux.

L'avis par lequel il porta cette création à la connaissance de son personnel résume excellemment l'esprit de la fondation : « En instituant la présente Caisse de prévoyance, nous avons voulu assurer à chacun de nos employés la sécurité d'un petit capital qu'il puisse retrouver au jour de la vieillesse, ou qui, en cas de décès, puisse profiter aux siens. Nous avons voulu en même temps leur montrer, d'une manière effective, quelle est l'étroite solidarité qui doit les unir à la maison. Ils comprendront mieux que l'activité de leur travail, le soin des intérêts de la maison, l'économie du matériel mis à leur disposition, sont autant de devoirs qui tournent au profit de chacun. Ils se pénétreront davantage des principes que nous ne cessons de leur prescrire ; ils sauront mieux, y étant plus directement intéressés, que le succès dépend de leurs soins, de leur bonne tenue et de l'attention qu'ils apporteront à satisfaire la clientèle, but auquel nous tendons tous. »

Cette caisse, fondée et entretenue par les libéralités annuelles de MM. Boucicaut et fils, et successivement de la Société veuve Boucicaut et Cie, et de la Société Plassard, Morin, Fillot et Cie, puis Morin, Fillot, Ricois et Cie, édicte, en son article 6, les dispositions suivantes en faveur du personnel féminin des magasins :

« Le droit à la prévoyance Boucicaut est acquis :

« 1° Pour un tiers aux employés, *dames* ou *hommes*, comptant dix années de présence non interrompue dans la maison...

« 3° Pour la totalité aux employées *dames*, comptant quinze années de présence non interrompue dans la Maison...

« 5° Pour la totalité également aux employées *dames* ayant quarante-cinq ans. »

La *Caisse de prévoyance Boucicaut*, qui a pris ce nom en

souvenir de son fondateur, est alimentée par les sommes que la maison prélève le 31 juillet de chaque année sur les bénéfices réalisés. Cette somme, qui est une pure libéralité, est répartie entre les participants, au prorata de leurs appointements ; ce compte ouvert à chacun s'accroît des intérêts annuels calculés à 4 % et du produit de chaque répartition nouvelle (1).

Y participent tous les employés des deux sexes ayant cinq années de présence non interrompue.

Cette caisse est régie par la gérance avec le concours des intéressés de la maison. Son développement est considérable.

A sa fondation, en 1876, le nombre des participants était de 128, et le capital, de 62.020 francs. D'année en année, les chiffres ont grossi, si bien qu'au 31 juillet 1904, les participants étaient **2.905** et le capital atteignait **4.125.653** francs.

Mme Boucicaut voulut compléter l'œuvre de son mari par l'institution d'une *Caisse de retraites pour les employés du Bon-Marché*. Le jour même de la constitution de la Société civile qu'elle institua, le 4 août 1886, fut marqué par la créa-

(1) Nous relevons aux règlements de comptes effectués par la *Prévoyance Boucicaut* aux titulaires qui ont quitté le Bon-Marché depuis le 1er août 1903 :

Mlles Splinguet, compte payé en totalité			4.096	»
Coulonval		—	3.312	90
Mmes Monnot		—	1.431	80
Ribière		—	2.529	45
Leber		—	2.435	90
Barbé		—	92	70
Barvay		—	921	95
Dumont,	9/10	de son compte	1.246	10
Vannier	1/2	—	138	95
Lécluse	1/3	—	253	05
Chevy	1/3	—	256	70
Mlle Meyer	2/3	—	796	85

tion d'une Caisse de retraites en faveur des employés non intéressés.

Cette Caisse reçut de sa fondatrice une dotation immédiate d'un million; mais quelques mois plus tard, Mme Boucicaut, « afin d'assurer le sort de tous ceux qui contribuent à la prospérité de sa Maison », ajouta à cette dotation première, sous forme de donation entre vifs, c'est-à-dire irrévocable, une nouvelle somme de quatre millions, soit, au total, cinq millions pris sur sa fortune personnelle.

Cette Caisse fonctionne *sans aucune retenue* sur les appointements du personnel; la pension est acquise aux employés comptant vingt années de services et quarante-cinq ans d'âge.

De l'origine de cette *Fondation Boucicaut*, au 31 décembre 1904, quatre cent soixante-une pensions avaient été constituées. Le capital de cette Caisse s'élevait, au 31 juillet 1904, à 7.421.789 fr., donnant un revenu de 244.000 fr., auquel viennent s'ajouter les revenus accumulés des sommes provenant du prélèvement sur les bénéfices qui s'élevaient, à la même date, à 254.700 fr. environ.

Trois cent soixante-quinze employés du Bon-Marché sont actuellement retraités. Les pensions forment un total de 263.925 fr. par an.

Les travailleurs à la tâche furent compris, à leur tour, dans ce salutaire réseau d'institutions patronales.

Une troisième Caisse fut créée, en 1892, dans le but de venir en aide aux ouvriers et aux ouvrières du Bon-Marché et d'améliorer leur situation au moyen de secours temporaires, de secours renouvelables et de pensions de retraite.

Elle est destinée à venir en aide aux ouvriers et ouvrières, reconnus dans le besoin, travaillant dans les ateliers de la Maison ou de ses dépendances, à la journée ou aux pièces, et payés directement par la Caisse de cette Maison.

Premièrement, au moyen de secours temporaires qui pourront être alloués :

1° Aux ouvriers et ouvrières qui, par suite d'accident ou de maladie, se trouveraient momentanément dans l'impossibilité de travailler ;

2° Aux femmes en couches, ouvrières de la Maison ;

3° Aux veuves et orphelins mineurs des ouvriers et ouvrières décédés en état d'activité après cinq ans de présence.

Deuxièmement, au moyen de secours renouvelables qui pourront être accordés aux ouvriers et ouvrières ayant quinze ans de présence, atteints de maladies ou d'infirmités contractées au service de la Maison et entraînant incapacité de travail.

Troisièmement, au moyen de pensions de retraites qui pourront être accordées aux ouvriers âgés de cinquante-cinq ans et aux ouvrières âgées de cinquante ans, ayant vingt-cinq ans de présence à la Maison et se trouvant dans l'impossibilité de continuer leur travail.

Elle est l'œuvre des actionnaires et des gérants, et est régie par ces derniers. Elle s'alimente, elle aussi, par un prélèvement sur les bénéfices annuels, et fonctionne sans aucune retenue sur les salaires. Le capital de cette Caisse s'élevait, au 31 juillet 1904, à la somme de 694.586 fr.

Le testament de Mme Boucicaut, monument de philanthropie à la fois éclairée et magnifique, donna la fortune, tout entière, de cette femme de bien.

Elle laissa à chacun de ses employés une somme variant de 1.000 à 10.000 fr., suivant l'ancienneté des services, offrant ainsi à son personnel, dont elle avait fait sa famille, une suprême marque de son affection et de sa libéralité.

Ses autres legs, répartis avec une haute sagesse, entre toutes les institutions de bienfaisance française, se chiffrent par millions ; l'Assistance publique fut chargée de les acquitter, ayant mission de construire un hôpital avec ce qui resterait de sa fortune. Cet hôpital, inauguré en 1897 dans le quartier de Javel, est un modèle d'installation. Il porte le nom d'*Hôpital Boucicaut;* au premier étage, des chambres y sont réservées aux malades du Bon-Marché.

***

Le *Printemps* a, de son côté, une Caisse de secours et une Caisse de retraites pour son personnel.

Alimentées par des prélèvements faits statutairement sur les bénéfices de chaque exercice, ces Caisses viennent en aide aux malades et prévoient, après vingt-cinq ans de services, une retraite qui peut être payable, dès quarante-six ans d'âge, pour les dames.

La moyenne d'ancienneté du personnel féminin occupé dans ces magasins est de dix années environ.

Des soins médicaux, des consultations de médecins et des médicaments sont donnés gratuitement.

Signalons encore quelques Sociétés de secours mutuels instituées en faveur des demoiselles de magasin en général :

1° La Société l'*Avenir*, qui a organisé une caisse de retraites ;

2° La *Société de la rue de Vaugirard*, dirigée par la Sœur Saint-Augustin ;

3° La Société de secours mutuels entre jeunes ouvrières, *La Parisienne*, fondée sous le patronage des Sœurs de Marie-Auxiliatrice, rue de Maubeuge, 25.

Il faut reconnaître que les œuvres de mutualité ne réunissent qu'un petit nombre d'adhérentes. Disons, pour être courtois, que la femme, plus économe que l'homme par nature, sent moins la nécessité d'une assurance contre la maladie ; et ajoutons, pour être sincère, qu'il arrive souvent que son salaire ne lui permet pas de rien distraire pour s'assurer contre la misère que peut occasionner une longue maladie.

Au surplus, il importe d'observer que les femmes ne supportent pas, en moyenne, la fatigue de la vie de magasin au-delà de cinquante ans. Comme elles commencent plus tôt que les hommes et surtout n'ont pas l'interruption du service militaire, elles atteignent habituellement à cet âge une retraite suffisante pour vivre. Mais l'aisance dans laquelle vivent parfois un peu inconsidérément les demoiselles de magasin, quand elles ont 3, 4, 5 et 6.000 fr. d'appointements, rend la transition un peu dure. Sous ce rapport, la prévoyance n'est pas très développée chez les demoiselles qui ont les plus forts appointements.

***

En résumé, les employées de commerce, qui ont la chance d'être placées dans de grands magasins soucieux de leur responsabilité patronale, ont tous leurs dimanches et jours de fêtes, viennent à 8 heures du matin, sortent à 7 heures le soir après avoir pris un repas réconfortant dans ces magasins. Elles sont ainsi dans de fort bonnes conditions d'hygiène, et les égards, les soins dont elles sont entourées leur assurent, avec la dignité de la vie, la sécurité de leurs vieux jours.

Mais le métier est pénible pour des femmes, et il convient de ne les employer que là où il est absolument impossible de mettre des hommes. Observez, d'ailleurs, ce qui se pratique dans les trois magasins que nous avons pris comme types, et vous constaterez que leurs administrations n'en emploient pas plus de 9 à 10 %, sur l'effectif général de leur personnel.

Mlle Schirmacher a conclu justement, dans sa brochure déjà citée, le *Travail des femmes en France*, pages 371-372 :

« Dans la plupart des professions qui admettent l'avancement, celui des femmes se borne à une augmentation de traitement, sans comporter une élévation de grade, un surcroît de responsabilité.

« D'emblée, les postes supérieurs sont réservés aux hommes, ce qui n'est pas le moyen de développer l'initiative des femmes, ni de les habituer à supporter le poids de responsabilités ! On leur enlève d'ailleurs un des plus puissants stimulants de la vie professionnelle : l'ambition.

« Leurs salaires sont presque toujours très sensiblement inférieurs à ceux des hommes.

« Cet écart ne s'explique ni par la différence, d'ailleurs si contestable, des besoins de l'homme et de ceux de la femme, ni par un rendement inférieur du travail féminin.

« Même lorsqu'elle travaille autant et aussi bien que l'homme, la femme est toujours moins payée. Sa situation au point de vue civil et politique, le peu d'usage qu'elle a fait jusqu'ici de l'organisation syndicale, la grande concurrence entre femmes expliquent en partie cette infériorité de salaire.

« Mais la raison principale nous paraît être celle-ci : Partant du fait que, pendant longtemps, la femme a trouvé, en totalité ou en partie, sa subsistance au foyer domestique, *on a fixé son salaire de travailleuse professionnelle au taux d'un salaire d'appoint.* »

Nos lectrices nous permettront d'ajouter, comme conclusion de cette rapide étude, l'observation ci-dessous que le chef d'une grande maison de commerce parisienne nous transmettait, et à laquelle nous nous rallions de la façon la plus formelle :

« Le féminisme pratique, c'est de ramener la femme aux travaux qu'elle peut accomplir au foyer familial.

« Même bien traitées, bien payées, les femmes seront toujours à côté de leur vocation, même dans les maisons de commerce où l'on a le plus de souci et d'égards pour elles. »

---

§ 17.

Couturières et lingères.

Parmi les métiers qui sont, pour ainsi dire, l'apanage de la femme, nous mettons en première ligne les métiers de l'aiguille. Toutes les femmes travaillent à l'aiguille, beaucoup trouvent dans ce travail les ressources nécessaires à leur existence.

Les différentes ouvrières de l'aiguille, couturières, lingères, confectionneuses, brodeuses, modistes, dentellières, etc., constituent, à proprement parler, l'ensemble de l'industrie si intéressante, à plus d'un titre, des vêtements de femme. Il est curieux de rechercher ce que devient la patronne couturière, chef de l'atelier familial, en présence du développement continu des grands ateliers ; il faut étudier comment se recrute l'ouvrière, comment elle vit, ce qu'elle devient au milieu de ces agglomérations féminines, exposée à toutes les tentations du luxe.

Aux personnes désireuses de faire une étude approfondie de la question, nous sommes heureux de signaler quelques ouvrages (1), la série d'articles publiés à plusieurs reprises dans le journal *le Figaro*, par M. le comte d'Haussonville, avec la haute autorité que son nom attache à toutes les questions qu'il traite, sur la situation des ouvrières de l'aiguille et des œuvres créées pour leur venir en aide.

Statistique. — Dans la préface du rapport qu'il adressait au président de la commission des valeurs de douane, M. G. Worth se plaignait qu'on n'accordât généralement pas à l'industrie

(1) *Le travail en France, monographies professionnelles*, par J. Barberet, t. V.

Les Ouvrières de l'aiguille à Paris, par Charles Benoist ; Léon Chailley, éditeur, 1895.

La couture et la confection des vêtements de femme, par G. Worth ; imprimerie Chaix, et chez l'auteur, 7, rue de la Paix.

La Petite Industrie (salaires et durée du travail), t. II : *Le vêtement à Paris*, publiée par l'Office du Travail. Paris, Imprimerie Nationale, 1896.

Les patronnes, employées et ouvrières de l'habillement, à Paris, leur situation morale et matérielle, par M. Aine. (Extrait de la Réforme sociale). Au Secrétariat de la Société d'Economie sociale, 54, rue de Seine, 1897.

du vêtement l'attention qu'elle mérite. « On n'apprécie pas, écrivait-il en 1895, à sa juste valeur sa situation par rapport à notre exportation et l'on n'a pas, jusqu'ici, cherché à établir le chiffre de l'énorme mouvement d'affaires auquel elle donne lieu et des salaires si considérables qu'elle distribue. On ne se doute pas, en effet, du nombre d'ouvrières qu'elle emploie. A Paris seulement, on estime qu'il varie entre 65.000 et 100.000, sans compter celles des industries accessoires qui en dépendent. »

Relevons, d'après les rapports si documentés de MM. Worth et Aine, les chiffres fournis, pour Paris seulement, en 1850 et en 1897.

En 1850, le nombre des couturières figurant au Bottin comme fournissant des étoffes s'élevait à 158. Sous la rubrique *Nouveautés confectionnées*, on relevait 67 maisons. Au total, 225 maisons.

En 1897, le nombre total des couturières ou entrepreneuses pour magasins est estimé à environ 6.000.

On peut dire qu'il y a en outre :

10 maisons de couture occupant de 300 à 600 ouvrières ;

20 maisons de couture occupant de 100 à 150 ouvrières ;

30 maisons de couture occupant de 50 à 100 ouvrières ;

100 maisons de couture occupant de 20 à 50 ouvrières ;

1500 environ maisons de couture occupant de 10 à 15 ouvrières ; en ne prenant, bien entendu, que celles inscrites au Bottin. Enfin, 300 maisons de confection en gros ou maisons de nouveautés occupant des entrepreneuses, qui elles-mêmes font travailler en atelier ou distribuent de l'ouvrage à des ouvrières travaillant dans leur ménage.

M. Worth estime, d'après un calcul sévèrement établi et d'après les statistiques publiées par le ministère du commerce, que l'industrie du vêtement occupe 400.000 ouvrières dans toute la France, de sorte que, si l'on prend pour base le chiffre de deux francs par jour auquel on évalue le gain moyen d'une couturière travaillant 200 jours par an, on arrive à trouver un salaire annuel moyen de 400 × 400,000, soit 160.000.000 francs (1).

L' « élasticité » des statistiques est, d'ailleurs, affirmée en l'industrie de la couture par d'irrécusables témoignages.

Un rapport présenté, dès 1884, par le *Syndicat patronal de la couture*, à une commission parlementaire de ces temps reculés, expose des difficultés déjà considérables, il y a de cela plus de vingt ans :

« Impossibilité de dresser, comme pour d'autres industries, des statistiques reposant sur des chiffres parfaitement précis, et en voici les raisons :

« 1° D'une année à l'autre, le nombre des maisons de confection et de couture varie d'une manière notable ;

« 2° Suivant l'époque de l'année, le nombre d'ouvrières employées varie du simple au double ;

« 3° Les ouvrières, dans la confection, sont généralement payées à la pièce ; le salaire d'une journée dépend de leur habileté et du genre de travail qu'elles font (2). »

(1) Poursuivant la méthode de contrôle qu'il a adoptée, M. G. Worth établit que le salaire représente en moyenne de 13 à 15 % du prix de vente et arrive ainsi à un chiffre d'affaires annuel de 1.160.000.000 francs, pour toute l'industrie du vêtement de femme en France.

(2) *Le travail en France* : Article Couturières, par J. Barberet : ouvrage déjà cité, p. 323.

*
* *

APPRENTISSAGE ET SALAIRES

Nous relevons, dans le rapport déjà cité, ces considérations générales sur l'importance de l'industrie de la couture. Elles sont la préface naturelle de cette étude.

« Si, pour les motifs qui précèdent, dit le rapporteur de 1884, nous devons nous abstenir de présenter des tableaux statistiques, nous avons du moins à faire ressortir l'importance de notre industrie.

« Nous estimons à 2.000 le nombre de maisons de confection et de couture actuellement établies à Paris.

« Ces 2.000 maisons occupent environ 50.000 ouvrières qui gagnent en moyenne 3 fr. 50 par jour. En comptant 230 jours de travail effectif par an (dimanches, fêtes et jours de chômage déduits), notre industrie représente pour Paris un total de salaires de plus de 40 millions de francs par an.

« Les ouvrières actives et intelligentes arrivent aisément à des journées de 4 fr. à 4 fr. 50. Dans la couture, les ouvrières payées à l'heure peuvent arriver à des journées de 6, 7 et même 8 fr.

« La production de notre industrie peut être estimée de 200 à 250 millions de francs par an.

« Ce n'est pas tout. Le développement de l'industrie de la confection et de la couture exerce une influence considérable sur une série de fabrications, telles que tissus, broderies, dentelles, passementeries, boutons, etc. Des industries spéciales se sont créées en France sous l'impulsion de confectionneurs intelligents. Les soieries de Lyon, les tissus de Picardie restent sans rivaux au monde, grâce surtout aux inspirations et aux conseils de certaines grandes maisons parisiennes de couture et de confection. »

APPRENTISSAGE

Les ouvrières sont admises dans les ateliers de couture à la suite d'un apprentissage qui, présentement, est mixte, se poursuivant en partie à l'école professionnelle, en partie à l'atelier.

Il convient d'ajouter qu'il se manifeste une tendance de plus en plus marquée à rendre légalement obligatoire l'apprentissage à l'atelier, avec fréquentation de l'école professionnelle à des jours et heures déterminés. Ce serait une amélioration sérieuse des conditions de l'apprentissage.

Les écoles professionnelles de Paris, nombreuses, se décomposent en deux catégories :

1° Les écoles professionnelles municipales, appartenant à la ville, au nombre de six : rue d'Abbeville, 14 (ancienne rue Bossuet) ; — rue Bouret, 2 (école Jacquard) ; — rue Fondary, 20, 22, 24 ; — rue Ganneron, 26 ; — rue de Poitou, 7 ; — rue de la Tombe-Issoire, 77 ;

2° Les écoles professionnelles libres.

Une quinzaine de ces écoles, qui relèvent de l'*Œuvre générale des écoles professionnelles catholiques*, sont subventionnées et patronnées par le Comité.

La *Société pour l'enseignement professionnel des femmes* possède deux écoles, connues sous le nom d'*Elisa-Lemonnier*, plus particulièrement placées sous l'influence protestante : 41, rue des Boulets, et 24, rue Duperré.

Au bout de deux ans d'apprentissage, la jeune fille commencera à gagner et sera ce que l'on appelle en termes d'atelier une « petite main ». Mais il faut bien compter, habituellement, trois ou quatre années d'apprentissage pour former une bonne couturière.

SALAIRES

Il convient de payer un juste tribut au talent créateur et organisateur de la patronne qui sait se faire une clientèle ; elle parvient le plus souvent, avec beaucoup de peine, il est vrai, à tirer un profit rémunérateur de son travail et de son capital.

Nous reconnaissons que la première essayeuse et la première vendeuse, qui aident efficacement la patronne, touchent souvent des appointements dont se contenteraient beaucoup d'hommes de talent.

Salaire des employées.

Pour la plupart de celles-ci, le salaire est généralement suffisamment rémunérateur ; elles sont payées au mois et sont nourries chez la patronne, tandis que les ouvrières ne sont pas nourries. De plus, à part celles qui servent de « mannequin » et qui, généralement plus jeunes, s'initient à la vente en montrant les modèles aux clientes, elles ont assez d'expérience pour savoir défendre leurs intérêts.

Suivons M. Aine, un patron parisien, dont l'étude, déjà citée, est un guide très autorisé :

« Entrez, si vous le voulez bien, avec moi dans un de ces ateliers d'une maison où, suivant le style du métier, le travail donne. Vous y verrez, en majorité, des figures jeunes et gaies, quelquefois trop gaies, car, si peu que l'heure de la livraison du corsage ou de la jupe soit encore éloignée, le bavardage va son train.

« Comment se recrutent ces ouvrières? Quelquefois par relations, le plus souvent par affiches placées à la porte de la maison. On les engage sans les connaître ; on les prend à l'essai et, si leur travail convient, on les garde. Si la patronne surveille ses ateliers, ce qui est rare, car le temps lui manque ; si la première d'atelier est bonne, si elle sait maintenir l'ordre et la tenue parmi ses ouvrières, les nouvelles venues prennent vite le ton général et l'ensemble ne souffre pas trop de ce recrutement un peu hâtif. Mais si la première n'a pas de tenue elle-même, ce qui malheureusement est assez fréquent, c'est l'intempérance de langage qui règne, au grand détriment bien souvent des plus jeunes ouvrières.

« L'hygiène de ces ateliers ne laisse-t-elle au moins rien à désirer? Comment le supposer, quand on songe que ces ateliers sont généralement installés dans des pièces qui ne devaient pas recevoir cette destination. Les loyers sont chers, les locaux sont étroits ; il n'est guère possible, malgré la bonne volonté de certaines patronnes, de faire une meilleure installation.

« La question des repas est aussi intéressante. L'habitude la plus générale est d'accorder une heure pour le repas à midi ; si l'atelier doit travailler après huit heures, il est accordé un quart d'heure vers six heures du soir. Pour le repas de midi, les ouvrières peuvent sortir pour aller déjeuner chez elles ou se rendre au restaurant de leur choix ; elles peuvent, si elles le préfèrent, prendre leur repas dans l'atelier ou dans une salle spéciale. S'il s'agit du restaurant, vous savez tous les dangers auxquels l'ouvrière est exposée. M. Charles Benoist, dans son étude *les Ouvrières de l'aiguille à Paris*, a raconté comment les liaisons se formaient dans ces établissements au milieu de la promiscuité des convives.

« Cependant quelques-unes se marient ; elles s'empressent alors le plus souvent de quitter l'atelier pour travailler chez elles pour la clientèle de quartier. Leur salaire se trouve moins élevé, mais elles peuvent s'occuper de leur ménage. Peu de femmes mariées travaillent dans les ateliers du centre. Il est à remarquer, d'ailleurs, que la composition des ateliers de couture est plutôt jeune ; on rencontre, en revanche, plus de femmes âgées dans les ateliers de manteaux. »

Salaires des ouvrières couturières.

Quel est le salaire de ces ouvrières ? M. du Maroussem divise les ouvrières en trois catégories :

1° Celles qui font partie de ce qu'il appelle *le noyau ;* ce sont celles travaillant dans le même atelier depuis plusieurs années, celles-là n'ont pas de *morte-saison*, ou très peu ; elles ont cependant, pendant les mois de juillet, août, septembre en été, décembre, janvier en hiver, quelques jours de repos qui leur sont d'ailleurs assez utiles et qu'elles demandent volontiers, surtout l'été ; en outre, pendant ces mois, quand elles viennent à l'atelier, elles quittent souvent le travail à quatre, cinq ou six heures, au lieu de le quitter à huit heures du soir, comme cela a lieu dans les journées ordinaires.

La journée est, en effet, de dix heures ; l'atelier ouvre presque partout à neuf heures du matin et ferme à huit heures du soir, avec une heure de repos dans l'après-midi pour le déjeuner. En saison, la journée peut être de onze heures ou de douze heures. Dans ce cas, le salaire est augmenté des heures supplémentaires. Par suite, dans le calcul des journées de travail, on estime que le salaire supplémentaire vient compenser la perte subie par les demi-journées de morte-saison.

2° La seconde catégorie comprend les *ouvrières intermédiaires*, bonnes ouvrières également, mais moins anciennes que celles du noyau et moins attachées aussi à la maison. Pour celles-là, la morte-saison est plus longue. Souvent elles changent d'atelier justement pendant la morte-saison.

3° La troisième catégorie est composée des *ouvrières supplémentaires*, généralement moins habiles et moins stables que celles de la seconde catégorie ; elles ne sont engagées que pour une période de presse.

Les ouvrières faisant les manteaux ont une saison de travail plus courte que celles qui font les robes, surtout l'été. Leur salaire est aussi, par compensation, un peu plus élevé ; elles trouvent, d'ailleurs, à s'engager dans des ateliers qui font la confection en gros, dont la saison est en avance d'environ deux mois sur celle des maisons de détail.

Après une enquête minutieuse faite d'après les cahiers d'heures d'un assez grand nombre d'ouvrières, M. du Maroussem estime que le salaire peut être établi de la manière suivante :

1° Ouvrières du noyau :

260 à 280 jours	à 5 fr.	maximum	de 1300 à 1400
— —	à 3 fr.	—	780 à 840

Les ouvrières à 5 fr. sont assez rares ; elles ne se rencontrent que dans les grands ateliers.

2° Ouvrières de la catégorie intermédiaire :

200 à 230 jours	à 4 fr. 50	maximum	de 900 à 1035
— —	à 3 fr.	—	600 à 690

3° Ouvrières supplémentaires :

160 jours	à 4 fr.	maximum	640
—	3	—	480

« Ces différents chiffres, dit M. du Maroussem, nous permettent de déterminer ce que l'on pourrait appeler le *coefficient de réduction* du salaire journalier *apparent*, qui permet d'arriver au salaire réel. Je reçois 4 francs par jour, disent les ouvrières, cela fait en réalité 3 francs, dimanches, fêtes et chômages déduits. »

Pour les *ouvrières du noyau*, le salaire réel se trouve être ainsi calculé :

de 3,50 à 3,70, si elles sont payées 5 fr.
2,10 à 2,20, — — 3 fr.

Pour les *ouvrières intermédiaires :*

Il se trouve être de 2,50 à 2,80, si elles sont payées 4 fr. 50.

Il se trouve être de 1,62 à 1,85, si elles sont payées 3 fr.

Quant à celui des ouvrières supplémentaires qui se trouverait réduit à 1 fr. 29 ou 1 fr. 72, suivant qu'elles sont payées 3 ou 4 francs, il faut tenir compte que ces ouvrières trouvent dans les autres sections du domaine de *l'aiguille* un salaire qui vient s'ajouter au précédent. Cependant, le surcroît de recettes ainsi obtenu demeure faible.

Le salaire de la femme est, le plus souvent, un salaire d'appoint ; il vient s'ajouter à celui du père et quelquefois à celui de la mère, ou encore à celui du mari ; et, dans ces conditions, il soulage le budget familial. Mais, si l'ouvrière est une isolée, dans la plupart des cas il est insuffisant, ou du moins l'ouvrière n'arrive à ne pas s'endetter qu'en vivant de privations.

Le budget le plus économiquement établi ne peut être inférieur à 700 ou 800 francs, en ne réservant que 1 fr. 20 pour la nourriture par jour, et en supposant qu'il n'y a pas eu de maladies.

Et encore, les ouvrières dont nous nous occupons en ce moment sont, pour ainsi dire, des ouvrières privilégiées, touchant un salaire moyen considéré comme rémunérateur.

Ajoutons, pour être aussi complet que possible, que le travail et le gain des ouvrières subissent toutes les fluctuations de la mode.

En temps prospère, en pleine saison, les journées sont assez bien payées ; mais il y a souvent du surmenage, des veillées contre lesquelles la loi intervient, sans atteindre sûrement son but, soit que la patronne pressée de commandes donne de l'ouvrage à emporter à domicile, après la journée finie à l'atelier, soit que l'ouvrière, tentée par le gain supplémentaire, se prête elle-même au surmenage contre lequel la loi voudrait la protéger.

Mais, à ces périodes d'activité où les salaires varient de 1 fr. 50 à 6 francs par jour succèdent des périodes de chômage et de morte-saison où l'on garde dix ouvrières sur quarante et soixante. La morte-saison est la plaie de l'ouvrière couturière ou lingère.

Sur ces entrefaites, des entrepreneuses qui font la confection pour les grandes maisons offrent des ouvrages payés à des prix dérisoires, que l'on peut qualifier de prix de misère ; dès lors, la pauvre ouvrière ne gagne pas de quoi payer le boulanger ; toutes les malheureuses en chômage se font, dès lors, concurrence, acceptant les prix les plus bas plutôt que de rester sans rien faire.

Salaires des lingères.

Pour former des ouvrières habiles dans la lingerie, il faut au moins deux années d'apprentissage.

Les apprenties ne font plus guère d'engagements et gagnent habituellement de suite 50 centimes par jour. Au bout d'un an, si elles ont apporté un peu d'attention et d'intelligence à leur travail, elles peuvent gagner de 1 franc à 1 fr. 50.

Elles sont alors ce que l'on appelle de « petites ouvrières ». Généralement, elles changent de maison pour obtenir un plus fort salaire ailleurs.

Les « moyennes ouvrières » gagnent 2, 3 et 3 fr. 50. Les « premières mains » gagnent 4 fr. 25, 4 fr. 50 et jusqu'à 6 francs, suivant leur activité et leur capacité.

Les ouvrières en modèles peuvent atteindre 10 et même 15 francs.

Il convient d'ajouter que tout le travail fait par les grandes maisons de lingerie parisienne est habituellement exécuté en province à des salaires tout différents de ceux que l'on peut offrir à des ouvrières de Paris. C'est ainsi que de grandes lingères n'occupent pas plus de cinq ou six ouvrières auxquelles elles donnent de 3 à 5 francs par jour.

Tous ces renseignements, tous ces chiffres portent exclusivement sur Paris.

Il nous eût été très difficile de nous documenter sérieusement sur les maisons de province. Et d'ailleurs, c'est la capitale et la capitale seule qui a de grands ateliers, de grands magasins de couture et de lingerie, parce que, seule, elle exporte.

* * *

Autres avantages. — Sociétés de secours mutuels et Syndicat de l'aiguille.

M. Aine signale deux Sociétés de secours mutuels instituées dans l'intérêt de ces professions :

« 1° La Société *La Couturière*, plus spécialement destinée aux ouvrières ou employées des maisons de couture ou de mode ; elle est présidée par M. Worth ; elle réunit 1.350 adhérentes. En plus des soins du médecin et des frais pharmaceutiques qui constituent la base des Sociétés de secours mutuels, elle accorde une indemnité de cinquante francs aux femmes en couches, sous condition que ces femmes ne retournent pas à l'atelier ou ne travaillent pas avant un mois ; cette Société a, en outre, créé une *Caisse de prêts gratuits* au profit de ses adhérentes.

« 2° Une autre Société, plutôt œuvre de bienfaisance que de mutualité, malgré le nom de *Mutualité maternelle* que son fondateur, M. Félix, lui a donné. Elle vient en aide seulement aux femmes en couches et leur accorde des indemnités, sous condition qu'elles ne reprennent pas leur travail avant un mois. Cette Société, en 1896, a donné des indemnités à 684 participantes ; elle accorde, en outre, des primes aux mères qui nourrissent leur enfant, pendant au moins deux mois : 84 % des enfants ont été nourris au sein. La proportion moyenne des décès depuis 1892 n'a été que de 8,60 %, au lieu de 35 à 40 % que constatent les statistiques.

Il faut bien reconnaître que ces œuvres de mutualité ne réunissent qu'un trop petit nombre d'adhérentes. Aux raisons déjà données, sous le paragraphe des *Employées de commerce*, nous devons ajouter que, dans leur profession de couturières et de lingères, tout porte à une certaine futilité les femmes dont nous nous occupons ici : les ateliers sont ordinairement composés de jeunes filles, très disposées à s'affranchir de surveillance et de conseils. Conservant l'esprit de mineures, elles sont généralement rebelles à l'idée d'association, à l'esprit d'épargne, qui, ne l'oublions pas, est une vertu bien austère à la jeunesse !

*
* *

A côté de ces Sociétés de mutualité, a été fondée, le 24 avril 1892, une œuvre d'une portée sociale plus élevée, car elle comprend en elle seule l'application de toutes les œuvres de prévoyance, d'assistance et de défense : le Syndicat professionnel mixte *l'Aiguille*, qui unit dans une pensée de solidarité les patronnes, les employées, les ouvrières des professions de l'habillement : couturières, modistes, corsetières, brodeuses, plumassières, etc.

« C'est l'union, disait alors sa présidente, que nous espérons établir entre personnes de même profession, mais de conditions diverses. Et cette union, nous la voulons chrétienne, Dieu seul pouvant donner le doux lien d'amour fraternel qui maintiendra dans ses membres la bonne entente et l'harmonie résultant d'un égal respect de leurs droits divers. »

Pratiquement, ce syndicat réunit ce qu'on appelle *Robes et Manteaux*, la *Mode*, c'est-à-dire ce qui chapeaute les femmes, la lingerie, les corsetières, les plumassières, les fleuristes et toute profession similaire.

Le *Syndicat de l'Aiguille* est administré par le Conseil syndical mixte, composé de 18 membres, à savoir : 6 patronnes, 6 employées, 6 ouvrières, dites fondatrices, qui doivent garder l'esprit et les traditions du Syndicat, se recrutent elles-mêmes par un renouvellement trimestriel, et sont rééligibles ; d'autre part, 6 patronnes, 6 employées, 6 ouvrières sont élues pour une année en assemblée générale et à la majorité des voix par un groupe respectif de patronnes, d'employées, d'ouvrières. Lorsque les patronnes jugent à propos de délibérer séparément du Conseil syndical qui doit se réunir tous les trois mois, elles s'assemblent sous la vice-présidente patronne ; de même, quand les employées et les ouvrières entendent user du même droit, elles se réunissent sous la présidence de leur vice-présidente employée ou ouvrière. Bien entendu, les décisions ainsi adoptées ne sont exécutoires qu'après ratification par le Conseil syndical.

Tous les différends nés entre les membres du Syndicat sont portés d'abord devant une Commission de conciliation. Cette Commission est composée d'une patronne et d'une employée, s'il s'agit d'un différend entre patronne et employée, d'une patronne et d'une ouvrière, s'il s'agit d'un différend entre patronne et ouvrière : dans les deux cas, la Commission est présidée par un membre du conseil judiciaire, lequel s'occupe des questions litigieuses.

Si la tentative de conciliation ne réussit pas, l'affaire est déférée en conseil d'arbitrage, composé de trois membres du conseil judiciaire, qui tranchent le différend.

Le fonctionnement, les avantages, la haute moralité de cette excellente institution ont été décrits avec tant de charme et de précision par le vénéré P. du Lac, que nous ne résistons pas au plaisir de faire de larges emprunts à l'étude qu'il a publiée récemment sur l'*Aiguille*. Au surplus, n'est-ce pas toute justice de laisser parler ce digne prêtre, qui se consacre depuis longtemps, avec tant d'esprit apostolique et de succès, aux ouvrières de l'aiguille (1) ?

« Vous devinez bien que partout il s'agit de venir à l'aide de la pauvre femme qui peine, qui ne sait pas comment gagner sa vie, qui ne trouve pas d'ouvrage ou à qui l'ouvrage est tout à coup soustrait, quelquefois pour une période assez longue. Vous ne connaissez pas peut-être ce qu'on appelle à Paris vacances de couturières. L'autre jour encore, j'entendais dans

(1) Voyez livraison des *Feuilles nouvelles*, du 1er décembre 1904 : l'*Aiguille*, par le R. P. du Lac.

un compartiment de chemin de fer de la banlieue des jeunes filles causer entre elles, et, comme l'une disait : « J'ai été voir « la patronne qui m'a encore remis au mois prochain ; elle « m'avait cependant bien dit : « Prenez des vacances, ma « petite, je vous rappellerai. » Et toutes les jeunes fille présentes s'écrièrent en riant : « Oui, vacances de couturières ! »

« Ce repos forcé est un des grands côtés de la souffrance de l'ouvrière à Paris. Il y a d'autres souffrances, toutefois, qui exaspèrent les pauvres filles et les traînent souvent, fort inutilement, devant le prud'homme : c'est pour éviter ces comparutions, toujours agaçantes pour la patronne, toujours désagréables pour l'ouvrière ou l'employée, que l'on incline celles-ci à entrer dans le Syndicat.

« Il y a d'autres motifs. Le Syndicat s'efforce de fonder un patrimoine corporatif qui puisse rester intangible dans la caisse et peu à peu finir, en grossissant, par assurer un revenu : il est formé par le reliquat des cotisations et par les dons ou legs qui lui sont faits, et, quoiqu'il ne soit présentement que de 30.000 francs, nous sommes assurés de le voir grossir d'année en année, et cette perspective réjouit toutes les syndiquées.

... « Les traits principaux d'une corporation ou d'un Syndicat mixte sont : la fraternité, l'assistance mutuelle, l'effort commun tendant à perfectionner le métier et à y conserver l'honorabilité.

« Et comme les syndicats professionnels mixtes ou simples sont des personnalités civiles, ayant la capacité civile de contracter, de s'obliger, d'ester en justice, d'être propriétaires, sous certaines restrictions imposées par la loi, le principal souci d'un Conseil syndical doit être de fonder et de développer le plus généreusement possible son fonds corporatif.

« Car c'est de ce fonds corporatif que découleront la plupart des avantages que les patronnes, employées et ouvrières syndiquées, peuvent recueillir du Syndicat dont elles font partie.

« Avant d'énumérer ces avantages, j'ai le besoin de vous faire penser que l'association est un des besoins naturels de l'homme et surtout de celui qui vit de son travail, parce que, isolé, il se sentira nécesairement impuissant et sans défense, tandis que l'association, en le rapprochant de ceux qui, partageant le même labeur, ont aussi le même intérêt et en somme le même sentiment, leur permet de se concerter et de s'instruire sur leurs intérêts communs, de se défendre dans les limites de leurs forces et de perfectionner leurs procédés, et, en plus, de se prémunir contre la misère et de créer des institutions de prévoyance dont il a un impérieux besoin. Mais j'ai hâte d'ajouter, pour vous qui êtes chrétiennes, que ce moyen est insuffisant.

« Il faut que ces associations soient chrétiennes, Dieu seul pouvant donner le doux lien d'amour fraternel qui maintiendra dans leurs membres la bonne entente et l'harmonie résultant d'un égal respect de leurs droits divers.

« Je suis sûr maintenant de répondre ainsi à une préoccupation qui commençait à sourdre dans votre esprit, à mesure que vous m'entendiez énumérer les conditions auxquelles je vous demande d'aider les ouvrières de l'aiguille à s'associer. Les divers avantages du Syndicat sont, en effet, de trois sortes : moraux, professionnels, matériels, et tous trois ont besoin, pour se soutenir, de s'appuyer sur le respect de Dieu et sur l'amour du prochain.

« 1° Les avantages moraux résident dans l'esprit de solidarité que le Syndicat développe entre ses membres et dans les services mutuels qui en sont la conséquence.

« 2° Les avantages professionnels résident dans le développement qui peut être donné aux maisons des patronnes, grâce aux expositions professionnelles qui font connaître leur talent et leur amènent la clientèle ;

« Dans la création d'ateliers professionnels où les apprenties peuvent être formées et dans le rétablissement des contrats d'apprentissage dans le but de maintenir la perfection du travail professionnel ; dans la création d'un bureau de placement réunissant les demandes et les offres d'emplois des syndiquées ;

« Dans la constitution des conseils de conciliation et d'arbitrage chargés de prononcer sur les différends nés entre les syndiquées ;

« Dans le fonctionnement du bureau de contentieux pour les conseils juridiques, commerciaux, etc...

« 3° Les avantages matériels résident dans la création d'un patrimoine corporatif permettant la création de caisses de prêts gratuites, c'est-à-dire sans intérêts, de caisses d'assistance, de caisses de loyer, de caisses de retraites, de maisons de famille, où l'on est logé et nourri, d'ateliers de chômage.

« Vous vous demanderez peut-être ce que la religion vient faire ici à propos des avantages professionnels et comment, par exemple, la collection de poupées représentant le costume à tous les âges que notre Syndicat avait envoyée à l'exposition de Chicago, il y a quelques années, a dû se servir de la religion pour obtenir la commande d'une reproduction complète de toutes ces poupées, laquelle nous a été payée 6.000 francs, aussitôt versés au patrimoine corporatif. Je pourrais vous répondre simplement avec saint Paul que la piété est utile à tout ; je préfère, me rappelant la difficulté qu'il y a eu d'obtenir en pleine saison des patronnes qu'elles puissent consentir à autoriser leurs bonnes mains à faire ces minuscules chapeaux et ces menus costumes de poupées, au lieu de les employer à satisfaire les clientes du moment, oui, je préfère me souvenir que c'est en faisant appel à leur charité réciproque, à leur amour du Syndicat que nous sommes venus à bout, au temps prescrit, de ce travail délicat et difficile. Je ne peux oublier non plus qu'à ce moment-là même, une de nos syndiquées, prise tout à coup à sa place de bonne garnisseuse, pour entrer au service d'une reine, nous écrivait de la capitale de sa nouvelle maîtresse : « Comment va mon cher Syndicat ? Je ne l'oublie pas au milieu des honneurs qui m'entourent, car, outre que je suis très grassement payée, j'ai une femme de chambre attachée à ma personne, oui, la pauvre petite personne qui n'était pas la première chez sa patronne, mais qui garde profondément le souvenir du Syndicat, de la joie de ses bonnes réunions et qui reste préoccupée de tous les succès qui lui arrivent. » Je me rappelle combien cette lettre a animé toutes les syndiquées et comme il a été facile de leur faire comprendre que c'est en s'appuyant les unes sur les autres, c'est-à-dire en se sacrifiant l'une à l'autre, qu'elles peuvent promouvoir le culte, l'amour et le succès du Syndicat.

« Je vous disais tout à l'heure que les inscriptions à Paris ont presque atteint 2.000, ce qui est joli, puisque le *Syndicat de l'Aiguille*, fondé le 24 avril 1892, ne compte encore que quatorze ans d'existence (1). Je voudrais vous dire maintenant que la caisse de prêts, fondée d'abord au capital de 5.000 fr., a aujourd'hui un capital de 10.000 fr. et vous expliquer aussi son immense et pratique utilité pour les ouvrières et les employées qui, pressées par le terme, trouvent là le moyen de se libérer sous la seule condition d'un remboursement sans intérêt, auquel elles sont d'ailleurs très fidèles.

« Mais j'ai hâte de vous parler des maisons de famille et des restaurants.

« Non que toutes les maisons de famille de Paris, et les resraurants qui y ont été fondés relèvent du Syndicat, mais parce que nombre de maisons de famille et de restaurants ont vu, sans que leur fondateur souvent puisse s'en rendre compte, leur fondation sortir de l'idée du Syndicat.

« Pourquoi, par exemple, les restaurants de la rue Richelieu, 47, et de la place du Marché-Saint-Honoré, 27, ne font-ils pas partie du Syndicat ?

« Vous allez le comprendre.

« Il faudrait, pour pouvoir venir manger dans ces restaurants, montrer sa carte de syndiquée. Ce n'est pas encore possible, et le restaurant mourrait du coup.

« Car, pour qu'un restaurant puisse vivre, c'est-à-dire couvre ses frais, il faut qu'il soit nécessairement très fréquenté ; il faut qu'il arrive à servir tous les jours 500 repas à la fois. Le 47 et le 27 ensemble en servent chaque jour près de 1.000 ; c'est

(1) Présentement, le Syndicat compte plus de quinze ans d'existence.

la condition absolue et indispensable du succès. Peut-être un jour les syndiquées seront-elles assez nombreuses pour pouvoir se charger de remplir cette condition. Si nous l'exigeons pour la maison de famille sise au siège du Syndicat, 35, rue Boissy-d'Anglas (1), nous ne pouvons non plus l'exiger pour toutes les maisons de famille dues à notre inspiration ; ce jour viendra peut-être. En attendant, nous encourageons ces institutions par tous les moyens en notre pouvoir.

« Nous avons adjoint à la maison de famille du Syndicat, pour y attirer, des cours d'anglais, des cours de comptabilité, des cours de dessin.

« Il n'est du reste, aucun besoin de faire de la réclame : cette maison est toujours pleine et l'on fait queue à la porte pour y entrer. J'en dirai autant du 47, rue Richelieu, du 27, place du Marché-Saint-Honoré.

« Que de fois je les ai vus tellement remplis qu'une réplique, si je puis ainsi parler, des convives, se tenait debout derrière celles que l'on servait assises !

« Le repas, qui devrait être une coupure dans la journée pour apporter le repos et réparer les forces, est souvent pour les pauvres couturières et modistes une heure cruelle. On en voit bien un certain nombre descendre de la rue de la Paix et de la rue Royale aux Tuileries par les escaliers qui séparent le jardin de la rue Rivoli. On les voit se disperser sous l'ombrage des vieux marronniers, s'asseoir des deux côtés d'un banc de

(1) La maison de famille reçoit des pensionnaires moyennant 50 fr. par mois ; dans ce chiffre sont compris le logement et la nourriture. Comme les dépenses de la maison sont toujours supérieures aux recettes, une vente a lieu, chaque année, à son profit.

pierre sur lequel elles étalent des journaux en guise de nappe, et puis tirer une bouteille, un pot de confiture, des assiettes et le reste. Ce sont les heureuses !

« Heureuses encore celles à qui de bons patrons offrent leur sous-sol ou leur dernier étage, mettant à leur disposition le gaz ou l'esprit de vin pour chauffer leur repas, mais plus heureuses celles qui peuvent changer d'air et prendre un peu d'exercice pour gagner le restaurant, lequel leur est ouvert, et n'est ouvert qu'à elles seules, car la seule condition à remplir est qu'un homme n'en franchisse jamais le seuil ! ce sont des heureuses, dis-je, parce que ce sont relativement les riches : elles peuvent disposer de douze à dix-huit sous pour faire un grand repas chaque jour. Combien j'en vois qui, venant de la statue de Jeanne d'Arc, place des Pyramides, et se dirigeant vers le pont de Solférino, cherchent aux Tuileries un endroit désert ou isolé, où elles puissent ouvrir leur petit panier ; pourquoi ? — parce que trop souvent il ne contient rien du tout qu'un morceau de pain, honteuses de cette pauvreté dont elles ont le droit d'être fières ; d'autres fois, retirant de ce panier une petite assiettée qui contient deux cuillerées de pommes de terre : c'est tout ce que la pauvre mère a pu donner à sa fille, partie dès le matin pour lui gagner, dans sa journée, à elle et à ses petits frères et sœurs, un vrai repas.

« Mais je ne vous parle pas des malades. La Société de secours mutuels qui n'est point non plus inhérente au *Syndicat de l'Aiguille*, mais qui lui est pour ainsi dire parallèle, est là toute prête à aider les syndiquées à leur fournir gratis ses ordonnances et ses remèdes. »

***

Celles de mes lectrices qui ne connaissaient pas le *Syndicat de l'Aiguille* savent maintenant comment les femmes peuvent se syndiquer, comment les dames du monde peuvent incliner les ouvrières ou patronnes de l'Aiguille à former un Syndicat ou à l'encourager.

Elles seront certainement heureuses d'apprendre les moyens de s'intéresser au *Syndicat de l'Aiguille*. Elles pourront, à cet effet, s'adresser à la secrétaire générale du Syndicat, tous les jours. de dix heures à midi, au siège social, 19, cité du Retiro (35, rue Boissy-d'Anglas).

Nous leur indiquons encore deux moyens mis à leur disposition pour seconder cet intéressant mouvement.

Ils consistent à souscrire un abonnement de 10 francs par an pour le *Bulletin de l'Aiguille*, et à s'inscrire comme membre honoraire, soit de la Maison de famille, soit de la Société de secours mutuels, moyennant un versement annuel de 20 francs.

---

§ 18.

Modistes, fleuristes et plumassières.

Ainsi que nous le faisions observer au cours de notre précédent article : *Couturières et lingères*, toutes les industries du vêtement féminin sont fortement influencées par les variations de la mode.

Cette année 1905, par exemple, la mode est aux robes blanches, aux corsages de lingerie. De là, grande presse chez les lingères et les brodeuses en blanc, pendant que les couturières se plaignent d'être délaissées, et que nos fabriques de tissus, nos Lyonnais surtout se lamentent de ce qu'on porte moins de soieries, et que nos teinturiers manquent pour ainsi dire totalement d'ouvrage.

SECTION I.

MODES

Les *modistes*, par lesquelles débute le présent paragraphe, forment, à Paris seulement, un contingent appréciable.

D'après la statistique de l'inspection du travail pour 1902, il y aurait à Paris seulement, onze mille modistes (1).

L'apprentissage des modistes est, habituellement, de deux ans. Quelquefois, elles sont nourries au déjeuner de midi pendant ces deux années ; ou, si elles ne le sont pas, elles ont de petits appointements.

Les *apprêteuses* commençantes gagnent d'abord 25 à 30 francs par mois. Elles se perfectionnent et atteignent, suivant leurs capacités, 80 à 100 francs.

Ensuite, elles aident les *garnisseuses*. Elles sont *recopieuses* et peuvent gagner de 100 à 125 francs par mois.

Quant aux *premières*, suivant l'importance de la maison et leur talent inventif, elles gagnent habituellement de 200 à 250

(1) Rapports de 1902, Tableau I, pages 374 et 375.

francs. On en a vu qui touchaient, comme salaire, jusqu'à 5 ou 600 francs.

Toutes les modistes sont considérées comme employées, à Paris, et généralement ont la table aux deux repas ; il y a pourtant des maisons juives, et quelques autres qui, depuis la la loi de 1892, limitant le travail du soir, ont voulu se compenser de cette diminution en ne donnant plus que le repas de midi, et même en ne nourrissant plus du tout.

Dans son bel ouvrage : « *Salaires et misères des femmes* », M. le comte d'Haussonville a relevé les intéressantes observations suivantes sur le salaire (1) et le mariage (2) de l'ouvrière de l'aiguille à Paris :

« De 900 à 1.200 francs par an (car il ne faut guère compter plus de trois cents jours ouvrables), voilà ce que peut gagner à Paris une bonne ouvrière dans la force de l'âge. Sans doute, il y a des couturières, des modistes, des fleuristes qui gagnent davantage. Nous avons vu aussi qu'il y en a qui gagnent beaucoup moins. Je donne ce chiffre comme une moyenne, et la moyenne des heureuses, car celles dont je parle, travaillant régulièrement pour la confection, ne connaissent pas les horreurs du chômage. C'est suffisant pour vivre... ; mais on avouera que c'est court et que les deux chapitres : *menus plaisirs* et *économies*, même additionnés, ne doivent pas représenter un gros chiffre.

« L'ouvrier parisien répugne de plus en plus au mariage, l'employé encore plus. Or, c'est à épouser un employé qu'as-

(1) P. 29-30.
(2) P. 33-34.

pire toujours une ouvrière de la couture ou de la mode. L'employé est plus soigneux de sa personne, plus affiné dans son langage, plus lettré, plus galant que l'ouvrier. A sa camarade d'atelier ou de magasin, il apparaît comme appartenant à une condition supérieure. Il connaît son prestige et en abuserait volontiers pour lui faire la cour et tout ce qui s'ensuit. Mais l'épouser c'est une autre affaire. Que lui apporterait-elle en dot? Rien que des enfants à nourrir. Grand merci! Il n'en a pas besoin. Il a bien assez d'avoir à se nourrir lui-même. Au bout de deux ou trois ans de magasin ou d'atelier, l'ouvrière sait cela parfaitement. Aussi, dès que le danger apparaît, prudente, elle prend la fuite. »

SECTION II.

FLEURS ET PLUMES

C'est une industrie essentiellement parisienne et française que l'industrie des deux branches, étroitement unies, des Fleurs et des Plumes.

Paris a, présentement, la suprématie incontestée dans cette fabrication délicate et gracieuse. Les Allemands, les Autrichiens et quelques Italiens ont bien tenté de nous enlever notre prestige, mais le goût français ne se copie pas si aisément, et nous avons gardé nos avantages.

Paris occupe, dans ces deux industries réunies et qui sont absolument sœurs, de vingt-cinq à trente mille ouvriers et ouvrières. Très peu d'hommes y sont employés: ils s'occupent seulement de teinture, d'apprêts, de trempage.

Les deux métiers sont absolument sains. Le travail y est agréable. C'est une profession — la profession de fleuriste ou de plumassière, — qui nous est représentée par des autorités compétentes comme l'une des meilleures pour la femme.

*
* *

APPRENTISSAGE

Une Société sur laquelle nous aurons l'occasion de revenir au cours de cette étude, la *Société pour l'assistance paternelle aux enfants employés dans les industries des Fleurs et des Plumes*, exerce un patronage industriel très recommandable.

Cette Société, qui a son siège, 10, rue de Lancry, accomplit les plus louables efforts pour que les enfants qui lui sont confiées achèvent, sous son patronage, un apprentissage qui fera d'elles des ouvrières accomplies. En notre période de lutte à outrance, des ouvrières habiles, sachant à fond leur métier, sont effectivement devenues une nécessité pour la vitalité de ces industries.

Nous lisons, dans le compte rendu de l'assemblée générale de 1904, ces lignes caractéristiques sur l'importante question de l'apprentissage :

« A maintes reprises, nous avons déjà jeté le cri d'alarme et dès 1899, nous soulignions l'importance des statistiques publiées par les journaux d'alors sur l'augmentation très sensible des importations étrangères...

« Sans doute, nous avons le droit de compter sur les pouvoirs publics qui nous doivent leur protection ; mais il est de notre intérêt immédiat de surveiller nous-mêmes ce mouvement avec la plus grande attention et de travailler, de toutes nos forces réunies, à l'enrayer.

« Notre *Ecole professionnelle des Fleurs et Plumes* s'applique à préparer des générations d'ouvrières instruites, habiles, connaissant nos professions dans tous leurs détails et capables de créer, par la suite, des nouveautés d'une imitation presque impossible.

« Affiner le goût de nos jeunes élèves, les inciter à faire toujours mieux, toujours plus beau : tel est le but que nous poursuivons par les encouragements de toutes sortes que nous prodiguons à l'apprentissage.

« Nous sommes persuadés que tous nos confrères nous aideront dans cette belle tâche et que, bientôt, nous ne verrons plus de ces jeunes filles se disant fleuristes ou plumassières — ou même fleuristes et plumassières — et dont tout l'apprentissage n'a jamais consisté qu'à fabriquer pendant plusieurs années la même fleur ou simplement une partie de cette fleur.

« Aussi, voudrions-nous que toutes les apprenties de nos industries viennent à nos Cours d'enseignement technique, de dessin, à nos Concours (1) disputer nos nombreuses récompenses.

« Nous le proclamons, non sans une certaine fierté : toutes celles de nos élèves qui, ayant accompli leurs trois années d'apprentissage, ont mérité l'un de nos prix de travail professionnel, sont assurées de trouver facilement un travail aussi rému-

(1) Le 39e concours a eu lieu en 1905.

nérateur que celui qui est offert dans n'importe quelle autre industrie. Lorsqu'elles peuvent témoigner de récompenses obtenues dans nos concours, nos collègues reconnaissent de suite leur supériorité technique, de sorte que nos diplômes de troisième année en arrivent à être considérés comme de véritables brevets d'apprentissage, avec degré bien déterminé de capacité professionnelle.

« Nos Cours gratuits d'enseignement général, d'enseignement technique et de dessin appliqués spécialement à nos industries, sont de plus en plus suivis. Chaque dimanche matin plus de cent élèves y assistent très régulièrement. »

Les apprenties touchent un salaire qui, pour être modeste, n'en mérite pas moins d'entrer en ligne de compte dans le budget des familles auxquelles elles appartiennent.

L'apprentissage a, en général, une durée de trois ans pour la fleuriste ou plumassière, quelquefois même pour les deux métiers, mais, en ce cas, on ne les apprend que superficiellement.

Les apprenties reçoivent, en moyenne, pour dix heures de travail :

0 fr. 50	par jour	pendant la	1re	année ;
1 fr.	—	—	2e	année ;
1 fr. 50	—	—	3e	année.

SALAIRES DES OUVRIÈRES

Quant aux ouvrières, leurs salaires s'établissent ainsi :

Les *fleuristes* ayant fait un apprentissage sérieux gagnent en moyenne, de 3 à 4 francs par jour. Dans la fabrication de la fleur, tout est question d'espèces. C'est ainsi, par exemple, que les ouvrières qui font la fleur fine sont mieux rétribuées que celles qui font la fleur ordinaire. D'autre part, si le goût joue un rôle dans la fabrication, l'habileté y a une part non moins importante. De plus, l'ouvrière fleuriste ne travaille que cinq à six mois : il est vrai que beaucoup d'entre elles font la plume fantaisie pendant cinq autres mois.

Il n'est habituellement pas fait de différence entre les bonnes ouvrières et les « petites mains », le travail étant exécuté aux pièces.

En réalité, dans la fleur fine, une ouvrière habile peut gagner de 4 fr. à 4 fr. 50 par jour, pendant la saison. — Les premières lauréates de la *Société paternelle* dont nous avons déjà parlé atteignent jusqu'à 6 francs par jour.

Les *ouvrières en plumes* gagnent, à peu de chose près, les mêmes salaires. Il est des contremaîtresses qui gagnent jusqu'à 10 francs par jour ; mais ce sont de remarquables exceptions, ces sortes de contremaîtresses ayant la responsabilité du travail et de la direction de soixante à cent ouvrières.

***

La *Société pour l'Assistance paternelle aux Enfants employés dans les Industries des Fleurs et des Plumes (Patronage industriel)*, fondée le 8 juin 1866, sous la présidence de M. Ch. Petit, a pour but d'assurer un bon apprentissage professionnel et de patronner, assister et moraliser, par tous les moyens qu'elle juge utiles, les enfants employés comme apprentis dans les deux branches d'industrie ci-dessus.

Les moyens d'action qu'elle se propose d'employer sont :

a. Le placement en apprentissage des enfants sous la surveillance et la protection de délégués de la Société ;

b. Le développement des progrès professionnels à l'aide de concours de travail et de fabrication ;

c. La tenue de cours gratuits d'instruction élémentaire et de dessin, ouverts à toutes les ouvrières et apprenties fleuristes ou plumassières, et complétés par une bibliothèque de prêts à domicile.

d. La remise de récompenses honorifiques aux professeurs, chefs de maison, contremaîtres et contremaîtresses, ouvriers et ouvrières, apprentis et apprenties et toutes autres personnes ayant secondé la Société dans sa tâche ;

e. L'entretien de Groupes de famille ou internats, assurant le logement, la nourriture et tous les soins nécessaires à des jeunes filles auxquelles ni les parents ni les patrons ne peuvent les fournir ;

f. Des distributions solennelles de livrets de Caisse d'épargne et de volumes pour récompenser, chaque année, les lauréats des divers concours ;

g. Et tous autres que suggéreraient l'expérience ou l'initiative de ses membres.

La Société a fondé et entretient, sous le nom de « Groupes de famille » (1), des internats où, moyennant rétribution partielle convenue avec les patrons et régulièrement versée par eux

(1) La redevance à payer par les patrons, pour les vingt enfants placés dans ces groupes de famille, est de 2 fr. par jour pour la troisième année. La *Société* faisant un si gros sacrifice d'élever gratuitement, de loger et de nourrir convenablement ces jeunes filles, les patrons y participent équitablement par un salaire plus élevé en troisième année.

entre les mains du trésorier, elle assure le logement, la literie, la nourriture, l'éclairage, le chauffage et le blanchissage à certaines apprenties auxquelles ni leurs parents, ni leurs patrons ne peuvent les fournir. Sans cesser d'exercer sur ces jeunes filles une active surveillance, elle les remet aux bons soins de directrices reconnues dignes de toute confiance.

Une convention spéciale règle, dans chaque cas particulier, les conditions qui font loi entre les parties.

A mesure que ses ressources le lui permettront, la Société se réserve d'augmenter, par décision du Conseil d'administration, le nombre de ces groupes, dans chacun desquels elle entend ne réunir que cinq ou six jeunes filles au plus.

Ainsi, l'*Assistance paternelle des Fleurs et Plumes* n'est pas seulement une œuvre professionnelle par son service de placement gratuit en apprentissage, par ses cours et ses concours ; elle est encore une œuvre philanthropique s'appliquant, dans la mesure de ses ressources, à remplacer la famille absente ou empêchée. Ces petits internats, en rendant aux familles les services les plus signalés et en fournissant à ces industries d'excellentes ouvrières, donnent les résultats les plus satisfaisants.

Mais cette *Société* ne suscite pas seulement des dévouements de la part de ceux qui sont chargés de l'administrer, elle provoque encore des générosités pécuniaires qui sont comme la consécration des services qu'elle est appelée à rendre. C'est ainsi que, l'an 1904, sont venus s'ajouter aux encouragements de ses donateurs, deux bienfaits importants. L'Assistance publique a consacré une partie du legs Leblond à l'établissement de deux bourses, de 500 fr. chacune, pour deux élèves de ses groupes de famille. Un généreux bienfaiteur a porté à 200 fr. le chiffre de son allocation annuelle et a, de plus, remis un nouveau titre de 200 fr. de rente, à l'effet « d'accroître le bien-être des enfants placés sous la direction de la *Société* ».

Voici d'ailleurs, condensés en quelques lignes très précises, les principaux avantages offerts par cette intéressante *Société pour l'Assistance paternelle des Fleurs et Plumes :*

Placement en apprentissage. — Le Patronage se charge gratuitement de placer en apprentissage, avec contrat régulier, les enfants que leurs familles désirent voir profiter des avantages offerts par la Société. Tous ses efforts tendent à la moralisation et au perfectionnement de cet apprentissage en lui prodiguant surveillance et encouragement.

Pour les demandes de placement en apprentissage et pour tous renseignements, s'adresser au siège social, chez M. J. Caillaux, président, 10, rue de Lancry.

Groupes de famille. — La Société fournit le logement et la nourriture à des jeunes filles placées en apprentissage par ses soins et sous sa surveillance.

Cours gratuits d'enseignement technique. — Tous les dimanches matin, dans les salles de l'hôtel de l'Union nationale rue de Lancry, 10.

De neuf heures à midi, cours gratuits d'instruction élémentaire, d'enseignement technique, d'histoire naturelle et de dessin appliqués aux industries des fleurs et des plumes, sous la direction du président de la Société, avec le dévoué concours de professeurs de la ville de Paris.

Le Patronage prend à sa charge toutes les fournitures scolaires.

Toute ouvrière ou apprentie fleuriste ou plumassière est admise, sur simple demande, à suivre ces cours.

Bibliothèque. — Une bibliothèque de prêts gratuits à domicile est mise à la disposition des élèves qui suivent les cours du dimanche.

Les noms des donateurs sont publiés au *Bulletin annuel.*

Concours et récompenses. — Chaque année, les apprenties fleuristes ou plumassières, même celles n'appartenant pas à la Société, prennent part à un concours de fabrication, de monture, de trempage et de teinture, suivi de récompenses consistant en livrets de caisse d'épargne et de volumes.

Des concours trimestriels d'instruction élémentaire et un concours annuel de dessin ont lieu dans les mêmes conditions.

Les dates en sont fixées et publiées en temps utile afin que chaque fabricant puisse faire inscrire ses élèves.

Récompenses extraordinaires. — Des récompenses honorifiques sont offertes aux contremaîtres et contremaîtresses, qui, par leurs soins dévoués, ont contribué à former d'habiles élèves.

Après un séjour de plusieurs années dans un même atelier, les ouvriers et ouvrières qui auront aidé la Société dans sa tâche, pourront être l'objet de semblables distinctions.

Les collaborateurs récompensés et les anciens élèves du Patronage ayant obtenu, dans les concours de troisième année, un prix d'excellence ou un premier prix de travail professionnel, sont, de droit, membres agrégés, sans être tenus à aucune cotisation.

Pour conserver ce titre, ils devront rester dans l'industrie et faire connaître régulièrement au président leur adresse et changement de domicile.

---

§ 19.

Brodeuses et dentellières.

Nous avons examiné les industries des couturières, des lingères, des modistes, des fleuristes, etc. A côté de ces industries se placent celles qui préparent les accessoires appelés à garnir les robes et les chapeaux, celles des brodeuses et des dentellières.

Ces travaux, au lieu de se faire à la ville, se font à la campagne. Au lieu de se faire à l'atelier urbain, ils se font au village, souvent sous les pommiers. Ce n'est plus la main féminine de l'ouvrière parisienne que nous suivons à l'ouvrage ; c'est la main féminine de la paysanne que nous allons suivre.

M. André Hallays a décrit d'une façon piquante dans le *Journal des Débats* le laborieux aspect des villages et des hameaux qui pratiquent la fabrication de la dentelle :

« Devant la porte de chaque maison se tient une petite assemblée de dentellières ; elles ont mis leurs sièges en rond, et, tandis que, le carreau sur les genoux, elles font aller les petits fuseaux, elles causent, elles causent éperdûment.

« L'industrie de la dentelle fait ressembler la rue du village à un salon, salon rarement balayé où les poules viennent rôder autour des dames en visite.

« Plus la conversation s'anime, plus languit le mouvement des petits fuseaux. Et c'est ainsi du matin au soir, devant toutes les maisons de toute une province depuis trois siècles. »

D'après les dernières statistiques, la fabrication des dentelles, guipures et broderies occupe cent mille personnes, dont la moitié au moins, soit cinquante mille, travaillent à domicile.

Cette industrie familiale, essentiellement nationale, de la dentelle, nous paraît si intéressante que nous sommes convaincu d'être agréable à nos lectrices en leur présentant un aperçu historique de sa fabrication.

SECTION I.

DENTELLIÈRES

Historique des dentelles de France.

Depuis le XVIe siècle, la dentelle est, en France, une parure extrêmement appréciée et, pour les provinces qui la produisaient, une abondante source de richesses. Un portrait de Henri II à Versailles nous montre pour la première fois la dentelle reproduite par l'art : « Le col est brodé d'entre-deux de couleur et bordé d'une dentelle bien simple et bien modeste. » Depuis, les portraits de Van Dyck nous ont montré quel rôle la dentelle jouait dans la parure des hommes même, et quels effets artistiques la peinture y trouvait. La dentelle commence à prendre une large place dans les costumes de la cour, sous Henri III. Henri IV essaya en vain d'abolir une mode qu'il considérait comme coûteuse. La reine Margot, Gabrielle d'Estrées, Bassompierre continuèrent à se parer de dentelles.

M. Ernest Lefébure, le grand fabricant de dentelles de Bayeux, à l'obligeance de qui nous devons beaucoup des renseignements consignés ici, a exposé, dans une conférence faite, il y a quelques années, à Bayeux, des détails aussi intéressants qu'inédits sur l'origine de la fabrication de la dentelle en Calvados (1).

« Il y a deux cent cinquante ans, au début du règne de Louis XIV, la France était pauvre, épuisée par les guerres de religion, et une grande misère se faisait sentir dans la population ouvrière.

« Un saint prêtre nous avait été envoyé par la Providence. Il multipliait partout, sur son passage, les œuvres les plus ingénieuses de sa charité pour soulager ces misères. L'enfance pauvre surtout préoccupait son âme d'apôtre ; il créa pour elle le bureau des enfants assistés, et il essaya même, en 1650, dix ans avant sa mort, d'établir des manufactures pour occuper aux travaux manuels les enfants qui couraient les rues sans ouvrage.

(1) Voy. *Dentelle et guipure :* imitations ou contrefaçons, par Aug. LEFÉBURE. In-8°, Rouveyre, éditeur à Paris, 3 fr. 50.

« L'industrie était alors organisée en corporations, qui rendaient de très grands services, mais qui étaient très jalouses de leurs monopoles, et personne n'avait le droit de faire de l'industrie, s'il n'avait fait d'abord le double stage d'apprenti et de compagnon et s'il n'était devenu maître dans la corporation du métier qu'il voulait exercer.

« Devant la résistance des corporations industrielles, l'essai de saint Vincent de Paul avorta ; mais l'idée était bonne, elle fit son chemin dans les esprits, et elle parut éminemment pratique à Colbert qui obtint de Louis XIV, en 1662, des Lettres patentes entamant les privilèges exclusifs des corporations et décidant que les Hôtels-Dieu et hôpitaux du royaume seraient transformés en vue de prévenir et de combattre le paupérisme par le travail. »

Le mariage de Louis XIV avec Marie-Thérèse mit à la mode en France la dentelle espagnole ; puis on lança le point de Gênes et le point de Venise. Il fallait à tout prix empêcher l'argent français de passer à l'étranger.

Colbert, trop fin pour promulguer un édit, fit venir d'Italie trente dentellières, les établit au château de Lonray, près d'Alençon, et leur avança cinquante mille écus.

Les premiers travaux furent soumis au roi qui les admira fort, nomma ce point nouveau « le point de France », et le prescrivit pour la Cour.

On établit bientôt d'autres manufactures, et le point de Venise fut détrôné. Sans édit, Colbert avait obtenu le résultat désiré. Les courtisans qui voulurent se ruiner en dentelles s'y ruinèrent au moins en France.

Un jour, la duchesse de Fontange, dont les cheveux s'étaient dénoués à la chasse, s'enveloppa la tête à la hâte dans son mouchoir de dentelle, et le roi ayant trouvé cette coiffure ravissante, pria la duchesse de la conserver pour la soirée. Le lendemain, toute la Cour était coiffée « à la Fontange ».

Nous voyons les hommes et femmes, aux XIIe et XIIIe siècles, rivaliser dans l'emploi de la dentelle nationale dans leur toilette.

Si l'amour se faisait en dentelle, la guerre se faisait de même. Les récits du temps nous montrent les princes de la Maison de France surpris avec Luxembourg, au matin de la bataille de Steinkerque, et allant au combat avec leurs cravates de dentelle « dénouées », ce qui fit que ces cravates de dentelles flottantes, dites « Steinkerques », firent fureur.

« C'est de Paris, dit Mercier, que les profondes inventions en modes donnent des lois à l'univers. La fameuse poupée de la rue Saint-Honoré, couverte des plus belles dentelles de France, passe de Paris à Londres tous les mois, et va de là répandre ses grâces dans toute l'Europe. »

Mercier veut parler d'une de ces poupées qu'on expédiait alors, afin que les dames de qualité de la province et de l'étranger fussent tenues au courant des modes de Paris.

Sous Louis XV, le linge orné de dentelles fut très en faveur.

Marie-Antoinette, amie de la simplicité, préféra les mousselines et les linons ; d'ailleurs, les jours de luxe et d'élégance eurent bientôt une triste fin. La Révolution fut fatale aux dentelles et au commerce en général.

Pendant douze ans, les manufactures restèrent fermées.

Avec le Directoire, les dentelles commencèrent à revoir le jour. Il en est fait mention, en 1800, dans le trousseau de Mme Junot.

Mme Récamier les remit à la mode dans une fête qu'elle donna au Premier Consul pendant la paix d'Amiens. Sous prétexte de migraine, elle resta étendue toute la soirée sur un lit doré, dont les rideaux, le couvre-pieds, les oreillers étaient de dentelle.

Les hommes de nos jours ont renoncé à la dentelle qui siérait mal au disgracieux habit noir; mais les femmes lui furent fidèles pendant les deux premiers tiers du XIXe siècle.

L'invention du tulle à la mécanique commença, en 1817, à battre fortement en brèche la vraie dentelle. On fut séduit par le bon marché de cet article nouveau, dont on abusa pendant de longues années.

En 1851, on admira pourtant à l'Exposition le fameux volant d'Alençon, qui fut mis dans la corbeille de l'impératrice Eugénie. Trente-six dentellières y avaient travaillé pendant dix-huit mois : il était estimé 22 000 francs.

En 1859, une robe en point d'Alençon fut payée 200.000 fr. par Napoléon III. L'impératrice la fit transformer en rochet et l'offrit au Saint-Père.

Histoire contemporaine.

Ces nobles dentelles furent faites par les doigts de simples paysannes ; c'est l'originalité touchante de cet art qu'il émane d'artistes inconscients, qui exécutent ce tissu incomparable, un peu comme l'araignée tisse sa toile.

Art gracieux, travail bienfaisant et favorable à la santé. Sa nature même se concilie avec les obligations de la vie rurale ;

on le quitte et on le reprend sans dommage. C'est l'idéal d'un travail féminin, presque récréatif, distingué, s'exerçant à la maison, dans la belle saison en plein air, sous les pommiers, procurant aux enfants un salaire presque immédiat, permettant aux vieilles de gagner un peu d'argent jusqu'à la mort. Il n'est assurément pas d'industrie plus intéressante, et il est démontré que sa décadence fut, dans bien des régions, une des causes les plus certaines du dépeuplement des campagnes (1).

Industrie essentiellement morale. La mère de famille y consacre le temps qui n'est pas réclamé par les soins du ménage et par les travaux des champs. Plus la famille est nombreuse, plus elle y trouve d'éléments de bien-être. La mère peut diriger le travail de ses filles qui se trouvent ainsi éloignées de tout contact pernicieux. Dès l'âge de treize ans, les jeunes filles commencent à gagner et peuvent amasser des économies avant leur mariage.

Il y a donc intérêt social autant que national à défendre une industrie qui fait vivre des milliers d'ouvrières, et à faire cesser la disgrâce qui trop longtemps l'a frappée.

Une crise terrible et prolongée a sévi sur cette gracieuse industrie. La concurrence des machines, les variations de la

(1) La crise de l'industrie dentellière a produit, dans certaines régions, des résultats navrants.

Le département du Calvados a perdu, en un demi-siècle, quarante-cinq mille ouvrières dentellières sur cinquante mille.

La population rurale de l'arrondissement de Caen, où la fabrication était principalement concentrée, est tombée de 85.000 à 68.000 habitants; il est des villages qui ont perdu, pendant cette période, plus de la moitié de leur population.

Dans le Velay, au contraire, où cette industrie s'est maintenue, le dépeuplement des campagnes a été bien moins appréciable.

mode et la dictature des grands couturiers qui ont intérêt à supprimer les accessoires et les ornements coûteux et faciles à imiter, voilà les causes principales de cette crise.

Dès le mois d'août 1900, M. Flandin, présentement député, poussait, au conseil général du Calvados, le premier cri de détresse et provoquait la première initiative officielle qui aboutit à faire voter la loi de 1903 sur l'apprentissage, dont nous parlerons plus loin. Il disait excellemment :

« Il n'est pas d'industrie qui se concilient mieux avec les obligations de la vie de famille et les occupations du ménage ; pendant longtemps, ce fut le principal travail productif pour les enfants qu'il retenait à la maison, les préservant des risques de l'oisiveté, leur donnant le goût du travail, l'amour du foyer et du village.

« La dentelle constituait encore pour les vieilles femmes un gagne-pain sûr ; son exercice était égal, sans interruption, et offrait ce grand avantage d'être admirablement adapté aux nécessités de la vie des champs, car il pouvait être quitté et repris sans dommage ; enfin, en permettant à la paysanne de gagner sa vie chez elle, et d'apporter un fort appoint au salaire du mari, ce métier retenait la femme au village et, par là même, y fixait le foyer. On pourrait ainsi constater que la dépopulation de nos campagnes a été, dans certaines parties de notre département, concomitante à la crise de la dentelle, ce qui s'explique aisément par le fait que les fillettes, ne trouvant plus à gagner leur vie au village, s'en sont allées vers les villes ; que, par suite, le nombre des mariages a diminué notablement dans les paroisses rurales, et que les naissances arrivent à peine à y couvrir les décès.

« Le nombre des dentellières décroît donc dans des proportions inquiétantes, et un fabricant nous déclarait qu'aujourd'hui c'était moins le travail qui manquait que les ouvrières. »

Il y a longtemps déjà que l'Anglais Ruskin proférait, de son côté, le cri d'alarme, et qu'il dénonçait, en termes forts justes, le mécanisme supplantant l'art :

« Dans la facture des ouvrages à la main, disait-il, il y a cela qui est au-dessus de tout prix : on verra clairement qu'il y a des endroits où l'on s'est complu davantage, qu'on s'y est arrêté et qu'on en a pris soin, que là se trouvent des morceaux hâtés... mais l'effet du tout, comparé au même objet fait par une main mécanique, sera celui de la poésie bien lue et profondément sentie, comparée aux mêmes vers récités par un perroquet... Toute la valeur de la dentelle, en tant qu'objet possédé, provient de ce qu'en elle la beauté est la récompense du travail industrieux et attentif : une chose que tout le monde ne peut avoir a son prix en elle-même ; la dentelle prouve, par son aspect extérieur, l'habileté de celle qui l'a faite, et, par sa rareté, la dignité de celle qui la porte... Si chacun pouvait en porter, chacun serait-il encore fier d'en porter ? »

M. Aug. Lefébure, dans l'ouvrage déjà cité, s'élève, avec non moins de raison, contre la tendance au clinquant, de plus en plus envahissante de nos jours, contre le *faux luxe* qui exagère l'emploi de la dentelle dans la toilette ordinaire et fait accepter maintenant l'*imitation* dans toutes les classes de la société. Il conclut par un appel au bon goût qui est un appel à la logique et à l'esthétique tout ensemble :

« Il faut espérer, cependant, qu'en présence de cette lutte

du vrai et du *faux luxe*, de la machine contre la main habile de l'ouvrière, il se trouvera toujours des femmes fortunées qui, par naissance, par goût et par éducation, continueront à comprendre et à encourager l'art de la dentelle et ses subtilités, qui sauront reconnaître, dans l'aiguille ou les fuseaux de la dentellière, l'instrument conduit par la main intelligente et habile, comme le sont le crayon ou le burin par la main pensante et créatrice de l'artiste. Il faut espérer que la Mode, guidée et encouragée par celles qui en sont les initiatrices et les arbitres, continuera à ramener le goût du public vers ces exquis travaux exécutés dans les chaumières de nos villages, près du foyer, par l'épouse et la mère de famille, ainsi arrachée au contact pernicieux de l'usine. »

Sage appel qui a été entendu, la suite de notre étude le montrera.

***

APPRENTISSAGE

L'apprentissage, voilà la vraie question qui se pose dans l'industrie dentellière.

L'apprentissage de la dentelle, comme celui de la broderie d'ailleurs, se fait le plus souvent dans la famille, par la mère ou la grand'mère qui enseignent à leurs enfants le métier qu'elles ont pratiqué : c'est le meilleur apprentissage, à tous égards.

Les écoles et les maisons religieuses formaient aussi un grand nombre d'apprenties, et les ouvroirs étaient une excellente pépinière de brodeuses ou de dentellières. Ces institutions sont extrêmement menacées par la dispersion de ces vaillantes Religieuses auxquelles nous adressons un « Au revoir » ému.

Restaient les écoles publiques. L'apprentissage ne s'y faisant plus, depuis la funeste loi du 28 mars 1882, ne se pratiquait plus que par la transmission de mère en fille. Le ministre de l'instruction publique prétendait — et cela au rebours du sens commun — qu'on ne devait faire, dans les écoles primaires, aucun travail industriel. On enseignait aux écolières la couture ; on leur refusait l'enseignement de la broderie et de la dentelle.

C'était absurde. Les jeunes filles, sortant de l'école communale à treize ans, ne voulaient plus s'astreindre à un apprentissage. Ne trouvant pas de couture à faire au village, elles affluaient en masse vers les villes.

L'apprentissage menaçait donc de disparaître, lorsque, sur la proposition très habilement conduite par MM. Engerand et Vigouroux, députés du Calvados et de la Haute-Loire, le Parlement vota, en 1903, une loi, qui l'honore, sur l'apprentissage de la dentelle à l'école, substituant cet enseignement aux classes de travail manuel, dans les départements où des ouvrières dentellières existaient encore.

« Souvent, fit valoir M. Vigouroux, rapporteur, dans son exposé du 15 juin 1903, le salaire de l'ouvrier agricole et même le gain du paysan cultivateur est insuffisant pour leur permettre de nourrir leur famille et de traverser le chômage de l'hiver. Un salaire d'appoint est alors indispensable, et il faut le demander à l'émigration temporaire ou bien à l'exercice d'une industrie à domicile.

« Vous connaissez les inconvénients de l'émigration temporaire; le principal, c'est qu'elle tend à devenir définitive. Quand il s'agit des femmes, ces inconvénients sont encore plus graves : abstraction faite des dangers de toutes sortes qui les guettent dans les villes, leur départ empêche le retour des jeunes gens au pays natal.

« Il y a donc intérêt économique et social de premier ordre à favoriser le développement des industries que peuvent exercer à domicile nos paysans et surtout nos paysannes.

« D'autres pays l'ont compris et nous ont précédés dans cette voie... Nous devons d'autant plus les y suivre que notre inertie mettrait en état d'infériorité les fabricants qui ont eu tant de peine à conserver en France la fabrication de la dentelle à la main. Il est temps d'agir, nous aussi, si nous voulons empêcher le déclin d'une industrie qui retient à la campagne des dizaines de milliers d'ouvrières, et contribue à maintenir la supériorité des modes françaises sur tous les marchés du monde. »

L'article 1er de la loi de 1903 permet de former dans les écoles primaires de nouvelles recrues d'ouvrières qui deviendront plus habiles que nulle part ailleurs.

L'article 2 prévoit avec beaucoup de sagesse l'encouragement de l'éducation artistique des dessinateurs. Il permet, par des cours et des conférences confiés à des hommes très autorisés, d'apprendre à tous, ouvrières, fabricants ou acheteurs, à distinguer ce qui est vraiment beau, à l'aimer, à le produire, en s'inspirant sans cesse du livre merveilleux de la nature, à écarter enfin de nous tout ce qui choque l'admirable intuition artistique à laquelle a toujours obéi, dans ses œuvres, notre cher pays de France.

Une récente Circulaire du Ministre de l'Instruction publique a décidé d'établir, en application de la loi de 1903, l'enseignement de la dentelle à la main dans les écoles normales du Puy, de Caen et d'Alençon. « Il s'agit, dit M. Chaumié, de rendre son activité et son éclat à une industrie nationale particulièrement intéressante, fâcheusement *concurrencée* par la fabrication industrielle, dans les régions mêmes où celle-ci existe depuis des siècles, de préparer le recrutement des ouvrières capables de ce travail délicat, de retenir dans les centres ruraux les femmes et les jeunes filles qui ont une tendance à les déserter pour la ville, en leur assurant un appoint régulier aux salaires de la vie des champs. »

Un crédit de 10.000 francs a été inscrit au budget de l'instruction publique pour cet objet.

Nous ne saurions trop vivement engager les fondateurs d'écoles libres et les institutrices libres des régions dentellières à ne pas laisser leurs écoles en arrière des écoles publiques et à organiser sérieusement chez elles l'enseignement de la dentelle à la main sous la direction d'une ouvrière expérimentée.

C'est la manière que propose le ministre, en attendant que l'enseignement de l'école normale ait porté des fruits. Il demande qu'une partie du temps attribué par les programmes aux travaux de couture soit consacrée à l'apprentissage de la dentelle sous la direction d'une ouvrière experte et annonce que, dans la région où cet enseignement doit être organisé, le travail de la dentelle sera accepté comme une épreuve équivalente aux travaux de couture.

Outre les départements de l'Orne, de la Haute-Loire et du

Calvados, où les institutrices seront, comme on l'a vu, préparées à cet enseignement, les communes des environs de Bailleul (Nord), de Mirecourt (Vosges), de Luxeuil (Haute-Saône), de Tulle (Corrèze) et d'Arlanc (Puy-de-Dôme), sont autorisées et invitées à suivre les instructions ministérielles.

Les encouragements ne manquent pas! Un Patronage de l'industrie dentellière est fondé à Paris depuis le 20 mars dernier. Les chambres syndicales, de commerce et les grands industriels y apportent toute leur bonne volonté. A Alençon, la chambre de commerce vient d'ouvrir une école technique où une maîtresse enseignera gratuitement le véritable point d'Alençon à toute personne qui en fera la demande. Des Syndicats dentelliers se forment dans la Haute-Saône. L'honorable M. Lefébure, de Bayeux, initiateur du « point de France », s'efforce de ressusciter la formation des dentellières dans sa région, où se fabrique surtout la dentelle aux fuseaux, moins difficile à cultiver que la dentelle à l'aiguille et qui a perdu plus encore, étant imitée très aisément par la fabrication mécanique.

SALAIRES ET AUTRES AVANTAGES

Avant d'établir les salaires des ouvrières en dentelles, il nous paraît essentiel d'indiquer les grandes lignes de cette fabrication, délicate autant que gracieuse, qui permet d'entretenir les facultés intellectuelles et de retenir bien des jeunes filles au foyer.

M. le député Vigouroux, dans son exposé déjà cité, la décrit de façon lumineuse (1) :

« La dentelle est un ouvrage dans lequel le fil conduit par une aiguille, ou plusieurs fils, tressés au moyen de fuseaux, engendrent un tissu et produisent des combinaisons de lignes analogues à celles que le dessinateur obtient avec son crayon. Elle diffère de la broderie, en ce que le décor y est partie intégrante au lieu d'être appliquée sur un tissu préexistant ; elle se distinguera des étoffes tissées ou brochées, quand elle sera faite à la main et non obtenue au moyen d'un mécanisme répétant indéfiniment le même modèle.

« Il y a ainsi deux sortes de dentelles, d'après les procédés employés pour leur exécution : la dentelle à l'aiguille, dont le travail se rapprocherait assez de celui de la broderie ; la dentelle aux fuseaux, qui présenterait plus d'analogie avec le tissage des étoffes, ou même avec la tapisserie. Cette dentelle aux fuseaux est constituée par une série de mailles, dont chacune est formée par quatre fils, tressés plusieurs fois par deux et arrêtés aussitôt par une épingle pour que les croisements ne se brouillent ni ne se décroisent. Elle se fabrique sur un petit métier très simple, formé d'une planche recouverte de toile et rembourrée de façon à former une sorte de coussin aisément mobile, susceptible de se poser sur les genoux de l'ouvrière ou sur un appui extérieur à portée de la main.

« La dentelle exprime donc un dessin avec des fils entrelacés, passés l'un dans l'autre, d'où son ancienne appellation de

(1) Voy. Aug. Lefébure : *Dentelle et Guipure.* Chap. Des efforts faits en France pour encourager l'industrie de la dentelle au commencement du xxe siècle, pp. 111 et suivantes.

passement. Il y a deux éléments essentiels de cette architecture impondérable : le fond ou réseau, treillage régulier de fils dont le croisement forme un filet ; le dessin ou la fleur, tracé sur un carton spécialement préparé, et dont le contour et le corps même, ponctués par des piqûres d'épingles, sont combinés avec le réseau par des fils plus ou moins épais et différemment croisés.

« C'est d'après ce dessin que travaille la dentellière : grâce à ce piquage et à quelques indications écrites sur les fleurs, plusieurs femmes travaillant à des lieues de distance font leurs bouts de dentelles si semblables qu'ils peuvent être réunis ensemble dans le même morceau ; si la pièce à exécuter est une bande, dont le dessin se répète indéfiniment, le métier contient un dessin tournant sur deux tourillons qui présente ainsi sans fin le dessin à l'ouvrière.

« Pour qu'une dentelle soit vraiment belle et impeccable, il faut qu'elle soit bien ombrée, bien dégagée, bien souple, que les courants de fils soient nets et tranchés ; alors seulement, le dessin ressort bien, et ses moindres côtés sont mis en valeur.

« La caractéristique de la dentelle aux fuseaux c'est le fondu des contours ; celle du point à l'aiguille, au contraire, le relief et l'accentuation de la fleur : le fuseau est à l'aiguille ce que l'estompe est au crayon ; le dessin que le fuseau adoucit, l'aiguille le précise. La dentelle à l'aiguille a plus d'éclat et sert à des usages plus nobles ; la dentelle aux fuseaux a plus de souplesse et de charme, et ses flots vaporeux semblent faits pour idéaliser la beauté féminine et en affiner la grâce.

« La fabrication de la dentelle à la main s'adapte merveilleusement aux occupations rurales. La dentellière peut surveiller ses enfants ou son pot-au-feu, voire même garder les troupeaux, tout en laissant courir ses doigts agiles. Quand elle a des loisirs, elle s'assemble avec ses voisines, le plus souvent en plein air. Les conversations vont leur train, le travail est moins fastidieux et l'esprit de solidarité y trouve son compte.

« Pour beaucoup, c'est une occupation assez lucrative et peu fatigante. Autrefois, la mère l'enseignait à sa fille dès l'âge de cinq à six ans, et il n'est pas rare de voir des femmes de soixante à quatre-vingts ans s'y adonner encore aujourd'hui.

« Dans le département du Calvados, ajoutait le rapporteur de 1903, les dentellières se font de plus en plus rares, les plus jeunes ont soixante ans, plusieurs générations sont déshabituées de ce métier, le recrutcment est nul ; si l'on n'y prend garde, dans dix ans, il n'y aura plus de dentellières...

« Si la confection de la dentelle à la main n'est guère pénible, le perfectionnement d'une bonne dentellière exige quatre ou cinq ans, et encore est-il nécessaire qu'elle ait commencé dès sa plus tendre enfance. Comment pourraient-elles consacrer une aussi longue période à l'apprentissage d'un métier où les salaires sont tombés aussi bas, alors qu'elles ont besoin de ressources immédiates? Rien d'étonnant à ce quelles se dirigent en masse vers les villes et les centres industriels.

« Dans les Vosges et le Massif central, le même mouvement d'émigration s'est produit, toutefois avec moins d'intensité. Les dentelles y sont, en général, moins coûteuses, beaucoup plus variées et d'un placement moins difficile. De plus, l'éloignement des grands centres, l'attachement plus grand des populations montagnardes au sol natal et l'impérieuse nécessité de gagner à tout prix des salaires d'appoint ont contribué à ralentir la diminution persistante du nombre des dentellières. »

Les patrons, les dessins sont préparés à la ville. Généralement faits par un dessinateur sous les yeux du fabricant, ils sont ensuite reportés sur une carte ou sur un parchemin donnant à l'ouvrière toutes les indications nécessaires pour la fabrication : ils sont généralement divisés par morceaux entre les paysannes.

Des fabricants ou des factrices, dans les petites villes, distribuent l'ouvrage aux paysannes, qui souvent allient ces travaux à ceux de la campagne. Si on ne les lui porte, la paysanne vient chercher au centre de fabrication ces cartes, matériaux — fil ou soie — qu'elle paie généralement au fabricant. Puis, elle rapporte son ouvrage fait, qu'on lui paie en lui remboursant carte, dessin et fil. Elle est amenée, on le voit, à faire ainsi de petites avances.

L'ouvrière dentellière travaille habituellement à domicile, ne donnant à la dentelle que le temps qui lui reste, après les travaux des champs et les soins du ménage. Il en résulte que son salaire est généralement un salaire d'appoint, extrêmement précieux pour les populations rurales, qui vient s'ajouter au produit de la ferme ou de la basse-cour, et qui a ce grand avantage de garder au village la femme et la jeune fille.

On comprend que, dans ces conditions, une moyenne de salaire soit très difficile à établir. Le gain minime varie habituellement entre 0 fr. 60 et 1 fr. 50 par jour. Dès l'âge de treize ans, les apprenties initiées au travail par l'école peuvent gagner 0 fr. 60 à 1 fr. par jour, et leur salaire peut s'élever, vers dix-huit ans, à 1 fr. 50, puis à 2 fr. et davantage pour les plus habiles et les plus attachées à leur métier.

Une bonne ouvrière dentellière aux fuseaux peut gagner, en neuf heures de travail, de 1 fr. 25 à 2 fr. par jour ; à l'aiguille, elle peut gagner de 1 fr. 50 à 3 fr. Il faut noter que la mode influe aussi sur le gain de ces femmes, qu'elle est cause de périodes prospères ou moins heureuses, suivant qu'elle demande tel genre de garniture ou tel autre.

Encore une fois, l'enseignement libre ne peut se désintéresser de cette question sociale et nationale.

Les dentelles françaises aux fuseaux sont les Chantilly, appelées aussi dentelles de Bayeux ou de Caen ; les blondes et toutes les dentelles ou guipures sont connues sous les noms de Cluny, du Puy et de Mirecourt.

Les dentelles françaises à l'aiguille sont les points de France, les points Colbert, les points d'Alençon et d'Argentan.

On fait également, en France, beaucoup de dentelles renaissance, des broderies sur filet et des points d'Irlande.

Les principaux centres de production sont actuellement le Calvados, l'Orne, la Haute-Loire, la Haute-Saône et les Vosges.

Ces travaux à la main sont beaucoup concurrencés maintenant par les travaux similaires qui se font à la machine. Les ouvrières et les ouvriers employés par les machines ont tous les désavantages du travail en usine, mais gagnent plus que ceux et celles des travaux à la main. Mais les dentellières à la main ont tous les avantages du travail en famille.

C'est à Calais et à Lyon que se font les dentelles mécaniques ; c'est à Saint-Quentin et à Tarare, et près de Paris, à Courbevoie, Puteaux et Argenteuil que se font les broderies mécaniques.

Les chômages sont moins périodiques dans la broderie et la dentelle que dans la couture et les modes, où les mortes saisons sont périodiques.

Brodeuses et dentellières gagnent, à la campagne, de 1 à 3 fr. par jour ; à Paris, de 2 fr. 50 et 4 et même 5 fr., quand il y a presse.

***

CONCLUSION

LA RÉNOVATION DE LA DENTELLE

La dentelle, malgré les crises diverses que nous venons de signaler, malgré la concurrence de la machine, a lutté et résisté partout, aussi bien à l'étranger qu'en France. La France, surtout, a un intérêt de premier ordre à entretenir la prospérité d'une industrie, liée étroitement à celle de son agriculture, puisqu'elle retient les bras dans les campagnes.

« La supériorité de notre fabrication est incontestable (1).

(1) Aug. Lefébure : *Dentelle et Guipure*, pp. 301 et suivantes.

mais elle a besoin d'être défendue contre nos concurrents dont les salaires, souvent moins élevés, et les qualités inférieures ne sont pas toujours compensés par des droits d'entrée très minimes prélevés sur les dentelles étrangères (1).

« Nous croyons donc devoir signaler à nos lectrices une des formes du patriotisme qu'elles sont seules capables de mettre en pratique. Nous leur rappellerons d'abord que tous les acheteurs du monde viennent en France, et surtout à Paris, prendre leurs modèles, ainsi que toutes les idées neuves de la Mode, car ils reconnaissent que Paris est l'arbitre du bon goût et le prophète de l'élégance. Ce principe étant admis, la Française songe-t-elle quelquefois, en faisant ses commandes, que les garnitures qu'elle adopte pour ses robes et ses manteaux deviendront souvent celles qui, pendant une période de temps plus ou moins longue, seront seules à la mode et achetées, par conséquent, par l'ancien et le nouveau monde, sans discussion, par ce seul fait qu'elle les aura portées? »

Puisque, comme au temps de Mercier, la poupée de la rue Saint-Honoré, qui a gagné doucement la rue de la Paix, a la chance de donner le ton à l'univers, que ce soit au moins en faveur des « braves petites mains » de nos campagnes françaises, toujours expertes en l'art de manier l'aiguille et les fuseaux!

Il n'y a plus de cour en France : l'étiquette ne peut rien prescrire. Mais vous remplissez souvent, Mesdames, par l'élégance de vos toilettes, sans vous en douter peut-être, le rôle

(1) Il faut évaluer à plus de neuf millions de francs le chiffre annuel des dentelles à la main importées en France, et ce chiffre est assurément très au-dessous de la réalité, car bien des dentelles étrangères échappent facilement aux investigations de la douane.

prépondérant au point de vue du goût que jouaient jadis, à la cour de France, les Diane de Poitiers, les Pompadour, les Marie-Antoinette ou les Marie-Louise.

Si donc, par un patriotisme qui peut s'allier sans peine aux principes de l'élégance, quelques femmes du monde savaient de temps à autre prêter l'appui de leurs grâces aux dentelles françaises, si nos couturiers et nos couturières si justement renommés les y encourageaient, qui refuserait de les applaudir? Et les ouvrières, du fond de la Normandie, de l'Auvergne et des Vosges, joyeuses de travailler, demanderaient peut-être, en signe de remercîments, la permission de tresser à leurs aimables protectrices, des couronnes de roses avec les fleurs des haies.

Pour mériter un tel appuï, il faut, avant tout, ne pas laisser abaisser la qualité de notre fabrication. Déjà, la Chambre syndicale des dentelles et broderies de Paris, mettant en pratique de justes théories, patronne depuis plusieurs années une école où des cours spéciaux sont faits aux jeunes gens et aux jeunes filles sur le dessin de la dentelle et de la broderie. Une Commission, composée de fabricants et négociants, sous la présidence de M. Laurent Pagès, surveille ces cours et organise, de temps à autre, des conférences pratiques faites aux élèves par l'un ou l'autre des membres de la Chambre syndicale.

Cette organisation donne de bons résultats. L'ouverture de cours semblables est utilement étudiée dans les centre dentelliers, en Normandie et dans la Haute-Loire.

L'AIGUILLE A LA CAMPAGNE

De généreuses Françaises ont provoqué le mouvement, que nous avons vu lancer si éloquemment et si poétiquement. Autour des châteaux qu'elles habitent, elles ont pris contact avec les ouvrières, se sont mises en rapport avec les dentelliers parisiens et consacrent la majeure partie de leur temps à faire exécuter par leurs habiles protégées les modèles tirés des cartons de ces grands artistes.

Il ne suffit pas, en effet, d'encourager l'apprentissage de la dentelle. Pour en assurer la vente, il faut en porter, en porter de belles, et, en faisant cela, elles combattent efficacement la dentellerie mécanique. Des Comités de Dames pour la protection de la dentelle se sont formés à cette fin et vont mettre un terme à l'emploi des dentelles mécaniques, déplacé pour les classes riches.

Grâce à cette charitable entreprise, la petite dentellière touche l'intégralité de son salaire, au lieu de le voir s'éparpiller entre les mains des nombreux intermédiaires qui s'enrichissent à ses dépens.

Nous saluons au premier rang de ces Comités protecteurs l'*Aiguille à la campagne.*

Cette œuvre admirable va chercher les dentellières ; elle les groupe directement ; elle supprime, dans le prix de revient de la dentelle, la part démesurée que prélevaient de rapaces intermédiaires ; elle trouve, elle, des intermédiaires bénévoles ou bien des entrepositaires auxquels elle donne une petite rémunération ; ainsi grossit le gain personnel des ouvrières ;

il s'est accru, en Calvados, du double. Dans l'Est, plus de quinze cents jeunes filles de la campagne ont désormais du travail assuré ; le jour — prochain, nous l'espérons — où elles gagneront quinze centimes par heure, la prospérité de l'industrie dentellière sera raffermie.

L'*Aiguille à la campagne* assurera l'harmonie entre les divers personnages économiques qui ont vraiment leur mot à dire et leur rôle à jouer sur le marché de la dentelle ; d'une part, l'ouvrière, d'autre part, le marchand de dentelles.

Une fois disparue la classe parasitaire des entremetteurs, le marchand de dentelles et l'ouvrière bénéficient pareillement de cette situation nouvelle ; le gain de l'ouvrière grandit, les recettes du marchand grandissent. Dans l'industrie de la dentelle, l'*Aiguille à la campagne* intervient comme une force de pacification.

Ce que font les couvents en Belgique, ce qu'ont fait en Italie, en Angleterre, en Suède, des initiatives aristocratiques ou princières, l'œuvre de l'*Aiguille à la campagne* le réalise parmi nous.

La dentelle avait perdu le don de sourire. Comme l'a écrit M. Georges Goyau, avec le charme d'un style approprié à son gracieux sujet, Mlle Marmier et ses auxiliaires le lui ont rendu (1).

Nous sommes heureux de publier ci-dessous le programme du très intéressant bulletin l'*Aiguille à la campagne* et les noms des femmes de cœur qui dirigent le Comité de l'Œuvre et ses principaux centres dentelliers.

(1) Voyez l'*Aiguille à la campagne*, fascicule de mai 1905.

Ce *bulletin* devant servir de lien aux différents groupes provinciaux disséminés à travers la France, nous donnons les noms et les adresses des personnes qui veulent bien s'en occuper avec tant de dévouement dans leurs départements respectifs, afin que les ouvrières, qui désireraient avoir du travail à faire, puissent s'adresser à elles.

Désirant intéresser les commerçants aux ouvrières qui exécutent leurs dentelles et en même temps les ouvrières à leur art si charmant, nous tâcherons d'exposer aux premiers les besoins des secondes et de montrer aux dentellières ce qu'elles peuvent faire, ce qu'elles doivent éviter, et ce qu'elles doivent tout particulièrement soigner.

Nous chercherons les articles pouvant intéresser les professionnels du métier.

Nous nous occuperons des questions mutualistes, si utiles à ceux qui travaillent.

Nous faisons donc appel à toutes les bonnes volontés pour nous donner des idées, des documents, des conseils, des histoires attrayantes.

COMITÉ DE L'ŒUVRE

Présidente : Comtesse de GUÉBRIANT.
Trésorière : Marquise de LESPINAY.
Secrétaire : Mlle Marcelle VOISIN.
Bureau central à Paris, 13, rue Pasquier. Directrice : Mlle de MARMIER.

PRINCIPAUX CENTRES

Aveyron. — Mme CIBIEL. — Château de Loc-Dieu, par Villefranche.

Basses-Pyrénées. — Mlle Blanche de BÉARN, château d'Eslayou, par Lesca.

Calvados. — Comtesse de PIENNES, château de Cairon, par Thaon.

Côte-d'Or. — Marquise de SAINT-SEINE, château de Saint-Seine.

Finistère. — Mme Henri de LÉCLUSE-TRÉVÉODAL, Loquéran en Plouninec. Comtesse de VINCELLES, Penanrum-Concarneau.

Haute-Marne. — Comtesse de BEURGES, château de Reynel, par Andelot.

Haute-Saône, Doubs, Jura. — Mlle de MARMIER, 13, rue Pasquier, Paris.

Loire-Inférieure. — Comtesse FRANÇOIS DE LA ROCHEFOUCAULD, château de Fresnay par Plessé. Marquise de MONTAIGU, château de la Bretesche-Missillal, Pont-Château.

Nièvre. — Comtesse de CANDOLLE, château de Marcilly, par Corbigny.

Seine Inférieure. — Comtesse de POMEREU, au Héron, par Croisy-sur-Andelle.

Les *Expositions de dentelles*, organisées par ces femmes charitables en 1900, 1904 et 1905, affirment un succès croissant.

L'Exposition de 1900 a tiré de nos musées et des collections particulières des merveilles de la fabrication française en points d'Alençon, de Valenciennes et de Chantilly.

L'Exposition de 1904 au musée Galliéra réunissait des dentelles anciennes et modernes qui ont permis de revoir les chefs-d'œuvre du travail ancien, tiré des trésors d'églises et prêtés par le Pape et les prélats, aussi bien que par les femmes du monde qui les ont hérités de leurs mères ou de leurs grand'-mères. — Les fabricants, *et même les ouvrières*, ont pu présenter au jury les travaux par lesquels ils s'efforcent de rivaliser avec l'art du passé. Cette Exposition a donné une indication très précise de l'intérêt que le public élégant porte à de telles manifestations. Pendant six semaines, près de cent mille personnes ont visité cette Exposition, qui a eu, à l'étranger le plus grand retentissement.

Le 20 mars 1905, il s'est fondé au Musée social, 5 rue Las-Cases, une association « La Dentelle de France », qui a pour but d'« assurer le perfectionnement artistique et de développer l'emploi des dentelles faites en France ». Elle organisa une fête de l'Elégance et de la Dentelle (1), dans le décor charmant des Tuileries, sur cette terrasse qui domine la place de la Concorde et l'avenue des Champs-Elysées, et réunit le tout Paris élégant et mondain paré pour la circonstance de dentelles fabriquées par nos ouvrières françaises.

Elle a accentué ses manifestations, en ouvrant à Trouville, la plus importante des plages normandes, une exposition destinée à attirer l'attention du monde élégant sur les dentelles qui sont travaillées dans la contrée.

Avec l'appui de la municipalité de Trouville, le Comité a obtenu que cette Exposition s'installât dans le grand salon de lecture du Casino, vaste pièce éclairée de larges fenêtres donnant sur la mer. C'est là, du 10 au 25 août, au moment où les courses attirent le plus de monde sur l'hippodrome de Deauville, c'est là que s'est tenue cette Exposition qui a été un événement artistique de premier ordre. Toutes les dentelles qui se font à Alençon, à Argentan, à Caen, à Bayeux, à Courseulles, étaient représentées par leurs meilleurs spécimens dans les vitrines des Lefébure, Georges, Martin et Robert. A côté d'eux, quelques spécimens des dentelles des Vosges et d'Auvergne étaient représentés par MM. Marescot, Foussard,

(1) C'est dans cette fête très réussie que fut improvisée, dans une closerie entourée de fleurs et de genêts, la *chanson des Dentellières*, par le barde Botrel avec son succès habituel et dont Mme Botrel prend toujours une large part. Cette chanson, paroles et musique, a été publiée dans le fascicule de juin, juillet, août 1905 de l'*Aiguille à la campagne*.

et la maison Warée, dont les superbes rideaux garnissaient les fenêtres.

Quand cette Exposition a été inaugurée le 10 août, par la marquise de Gouray, au nom du Comité de la *Dentelle de France*, et par M. Letellier, maire de Trouville, les plus grandes dames, princesse Murat, princesse de Poix, comtesse de Béarn, comtesse de Maillé, comtesse Le Marois, comtesse et vicomtesse de Maupeou, se pressaient devant les vitrines, exprimant leur admiration pour le goût de nos fabricants et l'habileté de nos ouvrières à interpréter les dessins qu'on leur confie.

Nous ne saurions trop approuver l'action du Comité de la *Dentelle de France* et exprimer le désir qu'il réussisse dans la tâche éminemment patriotique et sociale qu'il entreprend. Il a décidé d'organiser chaque année, à Paris, un Salon de la Dentelle, et de présenter, à l'entrée de la saison nouvelle, au public élégant, aux visiteurs de passage, aux étrangers, les créations les plus intéressantes et les plus autorisées de nos artistes et de nos fabricants.

Ce Salon de la Dentelle montrera, chaque année, les résultats obtenus, les progrès réalisés. D'autre part, par l'admission des modèles de nos grands couturiers, dans lesquels la dentelle interviendrait, il pourra établir une collaboration étroite entre deux industries un peu solidaires, en même temps qu'il constituera une affirmation éclatante de la supériorité de notre pays dans le domaine de la mode.

L'organisation de ce Salon annuel de la Dentelle sera l'un des buts principaux du Comité.

La *Dentelle de France* contribuera puissamment, nous en

avons l'espoir, à donner aux filles de la campagne un travail assez lucratif et continu pour assurer un véritable bien-être aux classes populaires et pour enrayer l'émigration féminine vers les grandes villes.

SECTION II.

BRODEUSES

Les ouvrières brodeuses voudront bien nous pardonner de glisser très légèrement sur elles. Nous nous sommes laissé entraîner à parler si longuement des dentellières, et leur industrie, à elles aussi, est pourtant bien intéressante. Mais il faut nous borner et clore une étude déjà longue.

Nous renvoyons nos lectrices à ce que nous avons dit des broderies, au cours de notre étude, principalement pp. 285, 302, et nous nous contenterons de signaler, pour en finir, les principaux centres de production des broderies.

La broderie se fait un peu partout, mais plus spécialement à Paris et à Lyon pour les broderies or et soie, articles d'église, d'uniforme et d'ameublement.

La broderie légère, couleur et blanc, se fait à Lunéville, à Luxeuil ; la broderie blanche, à Nancy.

La Bretagne fait aussi beaucoup de broderies dans les environs de Quimper.

TABLE DES MATIÈRES

I. — ADMINISTRATIONS

II. — ENSEIGNEMENT

III. — PROFESSIONS

Lyon. — Imprimerie EMMANUEL VITTE, rue de la Quarantaine, 18

www.ingramcontent.com/pod-product-compliance
Ingram Content Group UK Ltd.
Pitfield, Milton Keynes, MK11 3LW, UK
UKHW012013240726
13965UKWH00002B/334